VISITATIO ORGANORUM

Maarten Albert Vente

VISITATIO ORGANORUM

FEESTBUNDEL VOOR
MAARTEN ALBERT VENTE

AANGEBODEN TER GELEGENHEID VAN
ZIJN 65e VERJAARDAG

ONDER REDACTIE VAN
ALBERT DUNNING

DEEL II

FRITS KNUF 1980 BUREN (GLD.),
THE NETHERLANDS

Distributors in U.S.A.:
Pendragon Press,
162 W. 13th St.,
New York,
N.Y. 10011

Deze uitgave kwam tot stand dankzij de steun van:

Prins Bernhard Fonds, Amsterdam
Fentener van Vlissingen Fonds, Utrecht
K.F. Hein-Stichting, Utrecht
Vereniging voor Nederlandse Muziekgeschiedenis

786.6
V831
v. 2

ISBN 90 6027 407 5 (vol. II) (genaaid)
ISBN 90 6027 408 3 (vol. II) (gebonden)
ISBN 90 6027 401 6 (set) (genaaid)
ISBN 90 6027 402 4 (set) (gebonden)
Printed in The Netherlands
81-7568

De ombouw van het orgel in de kathedraal van Sint Jan te 's-Hertogenbosch

Hans van der Harst

Over enige jaren zal, in het kader van de algehele restauratie van die kerk, het orgel van de St. Janskathedraal in Den Bosch gerestaureerd worden. Dr. J. van Biezen en schrijver dezes hebben, met medewerking van de Rijksadviseur voor orgels O.B. Wiersma, het pijpwerk geïnventariseerd en onderzocht. Gebleken is, dat de grote ombouw en vernieuwing uit de jaren 1784 en 1787 een zo duidelijk stempel op het instrument hebben gedrukt, dat voor de restauratie en reconstructie de toestand van 1787 als uitgangspunt is gekozen. Van de door de Nijmeegse orgelmaker A.F.G. Heyneman gebruikte c.q. nieuw vervaardigde registers zijn niet minder dan 35 stemmen geheel of gedeeltelijk bewaard gebleven, ondanks latere, ingrijpende wijzigingen.

KORT OVERZICHT VAN DE GESCHIEDENIS VAN HET ORGEL TOT 1784

Nadat het grote St. Jansorgel in 1584 ten gevolge van de fatale brand van de koepeltoren volledig was verwoest, is in 1618 aan Florentius Hocque uit Keulen de opdracht verstrekt voor het vervaardigen van een nieuw instrument. François Symons en Georg Schysler maakten de grandioze orgelkas, een van de fraaiste die ooit vervaardigd werden. Bij de keuring in 1634 bleek het orgel niet te voldoen, waarop Galtus Germersz. en Germer Galtusz. van Hagerbeer diverse verbeteringen aanbrachten. Een nieuwe keuring, uitgevoerd in 1635, viel zeer positief uit, Het orgel bestond toen uit drie manuaalwerken en een pedaal en bevatte 13 stemmen op het rugwerk, 7 stemmen op het middelwerk, 14 stemmen op het bovenwerk en 3 stemmen op het pedaal. De klavieromvang der 3 manuaalwerken was verschillend. Het rugwerk had 51 tonen, te weten, C, D tot c''' met subsemitonen voor dis en es; het middel- of principaalwerk met 50 tonen liep van Contra F, G, A, B en H tot g'', a'', terwijl het bovenwerk een omvang van C, D tot c''' had, 48 tonen. Het pedaalklavier liep van C, D tot d' en was vanaf Groot F tot d' aan het middelwerk koppelbaar van Contra F tot klein d.

Een eerste grote reparatie onderging het orgel in de jaren 1715 tot 1718. Deze werd uitgevoerd door Cornelis Hoornbeek in samenwerking met zijn meesterknecht Christian Müller, die in 1722 nog enkele vernieuwingen verrichtte, speciaal aan de tongwerken. Gedurende de 18de eeuw was het onderhoud van het orgel in handen van Christian Müller en van de leden van het geslacht Bätz.

Toen het instrument rond 1775 ernstige tekenen van verval begon te vertonen, ontving Anastatius Meinhardts, een onbetekenende orgelmaker uit de school van de orgelmakersfamilie Weidtman uit Ratingen bij Düsseldorf, de opdracht om het orgel te herstellen en te wijzigen. Meinhardts voegde enkele nieuwe stemmen toe, met name op het principaalwerk en op het pedaal. Ook breidde hij het principaalwerk uit met de ontbrekende tonen gis", b", h" en c‴. Dat deze opdracht ver boven Meinhardts krachten ging, blijkt wel uit het vernietigende oordeel, dat Petrus Beyen, organist van de Nijmeegse Grote Kerk, over het werk van de genoemde orgelmaker velde. Beyen zou nog een belangrijke rol gaan spelen in de nu volgende periode.

HERSTEL DOOR A.F.G. HEYNEMAN

De kerkmeesters van de St. Jan hebben een harde les geleerd door het debâcle van de ingreep door Meinhardts; ze zouden niet opnieuw in zee gaan met een onbekende orgelmaker zonder referenties.

In de komende jaren nam het kerkbestuur contact op met de orgelmaker A.A. Hinsz uit Groningen, die het echter liet afweten in verband met zijn vele werkzaamheden en hoge leeftijd. Ludwig König, die kort tevoren het orgel in de Grote Kerk van Nijmegen had gemaakt, visiteerde het orgel van de St. Jan en maakte een plan, dat op volledige nieuwbouw in de oude kast neerkwam. De kerkmeesters gingen niet op het voorstel van König in, goeddeels uit financiële overwegingen. Een volgende kandidaat was de Emmerikse orgelmaker Jacob Courtain. Beyen kreeg van de kerkmeesters de opdracht om over het werk, de persoon en de referenties van Courtain inlichtingen in te winnen. Beyen bracht daarop bezoeken aan Emmerik, waar Courtain bezig was een nieuw orgel voor de St. Aldegundiskerk te vervaardigen, en aan het nieuwe orgel van Nederelten, eveneens door Courtain gemaakt. Ondanks waardering voor het werk van Courtain durfde Beyen het niet aan hem voor een zo groot werk als het herstel van het St. Jansorgel aan te bevelen. Inmiddels zijn vijf jaren verstreken, sinds Meinhardts het orgel had opgeleverd. Dan komt Beyen op 7 oktober 1781 met het voorstel, de sinds enige jaren te Nijmegen gevestigde orgelmaker A.F.G. Heyneman uit te nodigen om het orgel aan een grondig onderzoek te onderwerpen ten einde een restauratie op te stellen. Heyneman is volgens Beyen 'naarstig en werkt seer goet'. Op dat moment is hij bezig met een nieuw instrument voor de kerk van Waardenburg, dat bijna voltooid is. Na een visitatie van het grote en het kleine orgel van de St. Jan werden door Beyen 3 voorstellen ingediend ter vernieuwing van zowel het grote als het kleine orgel. Ze luiden als volgt.

'No. 1,
Disposietie ter reparatie van het grote orgel in 's-Bosch.

De Kast blijft.

Hoofdmanuaal

Praestant	8 voet	moet gerepareerd worden
Bourdon	16 voet	id.
Holpijp	8 voet	id.
Octaaf	4 voet	moet geheel weg
Quint	3 voet	als Praestant
Octaaf	2 voet	id.
Mixtuur	3 sterk	moet geheel weg
Trompet	8 voet	nieuwe corpora en voeten

Bovenmanuaal

Principaal	8 voet	repareren
Quintadena	16 voet	moet weg
Holpijp	8 voet	repareren
Quintadena	8 voet	id.
Octaaf	4 voet	weg.
Quint	3 voet	repareren
Sp. Octaaf	2 voet	id.
Sexquialtra		weg
Tertiaan		id.
Cimbaal		id.
Cornet		repareren
Trompet	16 voet	nieuwe corpora en voeten
Trompet	8 voet	id.
Vox Humana	8 voet	id.

Rugposietief

Praestant	8 voet	repareren
Holpijp	8 voet	id.
Quintadeen	8 voet	id.
Octaaf	4 voet	moet weg
Fluit	4 voet	id.
Superoctaaf	2 voet	repareren
Flageolet	½ voet	moet weg
Sexquialter		repareren
Mixtuur		id.
Scherp		id.
Trompet	8 voet	nieuwe corpora en vocten
Dulciaan	8 voet	id.
Cornet		repareren

Pedaal

Praestant	16 voet	repareren
Bourdon	16 voet	id.
Octaaf	8 voet	id.
Octaaf	4 voet	id.
Bazuin	16 voet	nieuwe corpora en voeten
Trompet	8 voet	id.

De windladen moeten weg. Het geheele regeerwerk id. De vier clavieren id. De canalen id. De vijf blaasbalgen blijven en moeten in behoorlijke orde gebragt worden, en nog twee nieuwe balgen daarbij. De labiaalpijpen moeten van metaal zijn (door metaal word verstaan: half tin en half lood). De tongwerken moeten zijn: een deel loot en twee deelen tin.

Tot deze dispositie verzoekt den orgelmaker 1. ene vrije plaats om te werken, 2. een balgetreeder, ten koste van heren aanbesteders. De orgelmaker neemt aan, volgens deze dispositie alles in orde te leveren voor eene somma van ƒ 15300 in de tijd van twee jaren en drie maanden.

No. 2
Dispositie van het groote orgel in St. Janskerk te 's-Bosch.

De kast blijft.

Praestant	8 voet	in 't gezigt, eng. tin
Praestant	16 voet	discant
Bourdon	16 voet	
Holpijp	8	
Roerquint	6	metaal
Fluit	4	
Octaaf	4	
Superoctaaf	2	
Sexquialter	2 sterk	
Mixtuur	6 sterk	
Trompet	16 voet	3 deelen tin, een deel loot
Trompet	8 voet	

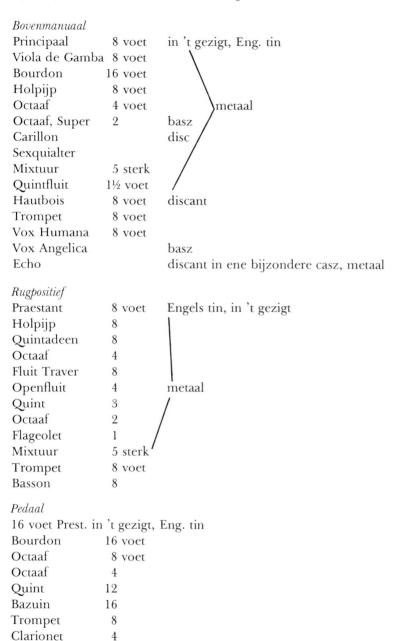

Bovenmanuaal

Principaal	8 voet	in 't gezigt, Eng. tin
Viola de Gamba	8 voet	
Bourdon	16 voet	
Holpijp	8 voet	
Octaaf	4 voet	metaal
Octaaf, Super	2	basz
Carillon		disc
Sexquialter		
Mixtuur	5 sterk	
Quintfluit	1½ voet	
Hautbois	8 voet	discant
Trompet	8 voet	
Vox Humana	8 voet	
Vox Angelica		basz
Echo		discant in ene bijzondere casz, metaal

Rugpositief

Praestant	8 voet	Engels tin, in 't gezigt
Holpijp	8	
Quintadeen	8	
Octaaf	4	
Fluit Traver	8	
Openfluit	4	metaal
Quint	3	
Octaaf	2	
Flageolet	1	
Mixtuur	5 sterk	
Trompet	8 voet	
Basson	8	

Pedaal

16 voet Prest. in 't gezigt, Eng. tin

Bourdon	16 voet
Octaaf	8 voet
Octaaf	4
Quint	12
Bazuin	16
Trompet	8
Clarionet	4

Een koppel van 't hoofdmanuaal aan 't bovenmanuaal, een drukkoppel van 't hoofdmanuaal aan 't rugpositief, een koppel van 't pedaal aan 't geheele werk, twee tremulanten, 4 speerventielen, 1 hoofdventiel. Tot deze disposietie moeten weezen 8 nieuwe windladen van zuiver wagenschot, 3 nieuwe handclavieren van yvoor, van C tot f''', een nieuw voetclavier van gr. C tot d'. Walschen en abstracten van regtdradig grijnehout. Alwaar twee draden op elkaar werken, het ene van koper en het andere van ijzer. De thans zijnde blaasbalgen blijven, mits in behoorlijke staad gebragt worden. Twee nieuwe balgen moeten er zijn. Ter volbrenging dezer disposietie verzoekt de orgelmaker eene blazer en vrije plaats om te werken, en zal het werk in twee jaren en tien maanden leeveren in volle order voor de somma van ƒ 20272.

No. 3
Disposietie van het grote orgel in 's-Bosch in St. Janskerk.

Geheel nieuw, de kast vooruit.

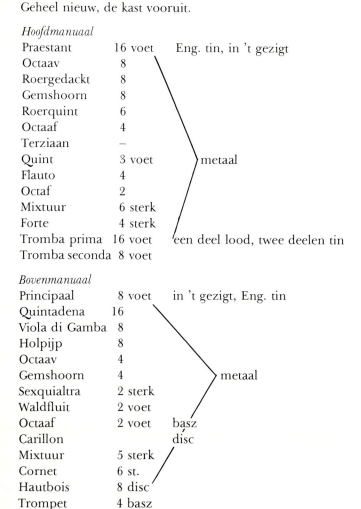

Hoofdmanuaal

Praestant	16 voet	Eng. tin, in 't gezigt
Octaav	8	
Roergedackt	8	
Gemshoorn	8	
Roerquint	6	
Octaaf	4	
Terziaan	–	
Quint	3 voet	metaal
Flauto	4	
Octaf	2	
Mixtuur	6 sterk	
Forte	4 sterk	
Tromba prima	16 voet	een deel lood, twee deelen tin
Tromba seconda	8 voet	

Bovenmanuaal

Principaal	8 voet	in 't gezigt, Eng. tin
Quintadena	16	
Viola di Gamba	8	
Holpijp	8	
Octaav	4	
Gemshoorn	4	metaal
Sexquialtra	2 sterk	
Waldfluit	2 voet	
Octaaf	2 voet	basz
Carillon		disc
Mixtuur	5 sterk	
Cornet	6 st.	
Hautbois	8 disc	
Trompet	4 basz	

Vox Humana   8
Vox Angelica   basz
Echo

Rugpositief
Praestant   8 voet   Eng. tin, in 't gezigt
Bourdon   16 voet
Salicionaal   8
Wijtgedekt   8
Octaaf   4
Openfluit   4   } metaal
Flouto Traverso   8 disc
Octaaf   2
Flageolet   1
Quint   3
Mixtuur   6 sterk
Trompet   8
Baszon   8

Pedaal
Praestant   16 voet   Engels tin, in 't gezigt
Subbasz   16 voet   grijnehout zonder noesten
Violonbasz   16 voet   metaal
Quintmajor   12
Quintminor   6
Octaav   8
Viola di Gamba   8
Holpijp   8
Nachthoorn   4
Bazuin   32   corpora van hout
Bazuin   16
Trompet   8
Clarionet   4
Cornet   2

1 trekkoppel
                  aan 't hoofdmanuaal
1 drukkoppel
1 koppel aan 't pedaal
4 speerventilen
1 ventil voor 't geheele werk
2 tremulanten
8 nieuwe windladen
3 nieuwe clavieren van yvoor, de semitonen van ebbenhout, van gr. C tot f'''
1 nieuw pedaal, van gr. C tot d'

Het vooruit zetten der kast. Eene vrije werkplaats en een balgtreeder blijft voor reekening van heeren aanbesteederen.
Voor dit werk f 24800.'

De eerste dispositie gaat grotendeels uit van de bestaande toestand sinds de ombouw door Meinhardts, de tweede en derde dispositie hebben betrekking op een algehele vernieuwing binnen de bestaande orgelkas. Opvallend is de grote overeenkomst van de plannen 2 en 3 met de opzet en dispositie van het nieuwe Nijmeegse orgel, hetgeen niet te verwonderen is, daar de orgelmaker te Nijmegen woonde en Beyen de organist van dit orgel was. Vele elementen in deze voorstellen vinden we ook in het Nijmeegse orgel terug: de grote tertsenrijkdom, de strijkers in bovenwerk en pedaal, de karakteristieke tongwerkbezetting op het bovenwerk, het register Echo discant op het bovenklavier. Een deel van deze characteristica vinden we ook terug in de dispositie van het in 1944 verwoeste orgel van de Grote of St. Eusebiuskerk te Arnhem.

De kerkmeesters kozen voor het eerste plan, dat, met enkele wijzigingen, in de jaren 1784 tot 1787 door Heyneman is uitgevoerd. Het orgel kreeg de volgende dispositie:

Manuaal I, Rugwerk		*Manuaal II, Hoofdwerk*	
Praestant	8'	Bourdon	16'
Holpijp	8'	Praestant	8'
Quintadeen	8'	Holpijp	8'
Octaaf	4'	Octaaf	4'
Fluit douce	4'	Tertiaan	3⅓'
Fluittravers disc.	8'	Quint	3'
Superoctaaf	2'	Superoctaaf	2'
Flageolet	1'	Mixtuur (met tertsen)	7 sterk
Mixtuur (met tertsen) 5 sterk		Trompet	16'
Carillon disc.	3 sterk	Trompet	8'
Trompet	8'		
Dulciaan	8'		

Manuaal III, Bovenwerk		*Pedaal*	
Quintadeen	16'	Praestant	16'
Praestant	8'	Bourdon	16'
Roerfluit	8'	Violon (alleen voorbereid)	16'
Echo disc.	8'	Octaaf	8'
Viola di Gamba	8'	Octaaf	4^2
Octaaf	4'	Bazuin	16'
Superoctaaf	2'	Trompet	8'
Sesquialter	2 sterk	Clarionet	4'
Carillon disc.	3 sterk	3 koppels	

Cornet	6 sterk	4 afsluitingen
Trompet	8'	tremulant voor het bovenwerk
Vox Humana	8'	manualen van C tot f'''
Vox Angelica bas (alleen voorbereid)		pedaal van c tot d'
Hautbois disc. (idem)		

Aan het einde van 1787 keurden Joachim Hess uit Gouda en Johannes Boss uit Tiel het vernieuwde instrument. Hun lof was groot. Met name prezen zij de koppelmechaniek, waardoor men het piano en forte kon realiseren. De keurders achtten het orgel nu een der beste instrumenten in de Republiek.

WIE WAS HEYNEMAN?

Antonius Gottlieb Friedrich Heyneman(n) was geboortig uit Laubach in het vorstendom Hessen. Zijn vader, Johann Andreas Heinemann, was orgelmaker aldaar en werkte er onder meer samen met de Middenduitse orgelmakers Beck en de gebroeders Wagner uit Schmiedefeld-Saksen, de latere makers van het orgel in de Grote Kerk te Arnhem. Het valt dan ook niet te verwonderen, dat er in het werk van vader en zoon Heyneman Middenduitse elementen zijn aan te wijzen. In de zeventiger jaren van de 18de eeuw vestigde Heyneman jr. zich te Nijmegen, waar hij huwde en in 1781 het burgerrecht verkreeg. De onmiddellijke nabijheid van het orgel van de Nijmeegse Grote Kerk zal ongetwijfeld zijn invloed gehad hebben op de stijl van orgelmaken van Heyneman. Met name het toepassen van het in het Rijnland zo populaire register Carillon en de door hem toegepaste tongwerkenfactuur wijzen duidelijk in de richting van Ludwig König, de maketr van het Nijmeegse instrument. Heyneman genoot spoedig groot aanzien bij de orgeldeskundigen Joachim Hess en professor mr. J. van Heurn, die in zijn standaardwerk *De Orgelmaaker* uit 1804-1805 sterk de invloed van Heyneman laat zien en hem meermalen de hoogste lof toezwaait. Het oeuvre van de Nijmeegse meester is niet bijzonder groot, wat zijn oorzaak voor een belangrijk deel vindt in de slechte economische tijden aan het einde van de 18de en het begin van de 19de eeuw. Zijn grootste werk was de ombouw van het Bossche St. Jansorgel. Van de nieuwgebouwde instrumenten noemen wij de orgels in de Ned. Herv. Kerk te Heteren (1777), in de R.K. Kerk te Weurt (1777, redelijk gaaf bewaard gebleven), in de Herv. Kerk van Ravenstein (1781, een geheel gaaf tweevoets positief) en het orgel in de Herv. Kerk van Waardenburg, dat nagenoeg geheel werd opgenomen in het latere Van Puffelenorgel aldaar. Belangrijke restauraties voerden Heyneman uit aan de orgels in de Grote Kerken te Zaltbommel, Gouda en Maassluis. Hij hield zich ook bezig met het maken van huisorgels. Heyneman, door Van Heurn geëerd als 'een van de beste inlandsche konstenaaren en handwerkslieden', stierf op 17 november 1804 te Rotterdam, waar hij zich kort tevoren had gevestigd. Mede door Van Heurns *De Orgelmaaker* is de invloed van Heyncman nog lang te merken in het werk van de orgelmaker F.C. Smits te Reek.

HOE WERDEN DEZE TOT DE STIJLGROEP KÖNIG-HEYNEMAN BEHORENDE
ORGELS BESPEELD?

Het is zeker dat op dit orgeltype veel werd geïmproviseerd. Vooral de
merkwaardige bovenwerksbezettingen wijzen in deze richting. In dit verband
willen wij wijzen op een belangrijk document uit de tweede helft van de 18de
eeuw, dat, weliswaar uitgaande van een veel kleiner instrument dan de orgels te
Nijmegen, te Arnhem en te Den Bosch, registratievoorschriften geeft voor de
orgels uit het Nederrijnse gebied. Te Rheydt-Odenkirchen bij Mönchen-
Gladbach bouwde in de tweede helft van de 18de eeuw een onbekende
orgelmaker een nieuw instrument met de volgende dispositie:

Praestant	8′
Bourdon	8′
Octave	4′
Flute	4′
Nazar	(3′)
Superoctave	2′
Tertian	(1′)
Larigot	(1′)
Mixtur	
Cornett	
Sesquialtera	
Trompete bass/disc.	(8′)
Vox Humana	(8′)
Tremblant	

Hoe op dit instrument geregistreerd werd, is in 15 punten voorgeschreven
in: *Explicatio oder nachricht, die register der orgel in guter Harmonie undt accoordt zu
ziehen.*

'1mo Das chorale oder chorgesang wird gespielet mit Praestant, Bourdon,
Octave und Superoctave, oder ahn statt der superoctave, die Nazar.

2do Wan einer alleine singt, so ziehet man Bourdon, oder auch die Flöte
dazu.

3tio Die tabulatur oder stücken zu spielen, ziehet man Praestant, Bourdon,
Octave, Nazar, flute, Larigot, Tertian undt Trompete bas und discandt, undt
dieses nennet man das grand jeux.

4to Um präludia zu spielen, nimbt man Praestant, Bourdon, Octave,
Superoctave, Sexquialter, Mixtur undt Trompete bas undt discant, undt dieses
nennet man das volle Spiel.

5to Einen starcken bas und stillen discant zu haben, nimbt man Praestant,
Bourdon, Octav, Nazar und Trompet bass.

6to Einen stillen bas undt starcken discant zu spielen, nimbt man
Praestant, Bourdon, Octav, Nazar, Cornett undt Trompete discant.

7mo Praestant und Bourdon machen Flute travers.

8vo Die Sexquialter wird gespielt mit Praestant, Bourdon, Octave undt mit undt ohne Superoctave.

9no Die Cornet wird gespielt mit Praestant, Bourdon, Octav undt Flute, wan man laufende versen spilen will.

10.no Die Vox Humana wird gespielt mit Bourdon, Flute undt mit undt ohne Nazar, mit undt ohne Tremulant.

11mo Bourdon undt Superoctave machen einen form von glockenspiel.

12mo Die Trompet bas undt discant werden gespielet mit Praestant, Bourdon, Octave undt Nazard als Clarinet undt Waldhorn.

13mo Dienet ein weiterer variation Praestant, Bourdon mit Flute.

14to Man spilet auch das volle spile mit Praestant, Bourdon, Octa, Superocta, Sexquialt und Mixtur ohne Tromp.

15to Octav und Flute machen eine feldtpfeiffen etc., das übrige mach belieben.

Letzlich is absolute nicht zu vergessen, das ehe man ahnfangt zu spielen, man solle die ventiele zumachen, und wiederumb, wan man aufhöret oder endiget mit spielen, dass man diese Ventile solle offen machen, dan dar zu ist sie gemacht.'

Er is hier sprake van het begeleiden van koor-, gemeente- en solozang, verder van het spelen van literatuur en van diverse genres, zowel geïmproviseerde als uitgeschreven muziek. De termen 'grand jeux' en 'das volle spiel' (plein jeu) zijn duidelijk Frans georiënteerd. In de praktijk wijken deze registraties echter, met name wat het plein jeu betreft, af van de Franse praktijk. In het plein jeu wordt voor beide registraties de Sexquialter in het plenum gebruikt, bij de eerste registratie gecombineerd met de Trompet, bij de tweede echter niet.

Deze registraties leren ons, hoe men deze orgels bespeelde. Mutatis mutandis zijn ze uitermate bruikbaar bij het bespelen van de grotere instrumenten uit genoemde streken en cultuurperiode. Mogen ze hun diensten bewijzen, wanneer over enige jaren het Bossche Sint Jansorgel in zijn Heynemanconceptie hersteld zal zijn.

Bronnen

's-Hertogenbosch, Archief St. Janskathedraal, stukken over het orgel.
's-Hertogenbosch, Gemeente-Archief, stukken over het orgel.
Acta Organologica I, artikel van Dieter Grossmann, 'Kurhessen als Orgellandschft', Berlin 1967.
Karl Dreimüller, 'Beiträge zur niederrheinischen Orgelgeschichte', in: *Beiträge zur Geschichte der Musik am Niederrhein*, Köln 1956, p. 17–51 (= *Beiträge zur Rheinischen Musikgeschichte*, Bd. 14.
A.J. Gierveld, *Het Nederlandse huisorgel in de 17de en 18de eeuw*, Utrecht, 1977.
Jan van Heurn, *De Orgelmaaker*

Die Orgel im übertragenen Sprachgebrauch und in der Namengebung

Jan Huisman

Wir wollen uns in dieser Studie nicht mit einem Gegenstand aus dem technischen oder künstlerischen Bereich der Orgel selbst befassen, auch nicht mit der durch deren konstruktive Entwicklung und musikalische Praxis hervorgerufenen Fachterminologie, sondern mit der bildlichen Verwendung der zu dem Bedeutungsfeld der Orgel gehörigen Termini in der allgemeinen Sprache. So gehört etwa das niederländische Wort *orgellood* 'Orgelblei', in der Bedeutung 'zu der Herstellung von Orgelpfeifen verwendetes Blei' nicht zu unserem Thema, wohl aber, wenn es ein Blei bezeichnet, das in der Gestalt von Röhren im Handel vorkommt. Wir engen den Rahmen noch etwas weiter ein, indem wir objektgebundene Wörter wie südniederländisch *orgelkot*[1] (sprich 'Kott'), büchstäblich 'Orgelkate', d.h. 'Herberge mit einer Tanzorgel', ausscheiden, weil es sich hier wieder um die Orgel selbst handelt und nicht um 'Orgel' in übertragenem Sinn. Letzteres ist hingegen der Fall, wenn z.B. die Orgeltribüne in einer Kirche oder die dort befindlichen Plätze einfach ndl. *orgel*[2], dts. *Orgel*[3], franz. *orgue*[4], it. *organo*[5] genannt werden.

Es ist klar, dass der Einfluss der Orgel parallel läuft mit dem Eindruck, den sie auf diejenigen macht, die die Sprache gebrauchen. Das imposante Instrument, das schon den Glanz der öffentlichen Spiele im römischen Zirkus erhöhte, in den mittelalterlichen Kathedralen in der Liturgie erklang und sich in der Neuzeit zum selbständigen Rieseninstrument auswuchs, wurde sowohl

---

1 Beide Beispiele aus (J.H.)van Dale, *Groot Woordenboek der Nederlandse Taal,* 's-Gravenhage, 1976[10], Bd.II, S.1745.

2 *Woordenboek der Nederlandsche Taal,* 's-Gravenhage, 1864ff, Bd.XI (1910), S.1488.

3 Eine Karte der Verbreitung der verschiedenen Ausdrücke für 'Auf der Orgel' im Rheinland gibt J.Müller, *Rheinisches Wörterbuch,* Bonn, 1928ff, Bd.VI (Berlin, 1944), S.415-416.

4 P.Larousse, *Grand Dictionnaire universel,* Paris o.J., Bd.II, S.1456; J.N.Valkhoff, *Nouveau Dictionnaire Français-Néerlandais et Néerlandais-Français,* Groningue, 1886, S.274.

5 C.Ghiotti, *Il novissimo Ghiotti,* Torino, 1964, S.733.

6 Die romantische Auffassung, das Wortprägungen, Sprichwörter, Rätsel, Lieder, Märchen und andere Formen im Volk entstehen, ist nicht so naiv, wie sie aussieht. Alle Neuprägungen und mehrwörtigen Kompositionen sind selbstverständlich Individualschöpfungen, aber das Empfinden der Sprachgemeinschaft entscheidet darüber, ob sie nach einiger Zeit umlaufen oder verklingen.

in der aüsseren Gestalt wie in der tausendfachen Klangvarietät zu einem Wahrzeichen der abendländischen Musikkultur. Im Privatgebrauch hielt sich daneben die Hausorgel, vom schlichten Regal und Portativ bis zur Kabinett-orgel, nur zeitweise durch Cembalo, Klavier und Harmonium zurück-gedrängt, neuerdings aber wieder aufblühend, trotz (oder dank?) der massen-haften Verbreitung der elektronischen Kleinorgel.

Anhand des im folgenden ausgebreiteten Materials wird sichtbar, welche Aspekte des allbekannten Instruments das sprachbildende Volk so sehr beeindruckten, dass sie ihm zu bildlichem Gebrauch Anlass gaben. Das hier verwendete Material, obwohl nicht vollständig, erscheint umfangreich genug, diese Aspekte hervortreten zu lassen. Die Sprachgemeinschaft weiss, dass die Orgel ein kompliziertes Instrument ist, das nur dann gut funktioniert, wenn alle Teile wohlberechnet und verlässlich sind. Pfeifen aus unzweckmässigem Metall sinken zusammen, sie sollen fest sein; die Finger werden vom nieder-deutschen Frost *stif as ne Örgelpip* (a.ʹ 1885)[7]; sie sollen tönen: *et sind keine Orgelpuipen* (sic), *se briuket nit te brummen* (Westfalen)[8]. *In einer guten Orgel stimmen grosse und kleine Pfeifen*[9]; *Eine schlechte Pfeife verderbt die ganze Orgel*[10]. Für den niederländischen Dichter Jacob Revius (1586-1658) ist die Orgel ein Bild der geordneten menschlichen Gesellschaft:

Het orgel is een beelt van 't leven hier beneden
Veel pijpen staender in verdeelt in haar geleden
Een ieder heeft syn plaats, een ieder syn geschrei.[11]

Das Instrument bedingt den Ton: *Wie die Orgel, so der Ton* ('wie der Vater, so der Sohn')[12]. Wenn die aufgebotenen Mittel für eine bestimmte Aufgabe nicht zureichen, heisst es: *Zu der Orgel gehören andere Blasebälge*[13]. Der Katalane sagt von einer komplizierten Angelegenheit, die sich schwer meistern lässt, sie sei *com l'orgue de Sollana, que sempre li falta una tecla o altra*[14] (wie die Orgel von Sollana, von der immer wohl die eine oder andere Taste stockt). Wir haben hier mit einem der vielen Fälle zu tun, in denen eine bestimmte Orgel durch ihre Abweichung von der Norm sprichwörtlich wurde.

---

7 R.Wossidlo und H.Teuchert, *Mecklenburgisches Wörterbuch,* Bd.5, Neumünster, 1970, S.209.

8 R.Eckart, *Niederdeutsche Sprichwörter und volkstümliche Redensarten,* Braunschweig, 1893, S.395.

9 K.F.W.Wander, *Deutsches Sprichwörter-Lexikon,* 5 Bde., Leipzig, 1867-1880 (Nachdruck 1964), Bd.III (1873), S.1151.

10 H.Fischer, *Schwäbisches Wörterbuch,* Bd.v (Tübingen, 1920), S.79.

11 Zitiert nach Flor Peeters, M.A.Vente, u.a., *De Orgelkunst in de Nederlanden van de 16ᵉ tot de 18ᵉ eeuw.* Antwerpen, 1971, S.68.

12 H.Fischer (Anmerkung 10), S.79.

13 K.F.W.Wander (Anmerkung 9), S.1152.

14 A.Alcover, *Diccionari català-valencià-baleràr,* Bd.8, Barcelona, 1969, S.44.

Der Orgelmacher steht als Architekt und Erbauer des imponierenden Instruments in hoher Achtung. Der grösste Orgelbauer ist Gott: *How much more ... ought wee to admire that great and divine organist, that hath made those goodly organs of mans body and given them such a good sound?* (a.1594, unter Benutzung des Doppelsinns von engl.*organ* = 'Organ' und 'Orgel')[15]. Derselbe Gedanke findet sich bei Leibnitz:

Der leiber orgelspiel so kunstreich ist gefasst
dass aller unser witz vorm kleinsten tier erblasst.[16]

So eindrucksvoll die gut erhaltene Orgel ist, so trostlos sieht sie in verwahrlostem Zustand aus. Span. *muergano* 'Orgel' ist in Kolumbien zur Bedeutung eines nutzlosen, ausser Gebrauch gekommenen Gegenstands oder Möbels herabgesunken.[17] In katal. *deixar-se d'orgues* 'sich mit unwichtigen Sachen beschäftigen' ist dasselbe Niveau erreicht worden.[18]

So hoch das Ansehen der Grossorgel ist, so wenig gilt die Strassenorgel, die wohl in der folgenden Redensart gemeint ist: *si tens mal-de-caps, compra 't un orgue* 'wenn du Kopfweh hast, kauf dir eine Orgel!', mit welchem Ausdruck der Barcelonese zeigen will, dass er die Schwierigkeiten seines Gesprächspartners nicht ernst nimmt.[19]

Die Orgel erfordert regelmässigen Unterhalt; das Stimmen der Pfeifen ist wohl die einzige hierhergehörige Tätigkeit, die dem Aussenseiter geläufig ist. Katalanisch *temprar l'orgue* 'die Orgel stimmen' heisst 'eine Angelegenheit ordentlich vorbereiten, um ein endgültiges Ergebnis zu erlangen'.[20] Zahlreich sind die Ausdrücke für 'schlechter Laune sein, ver*stimmt* sein': *No estar per a orgues;* dagegen *estar temprat com un orgue* (gestimmt sein wie eine Orgel) oder einfach *estar d'orgue* 'guter Laune sein'.[21] In Schwaben veranlasste das Stimmen der Orgel folgendes Gesellschaftsspiel: 'Im Vorsitz stehen die Spielenden als Orgelpfeifen in einer Reihe auf einer Schranne. Einer geht von einer Orgelpfeife zur andern, klopft an dieselbe und erklärt die Lachenden für

---

15 *The compact edition of the Oxford English Dictionary, Complete Text,* I, Oxford, 1972², s.v.
16 Jacob Grimm und Wilhelm Grimm, *Deutsches Wörterbuch,* Leipzig 1854ff (weiter zitiert als DWB), Bd.VII (1889), S.1344. Nicht hierher gehört der verfängliche Titel von A.van Duinkerken, *Het wereldorgel,* Utrecht, 1931; es handelt sich dort nicht um eine Art pythagoräische Weltenorgel, wie man auf den ersten Blick meinen möchte, sondern um eine sehr grosse Drehorgel mit vielen kleinen Frontluken, hinter denen Szenen aus der biblischen und profanen Geschichte dargestellt waren; ein *explicateur* erklärte die Bilder während der Pausen.
17 M.Moliner, *Diccionario de Uso del Español,* Bd.II (Madrid, 1967), S.470.
18 A.Alcover (Anmerkung 14), S.44.
19 Ebenda.
20 Ebenda.
21 Ebenda.

verstimmte Pfeifen, trägt sie zur Tür hinaus und lässt sie dort von einem Orgelbauer *stimmen,* d.h. durchprügeln'.[22] Ein altes Sprichwort lautet: *Wo die Orgel verstimmt ist, da zieht der Teufel den Blasebalg;* wozu Wander warnend bemerkt: 'Besonders gilt dies von der Ehestandsorgel'.[23]

Damit sind wir zum Balgtreter gelangt, als welcher nicht der leibliche Satan, sondern irgend einer oder mehrere arme Teufel aus der Gemeinde eingeschaltet wurden, ehe der Gebläsemotor ihre Unentbehrlichkeit aufhob. Das Sprichwort weiss um ihre Notwendigkeit: *Wenn du willst orgeln, so besorge erst Wind; Je mehr man orgelt, je mehr braucht man Wind; Die Orgel pfeift nicht, wenn nicht jemand bläst; Sie sind eine Orgel, die nicht pfeift, wenn ihr nicht ein anderer einbläst* (mit politischer Spitze gegen ungebildete Grosse; Conrad Celtes zugeschrieben); ähnlich *Die Orgel pfeift, so man ihr einbläst.*[24] Eine niederländische Variante verlegt den Schwerpunkt auf den Organisten: *Het is een orgel, dat juist die wijzen geeft, welke men erop speelt* (Es ist eine Orgel, die nur die Weisen gibt, welche man darauf spielt).[25] Der niederländische Bälgetreter liefert ein Bild für den, der die Fäden zieht, aber selbst unsichtbar hinter den Kulissen bleibt: *Hij blaast (of treedt) daar het orgel* ('er ist die handelnde Person')[26]; *het orgel hoor je wel spelen, maar de orgeltrapper zie je niet* (die Orgel hört man wohl spielen, aber den Balgtreter sieht man nicht).[27]

Der Verweis auf eine Wunderorgel, die von selbst spielt, dient in Spanien als ironische Abweisung desjenigen, der von einer utopischen Sache redet, als ob sie vorhanden wäre und benutzt werden könnte: *A Valencia tinc uns orgues...* (aus Vinarós); *A Menorca tenc uns orgues que toquen per si mateixs* (auf Menorca gibt es eine Orgel, die von selbst spielt; aus Majorca). Das kleinere Menorca spielt die Ostfriesenrolle nach Majorca zurück: *A Majorca tenc uns orgues...*[28] Viele Köche verderben den Brei: *Die Orgel verstummt, wenn zwei die Bälge treten.*[29] Die Aufgabe des Balgtreters ist leichter als die des Organisten, meint der Däne: *Flere kand trykke veyr ad af belgerne end der kand give tone udi vaerket*[30] (es gibt ihrer mehr, die

---

22 H.Fischer (Anmerkung 19), Bd.vi, 2, S.2731.
23 K.F.W.Wander (Anmerkung 9), Bd.iii, S.1151.
24 K.F.W.Wander (Anmerkung 9), Bd.iii, S.1151-1152.
25 K.F.W.Wander (Anmerkung 9) Bd.iii, S.1151.
26 *Woordenboek der Nederlandsche Taal* (Anmerkung 2), Bd.xi (1910), S.1488.
27 K.ter Laan, *Nederlandse spreekwoorden, spreuken en zegswijzen,* Den Haag, 1976⁸, S.269. Hierher gehört wohl auch das von H.Fischer aufgeführte *Zur schönen Predigt vom Pfarrer habe ich die Orgel getreten* (aus Ulm); Fischer erklärt 'wenig Nutzen gehabt', was keinen ersichtlichen Zusammenhang ergibt; sollte es nicht vielmehr bedeuten 'der Pfarrer hat die Ideen für seine Predigt von mir übernommen'? Vgl. H.Fischer (Anmerkung 10), Bd.v, S.79.
28 A.Alcover (Anmerkung 14), S.44.
29 K.F.W.Wander (Anmerkung 9), Bd.iii, S.1151.
30 Ebenda.

Luft aus den Bälgen drücken können, als die die Orgel können erklingen lassen). Der schwedische Balgtreter hat mehr Selbstachtung: *Idag ha vi spelt bra, sa orgeltramparn till klockaren*[31] (heute haben wir gut gespielt, sagte der Balgtreter zum Organisten).

Der Organist ist der Künstler, der die Orgel ertönen lässt; er *spielt*, in älterer Sprache *schlägt* das Instrument. *Ungeschlagen* tut die Orgel nichts; sie eröffnet die Reihe in einer alten neungliedrigen Priamel: *eine Orgel, Glock und wullen Bogen, und böse Kinder ungezogen, ein Hur, ein dürr Stockfisches Leib, ein Nussbaum und ein faules Weib, ein Esel der nicht Seck mag tragen, die neun thun wenig ungeschlagen.*[32] Ohne Organist kein Orgelspiel: *Wo du nicht bist, Herr Organist, da schweigen alle Flöten* (mit der Geste des Geldzählens).[33] Seine Kunst ist schwierig, was Kaisersberg in einer Predigt ein Bild liefert für 'Übung macht den Meister': *Wer vil uf der orgel schlecht, der lernt orgeln.*[34] Die schwarzen Tasten sind besonders verfänglich; eine vertrackte Angelegenheit hat denn auch *més bémols que un orgue.*[35] Essen kann jeder, Orgelspielen nicht: *No es igual maxar que tocar l'orgue*[36]; wenn zum Essen geläutet wird, heisst es altniederländisch *dat hoert die such liever dan opt orgel spoelen*[37] (das hört die Sau lieber als Orgelspiel); man braucht für das Spielen der Orgel die volle Konzentration: *Es temps que manxen no toquen l'orgue* (Wenn man isst, spielt man nicht zu gleicher zeit die Orgel; aus Majorca).[38] *Den Organisten kennt man am Spiel;* oder: *Al toccar de' tasti si conosce il buon organista.*[39] Nicht alle Orgeln müssen in derselben Weise gespielt werden: *Solche Orgeln müssen so geschlagen werden.*[40] Der Orgelspieler muss die Kunst des Registrierens beherrschen: *Hier müssen wir andere Register ziehen* (= schärfer verfahren)[41]; wir müssen *alle Register ziehen* oder *mit der ganzen Orgel einfallen;* letztere Redensart kommt schon in römischer Zeit vor: *toto organo* (Quintilian).[42]

Der Organist ist ganz allein Meister seines gewaltigen Instruments; in

31 *Ordbok över svenska språket, utgiven av Svenska Akademien*, Bd.9 (Lund, 1952), S.1249. Derselbe Ausdruck auch dänisch; s. *Ordbog over det Danske Sprog, grundlagt af Verner Dahlerup*, København, 1918ff., Bd.xv (1934), S.1261.
32 K.F.W.Wander (Anmerkung 9), Bd.iii, S.1151.
33 Der bekannte Spruch parodiert ein Lied Erdmann Neumeisters (1671-1756); vgl. G.Büchmann, *Geflügelte Worte*, Berlin,1972³², S.156. Varianten gibt K.F.W.Wander (Anmerkung 9), Bd.iii, S.1151.
34 DWB VII (1889), S.1342.
35 A.Alcover (Anmerkung 14), Bd.vii, S.44.
36 Ebenda.
37 *Woordenboek der Nederlandsche Taal* (Anmerkung 2), Bd.xi (1910), S.1488.
38 A.Alcover (Anmerkung 14), Bd.vii, S.44.
39 K.F.W.Wander (Anmerkung 9), Bd.iii, S.1151.
40 K.F.W.Wander (Anmerkung 9), Bd.iii, S.1152.
41 DWB VIII (1892), S.542.
42 K.F.W.Wander (Anmerkung 9), Bd.iii, S.1592, bzw. S.152.

Lenaus von wundervollem Rhythmus getragenen Versen ist der Führer der
Freiheitskämpfer der kundige Organist der Schlacht:

vorwärts treibt er seine scharen
um der freiheit, seinem liebchen
aufzuspielen serenaden
mit der feldschlacht, seiner orgel
die er weiss so stark zu greifen.[43]

Der Bauer dagegen versteht nichts vom Orgelspielen; so altniederländisch:
hij wist met sijn kaecksbeen so te spelen om sijn gorgel, als nen Boer op d'Orghel (er wusste
mit seinem Unterkiefer so um seine Gurgel zu spielen, wie ein Bauer auf der
Orgel).[44] Von den Tieren sind begreiflicherweise besonders die Huftiere auf
der Schule der Geläufigkeit mit Pauken und Trompeten durchgefallen: *Dass er
sich zum bücherschreiben schicke, wie die kuh zum orgelschlagen* (Weise).[45] Der bereits
antike *asinus ad lyram* präsentiert sich vergeblich auf der niederdeutschen
Orgel: *Dat steit em an as den Esel dat Orgelspelen* (a.1840).[46] Zusammen mit dem
Ochsen lässt der Esel das Christkind im Stich, um in Frankreich ein erfolgloses
Quatremains auf der Orgel zu produzieren; sie liefern damit allerdings ein
Bild für den Pseudogelehrten: *...et sçait de ses sciences et de toutes les autres ce que sçait
l'asne et buf a sonner les orgues* (La Taille, 16.Jahrhundert).[47] Für den Engländer
steht das Schwein ganz unten auf der Skala der Organisten: *Pigs play on the
organs.*[48]

Die Orgel soll während der Messe gespielt werden, nicht vor ihr; wenn die
Hochzeit Hals über Kopf stattfinden muss, heisst es vom Bräutigam: *Er hat die
Orgel vor der Messe gespielt.*[49] Ganz von seinem Postament gestürzt ist der finger-
und fussfertige Virtuose in der Soldatensprache unseres Jahrhunderts, wo er
zum 'geschickten Beschaffer, Entwender, Dieb' wurde; damit trat der *Organist,*
wohl nur des Anklangs wegen an die Stelle des *Organisators,* der gut *organisieren*
kann.[50]

Sehr viel weniger Ansehen geniesst der Mann, der die Drehorgel bedient,
vom Leierkasten bis zur grossen Strassenorgel. *Wenn 'n Wrang* (Kurbel) *an de*

---

43 DWB VII (1889), S.1341.
44 *Woordenboek der Nederlandsche Taal* (Anmerkung 2), Bd.XI (1910), S.1488.
45 DWB VII (1889), S.1344.
46 O.Mensing, *Schleswig-Holsteinisches Wörterbuch,* Bd.III, Neumünster, 1973, S.902.
47 E.Huguet, *Dictionnaire de la Langue Française du seizieme siècle,* Bd.V, Paris, 1961, S.542.
48 *The Oxford Dictionary of English Proverbs,* Oxford, 1970³, S.624. Ebenso rheinisch *Du hes ene
Verstand vom Reichene* (Rechnen) *wie en Sau vom Orgelspelle;* Rheinisches Wörterbuch (Anmerkung 3),
Bd.VII, S.412.
49 K.F.W.Wander (Anmerkung 9), Bd.III (1873), S.1152. Auch schwäbisch *Der hat auch g'orglet voar
d'Kirch' anganga ist,* und ndl. *het orgel spelen vóór de mis* (Ebenda).
50 H.Küpper, *Wörterbuch der deutschen Umgangssprache,* Bd.I, Hamburg, 1955, S.240.

Orgel wer, kunn jeder Köster sien.[51] Die Drehorgel hat aber, gerade von der Eigenschaft, dass sie 'gedreht' werden muss, mehrere Bedeutungsübertragungen veranlasst: *Noors Ördel* oder *Ordelwark* (niederd. *Ordel, Ördel* = 'Orgel') 'Spinnrad'[52]; im Elsass heisst die Handdreschmaschine *Orgel*[53]; das *Örgele* oder *Örgelein* bezeichnet im Schwäbischen den Schlüssel zum Anschnallen der Schlittschuhe (er wird gedreht)[54]; *des Schneiders Orgel* 'Nähmaschine' ist wohl älter als der literarische Beleg bei Grass[55]; die niederländischen Hafenarbeiter nennen den Mann, der die Handwinde bedient, *orgeldraaier*[56].

Wir wenden uns jetzt der Orgel selbst zu. Ihre Ausstrahlungen in Bild und Gleichnis lassen sich in zwei Kategorien einteilen, eine visuelle und eine auditive. Am augenfälligsten ist natürlich die Front der Orgel, die vielen Pfeifen in Reih und Glied, die Schnitzereien, der harmonische Aufbau des Ganzen. Wenn die Front den gängigen Anschauungen nicht entspricht (besonders wohl wenn sie asymmetrisch ist) gilt sie als Bild der Unordnung und Verwirrung. Mehrere Orte haben sich wohl über den kühnen Prospekt ihrer Orgel einen Platz im Sprichwort gesichert; so in Spanien *l'orgue de Caldes*[57] und *los órganos de Móstoles*[58]. Die Orgel des maasländischen Ortes Gangelt (bei Geilenkirchen) erschien den Einwohnern benachbarter Städte wohl reichlich hoch; so heisst es im niederländischen Sittard *altijd hoger, als het orgel van Gangelt.*[59] Der Ausdruck wird verwendet, wenn mehrere in einem Gespräch einander zu übertrumpfen suchen.[60] Die Orgel der katalanischen Stadt Arbeca sieht aus wie drei Schippen; daher *l'orgue d'Arbeca* 'Pik drei'[61].

---

51 O.Mensing (Anmerkung 46), S.902.
52 Wossidlo-Teuchert (Anmerkung 7), S.209, bzw. S.207.
53 H.Fischer (Anmerkung 19), Bd.vi, 2 (1936), S.2731.
54 Ebenda.
55 H.Küpper (Anmerkung 50), Bd.v (1967), S.190. Küppers Erklärung 'weil sie mit Händen und Füssen betätigt wird und Geräusch erzeugt' ist unscharf; die alten Nähmaschinen wurden nur mit der Hand bedient mittels einer Kurbel oder eines Rades mit Handangriff.
56 Van Dale (Anmerkung 1), Bd.ii, S.1745.
57 A.Alcover (Anmerkung 14), S.44.
58 *Gran Enciclopedia Larousse*, Bd.vii, Barcelona, 1963, S.980. Nach anderen bezieht sich der Ausdruck nicht auf die Orgel der Pfarrkirche von Móstoles, sondern vielmehr auf den Kühlapparat für Wein in einer dortigen Herberge; so J.M.Iribarren, *El porqué de los dichos,* Madrid, 1956², S.369-370. Obwohl Móstoles ein bekannter Weinort in der Provinz Madrid ist, erscheint Irribarrens Beweisführung kaum schlüssig; man beachte den Plural und die Parallelfälle in anderen Orten, die nichts mit Wein zu tun haben.
59 J.Schrijnen, *Nederlandse Volkskunde,* Zutphen, 1933², Bd.ii, S.140 (ohne Erklärung des Ausdrucks); das Rheinische Wörterbuch (Anmerkung 3), Bd.vi (Berlin, 1944), S.412, bezeugt für Heinsberg entsprechend *Ömmer huhjer (höher) op wie die O.va Gongelt* (freundlicher Hinweis von Herrn M.G.M.A.van Heyst, Abteilungsleiter der Stadtbibliothek in Maastricht).
60 Freundliche Mitteilung von Herrn A.M.L.Roebroeck, Direktor des Stadtmuseums in Sittard.
61 A.Alcover (Anmerkung 14), S.43.

Eine Reihe von Geschwistern, der Grösse nach aufgestellt, steht da *wie die Orgelpfeifen;* das Bild ist schon 1575 Johann Fischart geläufig.[62] Franzosen und Italiener kennen den Ausdruck ebenfalls: *Comme des tuyaux d'orgue*[63] bzw. *Come le canne d'un organo*[64].

Gegenstände, die aus mehreren parallel aufgestellten Elementen bestehen, werden sehr häufig mit der Orgel verglichen. Die Komponenten haben oft, aber nicht immer, zylindrische Gestalt; sie bilden eine abnehmende Reihe oder sind von gleicher Grösse. Rabelais spricht von einer Mütze mit *oreilles de papier, fraizé à poincts d'orgue*[65], womit wohl eine Art von papiernen Ringellocken gemeint ist. Ähnlich deutsch *die falten (des kleides) müssen sein verfasset und verfitzt nicht anders, als man sieht die gleichen orgelpfeifen in ihrer reihe stehn* (Rachel).[66] Ein senkrecht gestreiftes Muster in der Lakenweberei hiess niederdeutsch *Orgelmuster* (Rostow 1758)[67] oder *Orgelpiepenmuster*[68]; niederl. *orgelboog* und das zugehörige Adjektiv *orgelgebogen* beziehen sich auf eine Art Schmuck der Möbelfront, die aus breiten, gebogenen und schmalen, flachen, vertikalen Streifen besteht (18.Jahrhundert)[69]. Ein schwäbischer Beleg aus dem Jahre 1612 bezeugt eine *Orgel von 13 mit Zin beschlagenen Krügen,* nach H.Fischer waren diese 'von abfolgender Grösse'.[70] Niederl. *orgel* oder *drankorgel* bezeichnet ein Gestell mit Weinfässern oder Tonnen mit verschiedenen geistigen Getränken; von hier aus wurde das Wort *drankorgel* auf den Trunkenbold übertragen.[71] Das *Orgelgeschütz,* von um 1450 bis Anfang 17.Jahrhundert im Gebrauch[72], war ein

62 Borchardt-Wustmann-Schoppe, *Die sprichwörtlichen Redensarten im deutschen Volksmunde nach Sinn und Ursprung erläutert,* Leipzig, 1955[7] (bearbeitet von A.Schirmer), Bd.I, S.364: *Da stellen sie ihre zucht um den Tisch staffelweise wie die Orgelpfeiffen.* Die hier gegebene Erklärung von *zucht* ('die Weiber und ihre Kinder') ist sowohl strittig mit der Etymologie und der derzeitigen Bedeutung des Wortes als mit der Natur des Bildes; der Ausdruck bezieht sich, wie in allen späteren Belegen, nur auf die Kinder. Für die richtige Deutung der Stelle s. G.Büchmann, (Anmerkung 33), S.147. Man vergleiche auch niederdeutsch *syne Dusentschone ... Süster und Orgelpipe* 'seine wunderschöne ... Schwester mit ihrer Kinderreihe'; s. Wossidlo-Teuchert (Anmerkung 7) Bd.V (1970), S.209. Auch die Vorstellung des regelmässigen Abstandes kann mitspielen; so K.Krüger-Lorentzen, *Deutsche Redensarten,* Wiesbaden o.J., S.433.
63 J.N.Valkhoff (Anmerkung 4), S.274.
64 C.Ghiotti (Anmerkung 5), S.733.
65 E.Huguet (Anmerkung 47), Bd.V (1961), S.542.
66 DWB IX (1889), S.1343.
67 Wossidlo-Teuchert (Anmerkung 7), Bd.V (1970), S.209.
68 O.Mensing (Anmerkung 46), Bd.III (1973), S.902.
69 Van Dale (Anmerkung 1), Bd.II, S.1744.
70 H.Fischer (Anmerkung 10), Bd.VI, 2 (1936), S.2731.
71 Van Dale (Anmerkung 1), Bd.I, S.577.
72 DWB VII (1889), S.1342; vgl. S.1343 s.v. *Orgelpfeife.* Im Niederländischen hiess das *orgelgeschut* auch *ribaudeken;* s. *Grote Winkler Prins Encyclopedie,* Bd.14, Amsterdam, 1974[6], S.692. Im Französischen wurde dieses Geschütz einfach *orgue* genannt *(Nouveau Petit Larousse Illustrée,* Paris, 1924[13], S.726); ebenso span. *órgano.*

Vorläufer der heutigen *Stalinorgel*[73]; selten gebraucht man dafür im Deutschen den Ausdruck *Totenorgel*[74]. Span. *órgano* bezeichnet einen altmodischen Kühl-apparat mit einer Reihe von bereiften Zinnröhren.[75] Die eingerammten Pfähle, die die Seiten des Hafeneingangs sichern, heissen *Orgelpfeifen*[76], ebenso der Rost des Webstuhls[77]. Die senkrechten Balken des Fallgatters in Burg- und Stadttoren wurden ebenfalls niederl. *orgel*, franz. *orgue* genannt.[78]

Das letztere Wort bezeichnet auch die Speigatten eines Schiffes[79]; niederl. *orgel*, aus mir unersichtlichem Grund, auch das Vorunter eines Fischer-bootes.[80] Als Erklärung des geographischen Namens *Organ Hall* (Herford-shire, a.1272 *Orgonchalle*, wohl verlesen für Orgonehalle, a.1290 *Organhalle*) wurde vorgeschlagen, das ursprüngliche Haus habe möglicherweise mehrere Schornsteine gehabt, die wie Orgelpfeifen nebeneinander gestanden hätten.[81] V.Nabukov vergleicht in seinem Roman *Lolita* die Behälter eines mehr-gliedrigen Getreidesilos mit Orgelpfeifen.[82] Ganz modern ist niederl. *orgel-pijplamp,* für eine Hänge- oder Wandlampe, die aus einem oder mehreren vertikalen Röhren besteht, aus denen das Licht durch das Labium und das offene Oben- und Unterende hervortritt. Eine gewisse Firma bleibt ganz im Bilde, wenn sie ein von ihr geführtes Modell mit dem Namen *Fuga* schmückt.

Hosenbeine werden mit Orgelpfeifen verglichen: *Er ist ein Organist wie seine Hosen* (Strümpfe) *Orgelpfeifen.*[83] In der modernen Umgangssprache werden

---

73 Über den Prototyp, die Stalinorgel des zweiten Weltkriegs, finden sich genaue Angaben in dem *Dizionario Enciclopedico Italiano*, Roma, Bd.VIII (1958), S.627.

74 *Brockhaus Enzyklopädie*, Bd.XIII, Wiesbaden, 1971[17], S.802.

75 *Gran Enciclopedia Larousse* (Anmerkung 58), Bd.VII, S.981.

76 F.Kluge, *Seemannssprache,* Halle, 1911, S.598.

77 DWB VII (1889), S.1343; dafür auch *Orgel*, ebenda S.1341.

78 *Woordenboek der Nederlandsche Taal* (Anmerkung 3), Bd.XI (1910), S.1488; J.N.Valkhoff (Anmerkung 4), S.274. Wenn die vertikalen Balken einzeln heruntergelassen werden konnten, spricht man auch von einem *Orgelwerk,* s. DWB VII (1889), S.1345; der *Nouveau Petit Larousse Illustré* (Anmerkung 72), S.726 umschreibt *orgue* in diesem Sinne mit 'herse à barreaux indépendants'.

79 'Tuyau (sic; doch wohl nur sinnvoll wenn mehrere nebeneinander liegen?) de conduite pour les aux des dalots, des gaillards, des ponts inférieurs' (*Nouveau Petit Larousse* (Anmerkung 72), S.726. J.N.Valkhoff übersetzt dieses *orgue* richtig mit der Pluralform *boordgaten* (Speigatten), s. J.N.Valkhoff (Anmerkung 4), S.274.

80 *Woordenboek der Nederlandsche Taal* (Anmerkung 2), Bd.XI (1910), S.1489.

81 'Perhaps the hall had chimneys which suggested organ-pipes or it may have had some other link with that instrument'. J.E.B.Gover, A.Mawer and F.M.Stenton, *The Place-names of Herfordshire,* Cambridge, 1938, S.61.

82 Nicht hierher gehört der *Orgelreaktor;* die erste Komponente dieser Zusammensetzung besteht aus den Teilen *org-* (nach der organischen Kühlflüssigkeit) und *e-1*, Kürzung von *eau lourde,* 'schweres Wasser'.

83 K.F.W.Wander (Anmerkung 9), Bd.III (1873), S.1151, der auch eine alte niederländische Version derselben Redensart anführt: *Het is een orgelist als zijne kous eene orgelpijp.*

enge, dreiviertellange Hosen für junge Mädchen *Orgelpfeifen* genannt.[84] Man könnte sich fragen, ob hier schon der Sexualbereich mitspielt, ein Gebiet, auf dem die Orgel in ihren verschiedenen Aspekten einen so üppigen Urwald von Metaphern aller Art ins Leben gerufen hat, dass die ursprüngliche Vergleichsbasis sich kaum noch erkennen lässt. Die 'Königin der Instrumente' kann die zweifelhafte Ehre dieses masslosen Erfolgs nicht für sich allein in Anspruch nehmen; mehr als dreissig ihrer Untergebenen haben eine nicht geringere Ernte an erotischen und obszönen Ausdrücken aufzuweisen.[85]

Im Reich der Natur haben mehrere Erscheinungen durch ihr Aussehen den Vergleich mit der Orgel geradezu herausgefordert. In der Geologie werden mit dem Wort *Orgel* oder *Orgelpfeifen* in vielen Sprachen zwei verschiedene Gebilde bezeichnet, nämlich solche aus kreidehaltigem Kalkstein oder Gips und andere aus Basalt. Im ersteren Fall handelt es sich um in einem Erosionsgebiet stehen gebliebene säulenartige Hügel, wie sie in der kubanischen *Sierra de los Órganos* vorkommen[86], oder um vertikale zylindrische Hohlschächte in Karstgebieten, manchmal sekundär angefüllt mit Material von der Oberfläche; der letztere Typus wird deutsch auch *Erdorgel* genannt[88]; er kommt u.a. vor im niederländischen St.Pietersberg bei Maastricht (ndl. *geologische orgelpijpen*). Andererseits werden nebeneinanderstehende prismatische Basaltsäulen mit der Orgelfront verglichen; so in Frankreich *les orgues de Bort* (Corrèze; die betreffende Gemeinde nennt sich *Bort- les Orgues), les Orgues de Murat* (Cantal)[89], *les Orgues d'Espaly* (Haute Loire), und andere[90]; ebenso auf der kanarischen

84 H.Küpper (Anmerkung 50), Bd.V (1967), S.190.

85 Vgl. E.Borneman, *Sex im Volksmund. Der obszöne Wortschatz der Deutschen. Wörterbuch nach Sachgruppen* (!), Reinbek, 1974, Bd.II, 1.66; 25.8; 30.7; Bd.I s.v. Orgel, orgeln, Orgelpfeife. Obwohl die Orgel ebensowohl für die weibliche Sexualzone viele Ausdrücke angeregt hat, dürfte doch das Entstehen der Sippe durch den vergleich des männlichen Gliedes mit einer Orgelpfeife bedingt sein. Im französischen Soldatenargot blühte das pars pro toto *mon orgue, ton orgue* usw. für 'moi, toi, usw.'; s.W.Hunger, *Argot, Soldatenausdrücke und volkstümliche Redensarten der französischen Sprache,* Leipzig, 1917, S.107-108. Im Italienischen und Spanischen konnte die Doppelbedeutung von *organo,* bzw. *órgano* ('Orgel' und 'Organ') als Brücke dienen; ital. *organo* wird ins Englische übersetzt als 'penis' und 'organ'; s. *Dizionario delle lingue italiana e inglese,* I, Firenze (Sansoni), 1972, S.882. Der deutsche Volksglaube, dass die grösste Basspfeife der Orgel beim Brautlied durch Schnurren verrät, dass die Braut den Kranz nicht mehr in Ehren trägt, wurde gewiss durch gemeinverständliche Symbolik gestützt; s. *Handwörterbuch des deutschen Aberglaubens,* VI, Berlin u. Leipzig, 1934-1935, S.1307. Wahrscheinlich wusste der linke Fuss der Organisten Bescheid.

86 'Los calizos están formados per columnas estalagmíticas, originadas en cavernas y demás paisajes cársicos' *(Gran Enciclopedia Larousse* (Anmerkung 58), Bd.VII, S.981.

87 *Oosthoek Encyclopedie,* Utrecht, 1968[6]ff, Bd.VIII, S.287.

88 *Brockhaus Enzyklopädie* (Anmerkung 74), Bd.V, S.651.

89 A.Hatzfeld et A.Darmesteter, *Dictionnaire Général de la Langue Française,* Paris, 1926[2], S.1640.

90 A.Dauzat, G.Deslandes et Ch.Rostaing, *Dictionnaire étymologique des noms de rivières et de montagnes de France.* Paris, 1978, S.182.

Insel Gomera die *Punta de los Organos*[91].

Unter den organischen Gebilden des Meeresbodens ist die *Orgelkoralle* (engl. *organ-pipe coral,* franz. *tuyaux d'orgue,* ndl. *orgelkoraal,* in der älteren Sprache auch *orgelsteen*[92], allgemein bekannt und beliebt. Die blutroten, oft über kopfgrossen Klumpen bestehen aus zahlreichen Röhrchen, die von gemeinsamen Kalkplatten wie Orgelpfeifen aufsteigen. In der lebenden Kolonie steckt in jedem Röhrchen ein prächtig grün gefärbter Polyp, meistens Tubipora hemprichi.[93] Der *organ cactus* oder *organ pipe cactus* (Cereus giganteus)[94] dominiert die grossen Kakteen der amerikanischen Wüsten; für seine Erhaltung wurde der *Organ Pipe National Park* in Arizona eingerichtet. Unsere bescheidene europäische Kornrade heisst auf niederländisch neben *bolderik* auch *orgelbloem*[95], wohl nach der länglichen Gestalt ihres Fruchtknotens.

Neben den Pfeifen und der Front haben andere Teile der Orgel nur selten auf die Phantasie der Sprachschöpfer gewirkt. Der Orgelkasten lieferte dem Niederdeutschen einen bildlichen Ausdruck für 'eine kleine Wohnung', auch für 'ein schlecht geladenes Kornfutter'.[96] Mit der Karikatur, die manchmal das Kapitell der Tragsäule unter der Empore schmückt, verglich man im älteren Niederländischen ein entstelltes oder verzerrtes Gesicht: *Taensicht onder dorgel* (das Gesicht unter der Orgel).[97] Der Spieltisch veranlasste das ebenfalls ältere französische Wortspiel *disner sous les orgues* 'nicht Essen': *'Où mettrons-nous cousteaux sur la table? Où? Hélas! droict dessous les orgues. La table y est mal profitable: Là pour viande délectable, Avons nous de trompe et hautbois. Dont nostre ventre est lamentable'.*[98] Obwohl die Tastatur abweicht, ist das Manual wohl der visuelle Ausgangspunkt von Wortbildungen wie italienisch *organo di campane* ('Glockenspiel')[99] und ndl. *lichtorgel* 'Bedienungstafel der Beleuchtungsapparate des Theaters oder der Popgruppe'.

Den Übergang zum auditiven Bereich der Orgel bilden diejenigen Bedeutungsübertragungen, die sowohl von ihrer äusseren Erscheinung wie von ihrem Klang ausgehen. Das manchmal *Orgel* genannte Harmonium und die

---

91 *Gran Enciclopedia Larousse* (Anmerkung 58), Bd.VII, S.982. Diese Basaltorgeln werden span. auch *órganos volcánicos* genannt; s. F.Coluccio, *Vocabulario Geográfico,* Tucumán, 1952, S.205.

92 *Woordenboek der Nederlandsche Taal* (Anmerkung 2), Bd.XI (1910), S.1492.

93 *Brehms Tierleben, Kleine Ausgabe, 1, Die Wirbellosen,* hrg.v.W.Kahle, Leipzig, 1919³, S.40-41.

94 *The Shorter Oxford Dictionary,* 1956³, S.1384.

95 Van Dale, *Groot Woordenboek der Nederlandsche Taal,* 1898⁴, S.1233.

96 Wossidlo-Teuchert (Anmerkung 7), Bd.V (1890), S.209.

97 *Woordenboek der Nederlandse Taal* (Anmerkung 2), Bd.XI (1910), S.1488.

98 E.Huguet (Anmerkung 47), S.542.

99 Es ist hier noch darauf hinzuweisen, dass der Organist in vielen Städten auch Glockenist war.

elektronische *Orgel*[100] haben, abgesehen vom Umfang, dieselbe Tastatur wie die Pfeifenorgel und bemühen sich, denselben Klang hervorzubringen. Sowohl die Gestalt der Orgelpfeife wie der Klang des Instruments werden angesprochen in poetischen Bildern wie *Nu brusar sommarns höga psalm i skogens orgelpipor* (jetzt braust der hohe Psalm des Sommers in den Orgelpfeifen des Waldes)[101] und *Telefonstolparnas orgelpipor (ringde), än dämpat brusande, än svällande ut i sin fulla ton* (die Orgelpfeifen der Telefonstangen erklangen, bald gedämpft säuselnd, bald anschwellend zu ihrem vollen Ton)[102].

Der Orgelton reicht vom majestätischen Plenum bis zum hauchzarten Pianissimo; es versteht sich daher, dass Lautgebilde verschiedenster Natur mit ihm verglichen werden. Katalanisch *donar orgue a algú* 'einen zeremoniell oder mit Achtung entgegentreten'[103] geht wohl aus von der *chamada* oder *trompeteria* der iberischen Orgel, die aus horizontal in den Raum hineinragenden Zungenpfeifen besteht und wohl die Trompeter ersetzt, die den Einzug der Würdenträger ankündigten und begleiten (*chamada* ≤ clamata, etwa 'acclamatio'). Ironisch gebraucht sank der Ausdruck herab zu der Bedeutung 'einem schmeicheln', dann 'einen anführen'. 'Sehr gut sprechen' bezeichnet Rabelais mit dem Ausdruck *dire d'orgues*.[104]

Eine starke, weittragende menschliche Stimme erinnert manche Dichter an den sonoren Ton der Orgel; so Schiller in seinem Macbeth: *ihr führet eine so helle Orgel in der Brust, dass ihr damit ganz Schottland könntet aus dem Schlaf posaunen*[105]; ebenso Wägner (1937): *Biskopen som hade latit sin stämmas orgeltoner välla över salen* (der Bischof, der die Orgeltöne seiner Stimme durch den Saal hatte wallen lassen)[106]; Sven Stolpe: *Jag tuckte, att hans djupa röst plötsligt fick en orgels makt* (mir schien, dass seine tiefe Stimme plötzlich die Macht einer Orgel bekam)[107]. Dieser Vergleich ist früh bezeugt; schon im mittelhochdeutschen Virginal heisst es: *Sîn* (des Riesen) *stimm reht als ein orgel dôz* (erschallte), *sô man si sêre stimet*.[108] Von der Orgel stammt weiter die Unterscheidung der Tonlagen der

---

100 *Der Grosse Duden, 8, Sinn- und sachverwandte Wörter,* Mannheim, 1972, S.198, nennt als weitere Bezeichnungen: *Elektronenorgel, Hammondorgel, Kinoorgel, Consonataorgel, Polychordorgel, Wurlitzer-Orgel, Welte-Lichttonorgel.* Das Niederländische kennt den Terminus *orgelharmonium* für ein grosses Harmonium, das dazu geeignet ist, eine Kirchenorgel zu ersetzen, s. Van Dale (Anmerkung 1), Bd.II, S.1745. Die Bedeutungserweiterung des Wortes *Orgel* führte dazu, dass man im Niederländischen in Zweifelsfällen für die eigentliche Orgel den Ausdruck *pijporgel* benutzt.
101 *Ordbok över svenska språket* (Anmerkung 31), Bd.XI (1952), S.1247.
102 O.Östergren, *Nusvensk Ordbok,* Bd.IV, Stockholm, 1934, S.1205.
103 A.Alcover (Anmerkung 14), S.44.
104 E.Huguet (Anmerkung 47), Bd.V (1961), S.542.
105 DWB VII (1889), S.1341.
106 *Ordbok* (Anmerkung 31), Bd.IX (1952), S.1248.
107 O.Östergren (Anmerkung 102), Bd.IV (1934), S.1204.
108 DWB VII (1889), S.1341.

menschlichen Stimme in Brust- und Kopf*register*.[109]

Neben der Stimme vergleicht man die Herztöne mit dem Klang der Orgel (wohl z.T bedingt vom alten Ausdruck die Orgel *schlagen*); sowohl in Süd- wie in Norddeutschland gilt das Sprichwort *solange die Orgel geht, ist die Kirche nicht aus,* 'solange das Herz schlägt, lebt man noch'.[110] Das kann in Schleswig-Holstein unerwartete Folgen haben: *So lang de Orgel noch geit, is de Kark noch nit ut* bedeutet hier 'auch in vorgerücktem Alter kann noch Nachwuchs kommen'.[111] Die Anschauung, dass das Herz der Sitz des Gemüts und der Gefühle ist, führte zu dichterischen Metaphern wie schwed. *mitt hjertas orgelspel*[112] (das Orgelspiel meines Herzens), *de djupa känslornas orgelmusik* (die tiefe Orgelmusik der Gefühle)[113] und zu Jean Pauls treffendem Doppelbild *der aktenstaub lag dick auf den Orgelpfeifen seines Gemüts.*[114] Von der Stimme der Dichter kann das Bild vom Orgelton auf dichterische Werke ausgreifen; so Tennyson über Milton: *God-gifted organ-voice of England, Milton, a name to resound for ages*[115], ein schwedischer Beleg (über den Dichter G.von Heidenstam) *Den stora heidenstamska lyrikens orgelton*[116] und dänisch *Hvad Dante vid sit store Orgel sang.*[117]

Durch die Jahrhunderte haben sich verzweifelte Gemeinden, meistens ohne durchschlagenden Erfolg, beschwert über weitschweifige Vor-, Zwischen- und Nachspiele. Der hilflose Kirchgänger rächte sich mit Ausdrücken wie *orgelei* (Gutzkow, von einer salbungsvollen Rede), *die perioden herab orgeln* (Goethe)[118] und die in der niederländischen Provinz Limburg geläufige Redensart *lig niet de ganse daag te örgele* 'fasel doch nicht den ganzen Tag', zu einem redseligen Menschen gesagt.[119] Wenn der Ostflame immer dasselbe erzählt, bekommt er zu hören: *Zijnen oorgel speelt altoos 't zelfde liekske* (seine Orgel spielt immer dasselbe Liedlein).[120] Unsicher ist, ob der italienische Ausdruck *il*

'09 DWB VIII (1893), S.542.

110 K.F.W.Wander (Anmerkung 9), Bd.III (1873), S.1152; Wossidlo-Teuchert (Anmerkung 7), Bd.V (1970), S.209.

111 O.Mensing (Anmerkung 46), Bd.III (1973), S.902.

112 Ordbok (Anmerkung 31), Bd.IX (1952), S.1248.

113 Ebenda, S.1247.

114 DWB VII (1889), S.1343.

115 *The Compact Edition* (Anmerkung 15), 1972², Bd.II, s.v. Ähnlich das dort zitierte *Milton could not have produced his organ-tones on a 'scrannel pipe'* (a.1901).

116 Ordbok (Anmerkung 31), Bd.IX (1952), S.1248. Vgl. dazu den dort aufgeführten Beleg aus dem Jahre 1913: *Den första strophens majestätiskt orgeltonande anslag.*

117 *Ordbog over det Danske Sprog*, grundlagt af Verner Dahlerup, København, 1918ff, Bd.XV (1934), S.1258.

118 DWB VII (1889), S.1342 bzw. S.1343. Goethe denkt wohl an die Drehorgel; vgl. *herableiern, herunterleiern.*

119 Th.van de Voort, *Het dialect van de gemeente Mierlo-Wanssum*, Amsterdam, 1973, S.214.

120 Is.Teilinck, *Zuid-Oostvlaandersch Idioticon*, Gent, 1908-1922, Bd.II, S.335.

resto lo canta l'organo (den Rest singt die Orgel) hierhergehört; er wird gebraucht, wenn man aus Anstandsgründen etwas verschweigen will, von dem man annimmt, dass der Hörer oder Leser es ohnehin verstehen wird.[121] Die Redensart ist ziemlich auffällig, wenn man bedenkt, das im Mittelalter die Orgel symbolisch mit der Schamhaftigkeit in Verbindung gebracht wurde.[122]

Auf die Strassenorgel, die nur bekannte Weisen spielt, beziehen sich wohl die beiden folgenden Redensarten. Im Osten der niederländischen Provinz Gelderland sagt man, wenn einer längst Bekanntes auftischt *Goa dan noar Vreden, doar spölst opt örgel* (Geh doch nach Vreden, dort spielt man's auf der Orgel).[123] Aus derselben Anschauung entstand wohl ndl. *Dat heb ik nog nooit op een orgel horen spelen* (das habe ich noch niemals auf einer Orgel spielen gehört), gesagt von einer merkwürdigen, kaum glaubhaft erscheinenden Neuigkeit.[124] Auf demselben Instrument kann man wohl *den Klabustermarsch orgeln* (schikanieren).[125] Eindeutig weist auf die Drehorgel die brabantische Redensart *de orgel draait* 'es gibt Krach'.[126] Anders in Niederdeutschland, wo man sagt: *De örgel geiht all wedder* 'das Kind weint wieder'; in einem Volksreim heisst es dort, in derselben Bedeutung, zu einer jungen Frau gesagt *Din Örgel geiht an.*[127] Wir kommen hier allmählich in den Bereich der Laute, die Menschen und Tieren gemeinsam sind. Niederdeutsch *Örgeln* 'schwer arbeiten (a.1887) ist wohl aus den begleitenden Seufz- und Keuchlauten zu erklären; derselbe Ausdruck kann auch 'schnarchen' bedeuten,[128] ein Lautphänomen, dass (sowenig wie

---

121 G.Gherardini, *Vocabulario della lingua italiana,* Bd.IV (1878), S.497.

122 *Handwörterbuch des deutschen Aberglaubens,* Bd.VI, Berlin und Leipzig, 1934/35, S.1308.

123 Freundliche Mitteilung von Herrn Henk Krozenbrink, Leiter des 'Staring-Instituut' in Doetinchem (Niederlande). Vreden ist zwar eine kleine Stadt, aber Mittelpunkt eines grossen alten Kirchspiels; ihre Kirche ist die Mutter mehrerer Pfarrgemeinden auf niederländischem Gebiet. Vielleicht ist hier aber, wie in anderen Ausdrücken, die den Namen eines Nachbarortes enthalten, Ortsneckerei im Spiel; vgl. *Et stimmt wie e behmisch Orgel* (es stimmt gar nicht); *Rheinisches Wörterbuch* (Anmerkung 3), Bd.VI, S.412. Der jetzt positiv bewertende dänische Ausdruck *ga med lodder som Skelskor orgelvaerk* (mit Bleigewichten gehen – d.h. gut vonstatten gehen – wie die Orgel von Skelskor) beruht auf einem Missverständnis; die ursprüngliche Fassung war negativ: *Alt i Verden gaat ved Lodder, undtagen Skaelskor Aarevaerk (aus Orrevaerk); det gaat ved Mursten* (alles in der Welt geht mit Gewichten, nur nicht die Turmuhr von Skelskor; diese geht mit Ziegelsteinen); Vogel-Jörgensen, *Bevingede ord.* Kobenhavn, 1975[7], S.598.

124 *Woordenboek der Nederlandsche Taal* (Anmerkung 2), Bd.XI (1910), S.1488. Auch südostflämisch, s. Is.Teirlinck (Anmerkung 120), Bd.II, S.335.

125 *Der Grosse Duden,* 8 (Anmerkung 100), S.577.

126 F.A.Stoett, *Nederlandsche spreekwoorden, uitdrukkingen en gezegden,* Bd.II, Zutphen, 1916[3], S.168.

127 Beide Belege bei Wossidlo-Teuchert (Anmerkung 7), Bd.V (1970), S.209; dazu rheinisch *Orgeldrütchen* (Zimperliese); *Rheinisches Wörterbuch* (Anmerkung 3), Bd.VI, S.414.

128 Ebenda; ähnlich ndl.(Den Haag) *hij werkt z'n eigen een orgel* (er arbeitet sich halbtot); freundliche Mitteilung von Herrn Dr.J.den Boeft, Leiderdorp.

die allzumenschliche *Orgelei des Afters*[129]) zu den exklusiven Privilegien des Homo sapiens gerechnet werden darf.

Es gibt eine ganze Reihe von Tierlauten, die als vergleichbar mit dem Orgelklang empfunden werden. Der niederländische Dichter Jan Engelman hört ihn im Summen der Bienen: *De aarde orgelt, iedre wegelkant is luid van bijenzwermen*[130] (die Erde orgelt, jeder Strassenrand ist laut von Bienenschwärmen). Der italienische Fisch *organo* entspricht dem englischen *piper* (Trygla lyra)[131]; der *organ-fish* (Sciaena ocellata) der südlichen Staaten der USA gibt einen eigentümlichen Laut von sich.[132] In einem deutschen Text heisst es vom Frosch: *(Er) schrie so stark als ihrer vier und orgelte recht mit der Kehle.*[133]

Von allen Tieren haben wohl die Vögel durch ihren Gesang am häufigsten Vergleiche mit der Orgel angeregt; sowohl deutsch *orgeln* wie ndl. *orgelen* werden häufig in diesem Sinne gebraucht.[134] Mehrere Vogelarten danken sogar diesem Vergleich ihren Namen. Die Mitglieder der Unterfamilie der Organisten verfügen über eine angenehme, klangvolle Stimme, 'mit förmlichen Oktavmodulationen'; als Vertreter nennt Brehm die in Nordhumbrien und Guyana häufige Gutturama (Euphonia violacea L.).[135] Für den englischen Namen *organist* wird speziell Euphonia musica angegeben; englisch *organbird* bezeichnet sowohl die südamerikanische Cyphorhinus cantans als eine tasmanische Art der Gymnorhinae.[136] Der ndl. Name *orgelvogel* bezieht sich auf die Cracticidae, eine kleine Familie von Singvögeln, deren zehn Arten in Australien und Neuguinea vorkommen. Obwohl wir den Hahn nicht zu den Singvögeln rechnen, singt er in Chaucers Ohren dennoch süsser als die Orgel an Messetagen:

His voys was murier than the murie orgon,
On Messedays that in the churche gon.[137]

---

129 K.F.W.Wander (Anmerkung 9), Bd.III (1873), S.1152. Vielleicht ist noch hierherzustellen *he* (der Junge) *kreeg wat vör sien Orgel* 'er bekam etwas hintendrauf'; O.Mensing (Anmerkung 46), S.902.

130 Van Dale (Anmerkung 1), Bd.II, S.1745. Weniger poetisch sind die rheinischen *Orgelmänner* (Brummfliegen); Rheinisches Wörterbuch (Anmerkung 3), Bd.VI, S.414.

131 *Dizionario delle lingue italiana e inglese.* Firenze (Sansoni), 1972, Bd.I, S.882.

132 *The Compact Edition* (Anmerkung 15), Bd.I, s.v.; ein anderer Name für denselben Fisch ist *drum-fish.*

133 DWB VII (1889), S.1343.

134 I.van Gelderen, *Duits Woordenboek,* Groningen, 1976[14], Bd.II, S.571; Van Dale (Anmerkung 1), Bd.II, S.1745; an letzterer Stelle sind auch die in diesem Sinne verwendeten dichterischen Komposita *orgelkeel* und *orgeltoon* verzeichnet.

135 *Brehms Tierleben* (Anmerkung 93), Bd.III, S.562.

136 *The Shorter Oxford Dictionary,* 1956[3], S.1384.

137 Zitat nach W.L.Summer, *The Organ,* London, 1975[4], S.101.

Die Katze kommt zu ihrem Recht in dem katalanischen Ausdruck *orgue de gats,* für eine Gruppe von Leuten, die heftig diskutieren ohne auf einander zu hören.[138] Im Tierchor des deutschen Waldes ist, in dichterischen Ohren, *das Wildschwein der Organist*[139]; in der Weidmannssprache *orgelt* der Hirsch, wenn er Brunstlaute ausstösst.[140]

Die Laute der unbelebten Natur haben im allgemeinen nur die Dichter zum Vergleich mit der Orgel führen können. Wasser und Wind klingen wie leise oder starke Orgelmusik, der Donner wie das volle Werk. *Man hörte das Wasser orgeln*[141] niederdeutsch *dat (Water) rätert und plätert und ördelt*[142]; ndl. *rusteloos orgelt de waterval* (Dèr Mouw)[143]; schwed. *Havbrusets evige orglar* (die ewigen Orgeln des Meeresbrausens, Gust. Johannesson)[144] und *Vagornes maktiga orgel fran sundet* (die mächtige Orgel der Wogen vom Sund her, G.Hedenvund-Eriksson).[145]

Der Wind rauscht wie eine Orgel: *Vindarnes orgelton* (Wirsén, a.1880)[146]; *och vindarna väckta i fjärran skog en brusande orgel til liv* (und die Winde erweckten im fernen Wald eine brausende Orgel zum Leben)[147]; *es orgelt im Rohr*[148]. In den beiden letztgenannten Fällen durfte auch der optische Eindruck der Rohrstangen und Waldbäume mitspielen; weniger wahrscheinlich die Kenntnis der Orgelregister *Rohrflöte und Waldflöte.* Der Donner hallt mächtig wie die Orgel: *The Thunder (That deepe and dreadful Organ-Pipe) pronounc'd the name of Prosper* (Shakespeare)[149]; *orgle prächtig, Gewittersturm!* (Schiler)[150]; *Ah, dansa, sommerstorm med djupa orglars brus* (Dan Andersson)[151]. Der Vergleich wurde weiter, vielleicht über die Brücke von Metaphern wie *der Donner der Geschütze* ausgedehnt auf lautstarke Produkte des Menschen: Geschütze, Flugzeuge, Bomber *orgeln.*[152]

Vom Klang her wurde die Bezeichnung *Orgel* und ihr Denominativ *orgeln*

---

138 A.Alcover (Anmerkung 14), S.40. In derselben Bedeutung wird auch der wenig bildhafte Ausdruck *orgue de raons* 'Räsonnierorgel' gebraucht *(raons* aus lat. *rationes);* ebenda S.43.

139 DWB VII (1889), S.1340.

140 Duden, *Etymologie.* Mannheim, 1963², S.489. Auch ndl., s. Van Dale (Anmerkung 1), Bd.II, S.1745.

141 R.Klappenbach und W.Steinitz, *Wörterbuch der deutschen Gegenwartssprache,* Berlin, 1974, S.2716.

142 Wossidlo-Teuchert (Anmerkung 7), Bd.v (1970), S.709. Niederdeutsch *Ördel = Örgel,* 'Orgel'.

143 Van Dale (Anmerkung 1), Bd.II, S.1745.

144 O.Östergren (Anmerkung 102), Bd.IV (1934), S.1204.

145 Ebenda, S.1205.

146 *Ordbok* (Anmerkung 31), Bd.IX, S.1248.

147 O.Östergren (Anmerkung 102), Bd.IV, S.1204.

148 R.Klappenbach und W.Steinitz (Anmerkung 141), S.2716.

149 *The Shorter Oxford Dictionary* (Anmerkung 94), S.1385.

150 DWB VII (1889), S.1343.

151 O.Östergren (Anmerkung 102), Bd.IV (1934), S.1204.

152 R.Klappenbach und W.Steinitz (Anmerkung 141), S.2716.

manchmal auf andere Musikinstrumente übertragen: *Das Glockenspiel orgelt ihm die Lieder vor* (Jean Paul)[153]. Die Mundharmonika heisst franz. *orgue à bouche*[154]; ndl. neben *mondharmonika* auch *mondorgel*, daneben vereinzelt *orgeltje*: *Het kind blies op een orgeltje*[155]. In der Schweiz kann *Orgel* die Ziehharmonika bezeichnen.[156] Der moderne Plattenspieler schmückt sich manchmal ebenfalls mit dem Namen der grossen Schwester; daher *satte Orgel* 'sympathische Schallplattenmusik'.[157]

Zum Schluss wollen wir die sprachliche Proliferation der Orgel in das Gebiet der Personen- und Ortsnamengebung betrachten. In der Anthroponymie oder Personennamenkunde begegnen wir vorwiegend hierhergehörigen Famieliennamen. Sie entstanden aus Berufsbezeichnungen für diejenigen, die als Orgelmacher oder Organist mit dem Instrument zu tun hatten; daneben tritt, wohl als Kürzung oder ursprünglicher Beiname, die Anwendung der Bezeichnung des Instruments schlechthin. In den älteren Belegen ist es oft schwierig, zu entscheiden, ob eine blosse Berufsbezeichnung vorliegt oder ob bereits ein fester Familienname vorliegt. Im deutschen Sprachgebiet kommen in der Hauptsache folgende Namen vor: *Orgel, Orgelmacher* (a.1477, in Stuttgart, *Lenhart Orglenmacher* = a.1480 *Leonhard Orgelmacher), Orgelmann, Orgler* (aus mittelhochd. *orgeler* 'Organist'[158]), *Orgelschlager, Orgelmeister, Organist* (a.1466 *Johannes Organista;* a.1505 *Mattis Organista*[159]); letztgenannter Name auch in polnischer Form: *Organistka*[160]. Von den niederländischen Namen verzeichnen wir *Orgel, Orgelist*[161], *Organista, Orgler*[162], *Ordelman*[163]. Es muss in bezug auf den Namen *Orgel* darauf hingewiesen werden, dass in einer Stadt wie Amsterdam mit einer möglichen Migration aus dem englischen Sprachgebiet gerechnet werden muss; der englische Familienname *Orgel* stammt jedoch von

---

153 DWB VII (1889), S.1343. Hier ist wohl kaum, wie im oben besprochenen *organo di campane,* an die Verwandtschaft der Klaviere zu denken.

154 C.R.H.Herckenrath en A.Dory, *Frans Woordenboek,* Bd.I, Groningen, 1975[15], S.372.

155 M.J.Koenen en J.Endepols, *Verklarend handwoordenboek der Nederlandse Taal,* Groningen, 1977[27], S.848. Ebenso rheinisch *Örgelchen* 'Mundharmonika'; *Rheinisches Wörterbuch* (Anmerkung 3), Bd.VI, S.413.

156 *Der Grosse Duden,* 8 (Anmerkung 199), S.655.

157 H.Küpper (Anmerkung 50), Bd.VI (1970), S.228.

158 J.K.Brechenmacher, *Deutsche Sippennamen,* Görlitz, 1936, S.704.

159 K.Linnartz, *Unsere Familiennamen,* I, Bonn, 1958[3], S.164. Brechenmacher (Anmerkung 156), S.704), gibt für *Organista* einen Beleg aus Breslau aus dem 14.Jahrhundert.

160 H.Grünert, *Die Altenburgischen Personennamen,* Tübingen, 1958, S.281.

161 *Telefoongids Amsterdam* 1974-1975; idem *Rotterdam* 1974-1975; für *Orgelist,* vgl. J.Winkler, *De Nederlandsche Geslachtsnamen,* Haarlem, o.J. (Neudruck Zaltbommel, 1971), S.331.

162 *Repertorium van Nederlandse Familienamen,* Bd.VII (Stadt Amsterdam), Assen, 1970, S.240.

163 Ebenda; Bd.I (1963), S.132; Bd.II (1964), S.150; Bd.IV (1967), S.348; Vgl. niederdeutsch *Ordel* 'Orgel'.

franz. *orgeuil* 'Hochmut, Stolz' und hat also mit dem Musikinstrument nichts zu tun.[164]

Im Englischen kommt das Simplex *Organ, Organe* ziemlich häufig als Personennamen vor, in manchen Fällen als Variante von *Morgan*[165]. Daneben begegnen *Organer* und *Organist*; ein früher Beleg für den letzteren Namen ist a.1306 *Janin Lorganistre,* der unter den Spielleuten erwähnt wird, die bei der Schwertleite des Prinzen Edward auftraten.[166]

Bei den Ortsnamen handelt es sich um Grundstücke, die in irgendeiner Beziehung zur Orgel stehen oder standen. Das wenig umfangreiche Material enthält einige Fälle, in denen der Ertrag ganz oder teilweise für den Unterhalt der Orgel oder die Entlöhnung des Organisten bestimmt war. Andere Gründe 'organozentrischer' Namengebung besprachen wir schon unter *Sierra de los Órganos, Punta de los Órganos* und *Organ Hall.* Die Benutzung der *Orgelwiese,* die das Schwäbische Wörterbuch ab a.1737 belegt, war Besoldungsteil des Organisten: Der Schulmeister bezog 'für Schlagung der Orgel statt (?) der *Orgelwise'.*[167] Im Osten der niederländischen Landschaft Veluwe sind zwei *Orgelkampen* bezeugt, eine in Oenen (a.1717), die andere in Wormingen; letztere war belastet mit 32 Stüber *orgelgelt.* H.J.Moerman bemerkt dazu 'vermoedelijk geld voor het aanschaffen of onderhouden van een kerkorgel'; es kann doch wohl nur von dem Unterhalt, nicht von der Anschaffung einer Orgel die Rede sein.[168] Hierher gehört wohl auch der *Orgelpolder* in der niederländischen Provinz Zeeland, ein Teil des grossen, a.1399 erneut eingedeichten Vierhonderdpolders, südlich der Kirche von Cadzand.[169] Auf der Wiese neben dem *Orgelborn* (Skt.Goar) wird jährlich ein Volksfest gefeiert.[170]

Im spanischen Sprachgebiet kommen *Órgano* und *El Órgano* ziemlich häufig als Ortsnamen vor; manchmal bilden sie sogar homonyme Namenpaare innerhalb einzelner Provinzen bzw. Staaten; so einmal in Spanien (Provinz Granada), einmal in Kolumbien und elfmal in Mexiko.[171]

In der englischen Grafschaft Wiltshire wird a.1802 ein *Organ Pool* erwähnt[172],

---

164 J.W.Freeman, *Discovering Surnames*, Aylesbury, Bucks., 1973³, S.14.
165 E.C.Smith, *New Dictionary of American Family Names,* New York, 1973², S.380.
166 P.H.Reaney, *The Origin of English Surnames,* London, 1967, S.173.
167 H.Fischer (Anmerkung 10), Bd.vi, s, S.2731. In Fischers Zitat ist wohl eine Geldsumme weggefallen, die der Organist anstatt des ihm zukommenden Sachbezugs erhielt.
168 H.J.Moerman, *Plaatsnamen van de Oost-Veluwe.* Nomina Geographica Neerlandica xii (1948), S.16-39, S.29.
169 M.K.E.Gottschalk, *Historische Geografie van Westelijk Zeeuws Vlaanderen.* Assen 1955, S.109 bzw. 189.
170 Rheinisches Wörterbuch (Anmerkung 3), Bd.vi, S.413.
171 *Diccionario Geográfico Postal de Homonimos Hispánicos* i, Madrid 1956, S.1163.
172 J.E.B.Gover, A.Mawer and F.M.Stenton, *The Place-Names of Wiltshire.* Cambridge 1939 (= English Place-Name Society 16), S.140.

dessen Name nicht erklärt ist; vielleicht darf man an die wenigstens für Deutschland mehrfach bezeugte Sage von einer versunkenen Orgel denken.[173] Wir beschliessen unseren toponymischen Streifzug auf der *Organlane* in Nottingham (a.1368 le Organlayne), 'perhaps so called from the selling there of musical instruments'.[174] Wenn diese Deutung zutrifft, wollen wir nur hoffen, dass unter diesen Musikinstrumenten auch Portative feilgeboten wurden.

Es muss jedem Leser aufgefallen sein, wie sehr die sprachlichen Übertragungen der Orgel und ihres Bereichs, ungeachtet der regionalen Unterschiede, einen einheitlichen west- und mitteleuropäischen Kulturraum widerspiegeln. Das gilt auch für die Orgel selbst, für deren Rehabilitierung, Erhaltung und Ausbau der Jubilar seine besten Kräfte eingesetzt hat.

---

173 s. *Handwörterbuch des deutschen Aberglaubens,* (Anmerkung 122), Bd. vi, S.1307: 'Geisterhaftes Orgelspiel lässt sich zu gegebener Zeit aber auch aus Sümpfen und Seen, in denen versunkene Orgeln ruhen, vernehmen'.
174 J.E.B.Gover, A.Mawer and F.M.Stenton, *The Place-Names of Nottinghamshire.* Cambridge 1940 (= Engl. Place-Name Society 17), S.19.

Der Hausorgelbau in der Schweiz

Friedrich Jakob

Die Schweiz ist ein kulturelles Randgebiet. Die Tendenzen der grossen europäischen Kulturzentren fassen hier zwar auch Fuss, aber gerne mit einer gewissen 'provinziellen' Verspätung. Dies gilt auch für den Hausorgelbau. Französische Bildteppiche[1] bezeugen den profanen Hausorgelbau bereits im 15. Jahrhundert; aus der Schweiz liegen keine so frühen Beispiele vor. Älteste Hinweise auf Positive in der Schweiz finden sich bei Regieanweisungen zu öffentlichen Theateraufführungen, etwa den Luzerner Osterspielen[2] von 1583 und 1597. Die älteste Bildquelle für eine private Hausorgel in der Schweiz bildet das Exlibris des Basler Gelehrten Christoph Leibfried (1566-1635), welches um 1594 entstanden ist (siehe Abbildung 1).

DIE FRÜHZEIT: DIE HAUSORGEL IN STÄDTISCHEN VERHÄLTNISSEN

Die Blüte des Hausorgelbaues beginnt erst richtig im 17. Jahrhundert und dauert bis ins 19. Jahrhundert hinein, wobei sich wiederum eine zeitliche Verschiebung zwischen Stadt und Landschaft ergibt. In der Stadt Zürich sind beispielsweise im 17. Jahrhundert mindestens sieben Hausorgeln nachweisbar, während der berühmte Hausorgelbau in der abgelegenen Talschaft Toggenburg erst in der zweiten Hälfte des 18. Jahrhunderts einsetzte.

In den Kulturzentren der Schweiz lässt sich eine bestimmte zeitliche Abfolge der (generalbassfähigen) Tasteninstrumente ganz generell nachweisen, nämlich die Reihenfolge Regal-Positiv-Cembalo-Hammerklavier. Als Beispiel sollen die entsprechenden Daten der drei Musikkollegien der Stadt Zürich sowie jene des Musikkollegiums in Winterthur dienen. Die Jahrzahlen der folgende Tabelle betreffen den ersten nachweisbaren Ankauf eines entsprechenden Instrumentes durch die Gesellschaft.[3]

---

1 Zum Beispiel: Musée de Cluny, tapisseries de la dame à la licorne (l'ouïe), abgebildet bei F. Jakob, *Die Orgel*, Bern, 1974, S. 43. Ferner Pierre de Rohan et sa femme Marguerite d'Armagnac, abgebildet bei Y. Rokseth, *La musique d'orgue au XVe siècle et au début du XVIe*, Paris, 1930, Planche III.
2 M.B. Evans, 'Das Osterspiel von Luzern', in: *Schweizer Theater Jahrbuch XXVII*, Bern, 1961.
3 *Protokollbücher* und *Rechnungen* der Zürcher Musikgesellschaften, heute im Besitz der Allgemeinen Musikgesellschaft Zürich, deponiert in der Zentralbibliothek Zürich (Archiv AMG). Die Akten der Winterthurer Gesellschaft befinden sich heute in der Stadtbibliothek Winterthur.

Abbildung 1.
Älteste Abbildung einer Schweizer Hausorgel: der Basler Gelehrte Cristoph Leibfried
an seinem Positiv, um 1594.

	Gesellschaft 'Musiksaal'	Gesellschaft 'Deutsche Schule'	Gesellschaft 'Chorherren'	Gesellschaft 'Winterthur'
Regal	1645	1691	1698 oder früher	1660 oder früher
Positiv	1684	1701	1720 und 1727	1664 und 1734
Cembalo	vor 1741	1735	1768	1774
Hammerklavier	1806	1801	1801	1803

Da in den reformierten Gegenden der Schweiz die Kirchenorgel noch im ganzen 17. Jahrhundert verboten war (sowohl in den Bereichen Zwinglis wie Calvins), war der Orgelbauer kein selbsttragender Beruf. Es waren deshalb meistens Schreiner, welche sich nebenher mit dem Positivbau befassten, aber auch andere Berufsleute. Mit Namen sind bekannt:

Hans Hardtmann Eberhardt, Schreiner und Orgelmacher, Bürger von Zürich, etwa seit 1650 in Hamburg ansässig;

Heinrich Blattmann, Tisch- und Orgelmacher, in Zürich, Werke von 1681 und 1684 bekannt;

Hans Melchior Müller, Orgelmacher in Rapperswil, um 1683-1685;

Abraham Brunner, Wirt und Orgelmacher in Winterthur, 1664 erwähnt;

Johann Jakob Messmer (1648-1707), Degen- und Orgelmacher, von Rheineck; bekannt sind 3 Positive, um 1700 gebaut.

Aus dieser Frühzeit des Hausorgelbaues sind nur wenige Instrumente erhalten. Es lässt sich aus ihnen keine bestimmte 'Schule' ableiten. Als Beispiel diene das erhaltene Gahäuse einer Zürcher Orgel aus der 2. Hälfte des 17. Jahrhunderts mit Flügeltüren, welche schöne Intarsien zeigen (siehe Abbildung 2).

Ein Wort zur Aufstellung dieser Instrumente. In der Frühzeit sind die Hausorgeln in der Regel Luxusgüter der reicheren Bürgerschichten. Sie finden Aufstellung im 'Saal' genannten Salon des Hauses oder der Villa. Der 'Saal' ist also nicht im heute üblichen Wortsinne ein grosser öffentlicher Raum, sondern der private Repräsentationsraum der vornehmen Patrizierhäuser. In diesem Sinne sind auch zeigenössische Zeitungsinserate zu verstehen, wie sie etwa im *Zürcher Wochenblatt* zu finden sind.[4]

– 20.Mai 1751: 'Eine saubere wohl ausgezierte ganz neue Orgel von 5 Registern, durch einen berühmten Meister verfertiget, sehr anständig in einen Saal und dienstlich zu einer völligen Music.'

---

4 Zentralbibliothek Zürich, WB 423ff.

Abbildung 2.
Ältestes erhaltenes Orgelhäuse einer Zürcher Hausorgel, zweite Hälfte 17.Jahrhundert. Dies Instrument dient heute als Kirchenorgel in der Gemeinde Dättlikon zH. Alt ist nur das Gahäuse, das Werk ist erneuert.

– 22. Juli 1773: 'Ein kleines Orgelwerk, in einen Saal oder ein ander geräumiges Zimmer zu stellen.'

Im *Memoriale* genannten Tagebuch[5] des Zürchers Salomon Hirzel aus dem Jahre 1663 notierte er am Tage, da er seine spätere Braut zum erstenmal gesehen hatte: 'Darnach fürtend sy sy durch den Hof in unsern Sal, alwo ich sy empfieng, und machte ein wenig uf dem Positiv.'

Im Verlaufe der Zeit sind die meisten dieser herrschaftlichen Orgeln verschwunden. Auch viele der Häuser wichen grossen neuen Geschäftshäusern. Zum Glück ist aber ein sehr schönes Beispiel eines derartigen herrschaftlichen 'Saales' samt der authentisch hierfür gebauten Hausorgel erhalten.[6] Es handelt sich um den Saal des Landgutes 'Zur Schipf' in Herrliberg bei Zürich mit der 1730-1732 entstandenen Hausorgel von Johann Konrad Speisegger aus Schaffhausen (siehe Abbildung 3).

DIE SPÄTZEIT: DIE HAUSORGEL IN LÄNDLICHEN VERHÄLTNISSEN

Etwa seit der Mitte des 18. Jahrhunderts verlagert sich der Hausorgelbau zusehends aufs Land, während in der Stadt die Kielinstrumente (Cembalo, Spinett) Mode werden. Während die wenig zahlreichen Bündner- und Walliserorgeln (aus der Kantonen Graubünden und Wallis) typologisch kaum näher greifbar sind, kennt man zwei recht unterschiedliche, aber in sich sehr einheitliche Orgeltypen in der Ostschweiz und im Bernbiet.

DER TOGGENBURGER UND APPENZELLER HAUSORGELBAU

Wohl am berühmtesten ist der Hausorgelbau in der Talschaft Toggenburg (Kanton St. Gallen) und im benachbarten Appenzell. Organologisch bestehen zwischen den beiden Typen keine Unterschiede, lediglich die 'Fassung' genannte Bemalung ist etwas anders. Während die Toggenburger Orgeln in der Regel nur mit Rocaillenwerk und Blumen ornamentiert sind, finden sich auf den Füllungen der Appenzeller Orgelgehäuse ganze Bilder mit ländlichen Szenen im Sinne der Biedermeier 'Genrebildchen' (vgl. Abbildung 4).

Gesamthaft waren weit über hundert derartige Hausorgeln vorhanden, erhalten sind etwa 60 bis 70 Stück.[7] In den äusseren Proportionen wirken alle

---

5 Vgl. Zürcher Taschenbuch auf das Jahr 1883.

6 Vgl. Friedrich Jakob, *Das Musikbild und die Hausorgel im Landgut 'Zur Schipf' in Herrliberg – Zürich*, Neujahrsblatt der Allgemeinen Musikgesellschaft Zürich 1961.

7 Grundlegend ist noch immer die Arbeit von Otmar Widmer, 'Hausorgelbau im Toggenburg', in: *Anzeiger für Schweizerische Altertumskunde*, Bd. XXXIX, Zürich, 1937, S.135ff.

Abbildung 3.
Saal im Landgut 'Zur Schipf' in Herrliberg. Goethe sagte bei seinem Besuch im Jahre 1797 'Hier
muss man tanzen'.

Abbildung 4.
Gemaltes Médaillon auf der linken Flügeltüre einer Appenzeller Hausorgel aus dem Jahre 1811,
heute im Schweizerischen Landesmuseum Zürich.

diese Instrumente etwas gedrückt. Dies hat seinen Grund darin, dass sie ursprünglich in den niedrigen Firstkammern der Bauernhäuser standen. Diese Instrumente gehörten in der Regel zum sogenannten 'Frauengut' und wurden an die Töchter weitervererbt beziehungsweise bei der Verheiratung mitgegeben. Die älteste bekannte und erhaltene Toggenburger Orgel[8] stammt aus dem Jahre 1754 (siehe Abbildung 5). Sie steht heute in der Grossmünster-kapelle in Zürich. Sie ist das Werk des 'Vaters' aller Toggenburger Orgelma-cher Wendelin Looser. Als Ostschweizer Hausorgelbauer sind bekannt:

Wendelin Looser (1720-1790);
Joseph Looser (1749-1822), Sohn des Wendelin;
Hans Melchior Grob (1754-1832);
Ulrich Amman (1766-1842);
Heinrich Ammann (1763-1836);
Hans Rudolf Greutert (1792-1858);
Hans Jakob Hirzel (1811-1897).

Die bedeutendsten Hauptmeister sind zweifellos die beiden Erstgenannten. Ein immer noch ungelöstes Rätsel ist, bei wem insbesondere Wendelin Looser den Orgelbau erlernt hat. Schon seine ersten Instrumente sind so gut und in jeder Beziehung fachmännisch gebaut, dass man mit Sicherheit schliessen muss, dass er bei einem tüchtigen professionellen Orgelbauer gelernt hat. Als einheimische Lehrmeister kommen vor allem zwei Männer in Frage: der Schaffhauser Johann Konrad Speisegger (1699-1781) und der Thurgauer Johann Jakob Bommer (1697-1775). Schlüssig beweisen lässt sich bis heute nichts. Vielleicht löst sich aber eines Tages dieses Rätsel, denn es bestehen zweierlei Hoffnungen. Erstens wäre es denkbar, dass man irgendwo in Orgelbauakten Wendelin Looser als Gehilfen eines Orgenbauers vermerkt fände. Die zweite Hoffnung besteht in der bis heute nicht gelungenen Identifizierung der *Tastenschildchen*. Hier liegt folgendes Problem zugrunde.

Bei gewissen Orgelbauern war es üblich, dass die Stirnseiten der Klaviatur-tasten mit geprägten Leder- oder Papierschildchen verziert wurden. Diese Schildchen tragen bisweilen Jahrzahlen und Initialen. In der Abbildung 6 zeigen wir Tastenschildchen mit den Initialen I und M und der Jahrzahl 1694. Er handelt sich um die Verzierung einer Originalklaviatur des oben bereits erwähnten Jakob Messmer von Rheineck (1648-1707). Speisegger benutzte dieses Positiv und baute es 1730-1732 zur 'Schipf-Orgel' um. Alle erhaltenen Wendelin-Looser-Orgeln, welche noch die Originalklaviatur besitzen, zeigen

---

8 Siehe hiezu F. Jakob, 'Der Hausorgelbau im Toggenburg', in: *Musik und Gottesdienst*, Zürich, 1967, S.147-157.

Abbildung 5.
Älteste bekannte und erhaltene Toggenburger Hausorgel, von Wendelin Looser (1754). Im Jahre
1967 von Orgelbau Kuhn restauriert.

Abbildung 6.
Tastenschildchen eines Positives von Jakob Messmer. Oben links und rechts die Jahrzahl '1694',
unten in der Mitte die Initialen 'IM'.

Abbildung 7.
Tastenschildchen einer Wendelin Looser-Orgel von 1764, mit der irreführenden Jahrzahl 1710.

nun auch derartige Tastenschildchen. Sie tragen keine Initialen, aber die
Jahrzahl 1710 (vgl. Abbildung 7).

Bisweilen stiftete diese Jahrzahl Verwirrung. Es ist aber klar, dass sie nichts
mit dem Baujahr der Orgel zu tun hat. Die Vermutung liegt nun nahe, dass
Looser diese Tastenschildchen – vielleicht als Abschiedsgeschenk – von
seinem Lehrmeister erhalten oder erworben hat. Leider sind bis jetzt noch
keine anderen identifizierbaren Orgeln mit genau diesen Schildchen aufge-
taucht als eben Looser-Orgeln. Insbesondere sind keine derartigen Speiseg-
ger- oder Bommer-Orgeln nachweisbar. Die Hoffnung, eines Tages doch noch
eine andere Orgel mit den 1710-Schildchen zu finden, ist deshalb identisch
mit der Hoffnung, den Lehrmeister Wendelin Loosers ausfindig zu machen.
Der Verfasser bittet sehr darum, ihm von der Existenz gleicher oder ähnlicher
Tastenschildchen Kenntnis zu geben.

Abbildung 8.
Unterbau einer Joseph Looser-Orgel von 1788 in geöffnetem Zustand. Man erkennt den Schöpfbalg mit Treteinrichtung, die Klaviatur mit der Stechermechanik (die tiefe Oktave via Wellenbrett seitenweise versetzt, Rest chromatisch angeordnet), die horizontal wirkenden Registerschieber.

Zur technischen Ausrüstung der Toggenburger Orgeln ist nicht viel zu sagen. Es handelt sich um normale Schleifladeninstrumente mit seitlichen Registerschiebern. Die Mechanik ist eine einfache, direkt aufs Ventil wirkende Stechermechanik. Die tiefste Oktave ist mittels einiger Metallwellen in C- und Cis-Seite aufgestellt (siehe Abbildung 8), die Fortsetzung ist mit direkten Stechern chromatisch angeordnet. Der Umfang beträgt 4 Oktaven, C bis c'''. Bei den frühesten Instrumenten fehlt (als Überbleibsel der 'kurzen' tiefen Oktave) jeweils der Ton und die Taste Cis, später ist die Oktave voll chromatisch ausgebaut.

Die *Dispositionen* sind nicht durchwegs gleich, doch dominiert eindeutig ein 'Standart-Typ' mit 5 Registern und einem 2'-Prospekt:

Copula   8'
Flöte   4'
Prinzipal   2'
Oktave   1'
Quinte 2⅔' oder 1⅓'

Abbildung 9.
Ziselierte Mittelpfeife der Joseph Looser-Orgel von 1788.

Die Orthographie der Namen ist schwankend und oft rein phonetisch geschrieben. Das Register 'Copula' (oder eben Koppel, Copl usw. geschrieben) ist das stets hölzerne Gedackt 8′, die 'Flöte' (Flöde, Fleuten usw.) das ebenfalls hölzerne offene 4′-Register. Der Prospekt wird durch den 'Prinzipal' 2′ gebildet, wobei die grösste Pfeife bei den Looser-Orgeln stets ziseliert ist und Initialen sowie eine Jahrzahl zeigt (vgl. Abbildung 9). Bei den kleinfüssigen Innenpfeifen (2⅔′, 1⅓′, 1′) sind die tiefen Lagen meist auf Holz gefertigt, nur die Diskantpfeifen sind aus Metall. Ab und zu besteht der 2′-Prospekt aus einem Diskantregister 'Schwaffial' (Suavial 8′), welcher möglicherweise in Schwebung gestimmt war zum Gedackt 8′. Auch die Quinten sind bisweilen nur 'halbe' Register ab c′.

Welche *Literatur* wurde auf diesen Hausorgeln gespielt? Aufgrund einiger erhaltener Notenhefte aus der Mitte des 19. Jahrhunderts sind wir hierüber gut orientiert. Diese Literatur entspricht (auf musikalisch bescheidenerem Niveau) der bunten Mischung der Bach'schen 'Notenbüchlein'. Neben Psalmen und Chorälen finden sich geistliche Lieder, unvermittelt daneben aber auch Tanzstücke wie Ländler, Märsche, Polonaisen, ferner transkribierte Opernarien. Die Orgeln dienten also gleichermassen der häuslichen Andacht wie dem geselligen Vergnügen und Tanz.

DER BERNER HAUSORGELBAU

Das andere grosse Zentrum des profanen Hausorgelbaues in der Schweiz war ein bestimmtes Gebiet des Kantons Bern, nämlich das *Emmental* sowie der angrenzende Oberaargau. Zeitlich liegt der Berner Hausorgelbau eine gute Generation später als der Ostschweizer Orgelbau: die ersten drei bekannten Instrumente sind 1771 und 1778-1779 datiert. Der Hauptteil der wohl über 50 Instrumente entstand um 1800-1820, das letzte Werk wurde erst 1871 erbaut.

Diese Emmentaler oder Sumiswalder Orgeln stellen eine ganz eigenstän-

Abbildung 10.
Emmentaler Hausorgel, erstes Drittel 19. Jahrhundert, heute im Schulhaus Dürrenroth BE.

dige Schöpfung der einheimischen Orgelmacher dar.[9] Als Hausorgelbauer sind vor allem bekannt:

Peter Schärer (1739-1797);
Caspar Bärtschi (1751-1831);
Jakob Rothenbühler (1742-1804);
Johann Jakob Weber (1756-1832);
Johann Müller (1808-1880);
Christian Geissbühler (1822-1879);
Johannes Haueter (um 1800/1820 tätig);
Johannes Weber (1806-1874).

Schon äusserlich präsentieren sich die Emmentaler Orgeln ganz anders. Das obere Kranzgesimse läuft gradlinig horizontal durch. Der meist runde Mittelturm ist erhöht, die beiden Seitenfelder sind links und rechts absteigend (vgl. Abbildung 10). Unter dem Turm hat ein kleines Notenpult für Gesang-

---

9 Siehe hiezu H. Gugger, 'Ein Hausorgelbrief aus dem Bernbiet', in: *Musik und Gottesdienst*, Zürich, 1977, S.43–53. Derselbe, *Die bernischen Orgeln*, Bern, 1978.

bücher Platz ('normale' Orgelbücher im heutigen Querformat sprengen den vorgegebenen Platz und bilden oftmals den Grund zu stilwidrigen Eingriffen). Der Gehäusekasten ist immer mit Türen abschliessbar. Die Gehäusekanten sind – analog den Biedermeier Möbeln – gerundet.

Aber auch musikalisch gehen diese Orgeln durchaus eigene Wege. Die *Disposition* ist in dem Sinne grundtöniger, dass die Prinzipalbasis tiefer liegt als bei den Toggenburger Instrumenten. Während dort Prinzipal 2′ das übliche ist und der Prinzipal 4′ nur bei wenigen grössern Instrumenten vorliegt, ist bei den Emmentaler Orgeln der Prinzipal 4′ schon bei kleinen Werken da, bei grössern stets auch der Prinzipal 8′. Da natürlich die tiefern Lagen aus Dimensionsgründen (Pfeifenlängen) nicht real gebaut werden können, sind verschiedene Kompromisslösungen anzutreffen:

– oft beginnt Prinzipal 8′ überhaupt erst etwa bei b° und steht als '2′-Prospekt' in der Front; die tiefern Töne fehlen gänzlich;
– teilweise stehen tiefere Töne als offene Holzpfeifen im Innern, bisweilen ein- bis zweimal gekröpft;
– bisweilen sind die tiefsten Töne auch gedackt.

Die 8′-Lage ist also, zumindest in der Diskanthälfte, stets doppelt besetzt, dafür fehlen weitgehend die hochliegende Quinte 1⅓′ und Superoktave 1′. Eine 6-registrige 'Musterdisposition' lautet wie folgt:

Gedackt	8′	(Copel)
Prinzipal (ab b°)	8′	(Prinzibal)
Flöte	4′	(Flûte)
Prästant	4′	(Brestand)
Quinte	2⅔′	(Quint)
Octave	2′	(Fiolinflöth)

In Klammern angegeben ist die originale Orthographie. Neben der phonetischen Schreibweise ist die Nähe der französischen Sprachgrenze spürbar.

Der Klaviaturumfang ist in der Regel grösser als bei den Toggenbuger Orgeln und reicht meistens bis f‴. Die tiefe Oktave ist stets voll ausgebaut; eine Orgel von 1778 reicht sogar bis zum Kontra H hinunter.

Die später gebauten Emmentaler Hausorgeln (um 1850 und später) zeigen eine 'romantisch' beeinflusste weitere Minderung der Obertönigkeit, etwa mit folgender Disposition:

Gedackt	8′	
Prinzipal	8′	(ab c°, ab dis′ Prospekt)
Gedackt	4′	
Prinzipal	4′	

Abbildung 11.
Unterseite einer Windlade mit fächerförmig angeordneten Kanzellen und Ventilen. Hausorgel von Johannes Haueter, 1813-1816 gebaut, heute in der Anstaltskirche Pfäfers.

Selbst in orgelbautechnischen Belangen weichen die Emmentaler Orgeln
von den Ostschweizer Instrumenten ab. Als Äusserlichkeit wäre zu bemerken,
dass die ersteren stets Registerzüge (zum Herausziehen) aufweisen, letztere
stets Registerschieber (zum seitwärts Hin- und Herbewegen). Aber selbst der
Windladenbau ist verschieden. Die Toggenburger Windladen sind stets
rechteckig gebaut mit parallelen Kanzellenschieden. Einige (nicht alle) Emmentaler Orgelbauer bauten trapezförmige Windladen mit fächerförmig sich
öffnenden Kanzellen (vgl. Abbildung 11). Die Vorteile dieser Konstruktion
sind einleuchtend: die hinten stehenden grösseren Register haben mehr Platz,
beziehungsweise der Aufwand an 'Verführungen' im Pfeifenstock wird
kleiner.

Ähnlich wie im Toggenburg ist die Schulung der Hausorgelbauer unge-
klärt, und die Hoffnung, via Tastenschildchen eine Lösung zu finden, besteht
nicht, da solche bei den Emmentaler Orgeln fehlen . Man muss annehmen,
dass die Leute offen oder heimlich bei professionellen Orgelmachern gelernt
haben. Dies war im Kanton Bern weniger schwierig als im Toggenburg, weil in
Bern die Kirchenorgel im Jahre 1726 offiziell wieder eingeführt worden ist. In
der Folge erhielten alle 28 Kirchen des Emmentals noch im 18. Jahrhundert
ihre erste Kirchenorgel. Da war es wohl leicht, als Gehilfe eines Orgelbauers
oder als guter Beobachter tiefe Einblicke in das Geheimnis des Orgelbaues zu
erhaschen.

Leider sind viele Hausorgeln – in allen Regionen der Schweiz – entweder
völlig untergegangen oder 'zweckentfremdet' ruiniert worden (früher als
Vorratsschränke oder Kaninchenställe, heute als Hausbar oder Fernseh-
schrank). Zum Glück mehrt sich heute wieder das Verständnis für diese
ländlichen Blüten der Orgelbaukunst. Eine stattliche Reihe dieser Orgeln ist in
den letzten Jahren restauriert worden. Sie bleiben nun als Zeugen eigenständi-
ger Kultur erhalten.

Abbildungsnachweis

Abbildung 1: Universitätsbibliothek Basel.
Abbildung 4: Schweizerisches Landesmuseum Zürich.
Abbildung 8 und 9: Photographisches Institut ETH Zürich
Alle übrigen Abbildungen: Orgelbau Th. Kuhn AG Männedorf-Zürich.

Variaties over de Sequentia 'Laudes Organi'

Albert de Klerk

voor Maarten Vente

Variaties over de Sequentia „Laudes Organi" XII e eeuw

Albert de Klerk

Audi chorum organicum instrumentum musicum. Modernorum
artificum documentum melicum. Canentem ludere
amabiliter. Ludentem canere laudabiliter. Docens
breviter, leniter utiliter dulciter humiliter.

Variatie 1 ♩=60

Moderato

- 2 -

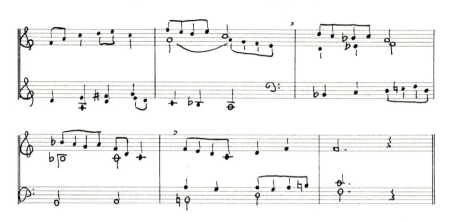

-4-

- 5 -

Die nordfranzösische Registrierkunst im letzten Drittel des 17. Jahrhunderts und die Orgeldisposition Gottfried Silbermanns von 1710 für die Leipziger Paulinerkirche

Hans Klotz

Als 'Meister aus dem Norden' wie Nicolas Barbier, Jehan und Matthijs Langhedul, Crespin Carlier und Valeran de Heman ihre Aufsehen erregenden Instrumente in Poitiers, Gisors, Rouen, Tours, Chartres, St. Quentin und Paris errichteten, konnten sie nicht ahnen, daß sie damit den Grund legten zu einer hochentwickelten Orgelkultur. In der Tat fanden sich ihre Schüler und Enkelschüler wie die Thierry, die Clicquot und die Lefèbvre mit schöpferisch begabten Organisten wie LeBègue, Nivers, Boyvin, Couperin, Marchand, De-Grigny und Clérambault in einer solchen Harmonie von Dispositions- und Registrierkunst zusammen, wie es in der Geschichte der Orgelkunst selten war.

Im Jahre 1710 entwarf der junge sächsische Orgelbauer *Gottfried Silbermann* für die Paulinerkirche zu Leipzig eine Orgeldisposition, die im ganzen Zuschnitt dem deutschen Stil entsprach, im vielgliedrigen Detail aber so von jener niederländisch-französischen Kunst durchwirkt war, daß man von einer genialen Synthese sprechen darf.

Es kann nicht daran gezweifelt werden, daß ein solches Instrument für die Interpretation der deutschen Orgelmusik hervorragend geeignet gewesen wäre.

Gleichzeitig aber kam jene Synthese auch dem Schaffen der französischen Orgelmeister so weitgehend entgegen, daß sich eine nähere Betrachtung dieses Umstandes lohnt. Das Leipziger Projekt wurde nicht ausgeführt; dennoch ist eine solche Prüfung insofern auch von praktischer Bedeutung, als die 1710-1714 von Gottfried Silbermann für den St. Mariendom von Freiberg gebaute Orgel in Format und Disposition dem Leipziger Projekt ähnlich ist und noch heute fast unverändert ihren Dienst tut.

Die wichtigsten Nachrichten über die französische Registrierkunst jener Epoche finden wir in den Vorreden der Orgelbücher von Guillaume-Gabriel Nivers von 1665, Nicolas-Antoine LeBègue von 1676, André Raison von 1688, Jacques Boyvin von 1689 und Gaspard Corrette von 1703; dort wird uns der Schlüssel gereicht zum Verständnis der in den Partituren dieser und anderer Meister gegebenen Registrieranweisungen und der dort gebrauchten Termini. Sehen wir näher zu.

Sobald die genannten Vorreden auf den 'Mélange des Jeux' zu sprechen kommen, wird stets an erster Stelle die Verbindung der urtümlichen Orgelregister – der Prinzipale, der Gedeckten, der Oktaven, der Mixturen und der Zimbeln – besprochen, nämlich das *Plein Jeu*, das Mixturplenum (das Grand Jeu, das Zungenplenum, wird regelmäßig erst gegen Ende der Abschnitte über die Registrierung behandelt).

Das Plein Jeu besteht bei gekoppelten Klavieren aus

GRANDORGUE	POSITIF
Bourdon 16	Bourdon 8
Montre 8	Prestant 4
Bourdon 8	Doublette 2
Prestant 4	Fourniture
Doublette 2	Cymbale
Fourniture	
Cymbale	

In dieser Registrierung wurden manche Stücke auf dem 'Grand Plein Jeu' gespielt, manche auf dem 'Petit Plein Jeu', manche mit abwechselnden Manualen; zum Grand Plein Jeu zog man oft, besonders im Plain-Chant, Trompette 8 im Pedal, die man bald im Tenor, bald im Baß spielte, bald abwechselnd im Tenor und im Baß, bald gleichzeitig – etwa kanonisch – in Tenor und Baß. Aus den Fundamenten des Plein Jeu bildet man die zur Begleitung der verschiedenen Soli benötigten Registrierungen, teils Jeu doux genannt, teils Fond d'orgue.

Jeu doux besteht meistens aus Bourdon Prestant, auch die Verbindung Bourdon Flûte kommt vor; gelegentlich wird Montre 8 allein oder in Verbindung mit Bourdon 8 gezogen.

Fond d'orgue basiert auf dem Sechzehnfuß und besteht aus Bourdon 16 Bourdon 8 Prestant 4, wozu ggf, Montre 8 gezogen werden kann.

Ganz ausführlich werden in unseren Vorreden die Verbindungen mit den 'neuen' Orgelregistern behandelt. Zu diesen gehören Trompette 8, Clairon 4, *Cromorne* 8, Voix humaine 8, Cornet V, Eco V, Nasard 2⅔, Quarte 2, Tierce 1⅗ und Larigot 1⅓.

Sehen wir uns zunächst die *Soloregistrierungen* an.

Trompette wird solistisch gern im Baß geführt, mit Bourdon Prestant verbunden und ebenso begleitet. Auch Clairon 4 wird gern im Baß gespielt und zwar in der Verbindung mit Bourdon 16, wozu die rH[1] mit Bourdon Flûte begleitet. Cromorne wird im Dessus allein gespielt zur Begleitung von Montre 8, ebenfalls allein; in der Taille wird ihm Bourdon Prestant beigegeben, Begleitung in der rH Montre 8 Bourdon 8, im Pedal Flûte 8. Im Baß wird

---

1 rH = rechte Hand.

Cromorne ergänzt mit Prestant Nasard Doublette Tierce Larigot. Voix humaine wird mit Bourdon Flûte Tremblant doux verbunden und mit Bourdon Flûte begleitet.

Die Einzelaliquoten zu 2⅔, 2, 1⅗ und 1⅓, alle weit mensuriert, dienen den verschiedenen Nuancierungen des *Jeu de tierce*, des Terzenzuges: dieser wird im Positif mit Bourdon Prestant Nasard Tierce zusammengesetzt und mit Bourdon Prestant begleitet, in der Taille und im Baß mit Doubeltte und Larigot ergänzt, im Baß begleitet wie im Dessus mit Bourdon Prestant, in der Taille mit dem Fond d'orgue in der rH und der Flûte 8 im Pedal.

Im *Duo* stehen sich gern die Tierce des Positif in der rH und die des Grand-orgue in der lH[2] mit Bourdon 16 Bourdon 8 Prestant Nasard Quarte Tierce gegenüber, oft aber auch Cromorne Bourdon Prestant in der lH gegenüber Cornet in der rH oder Trompette allein in der lH gegen Tierce in der rH.

Zum *Trio à deux Dessus* spielte man in der rH zweistimmig und zwar entweder Cromorne allein gegen lH Bourdon Prestant Nasard Quarte Tierce, oder Bourdon Prestant Nasard Tierce gegen lH Trompette allein.

Im *Trio à trois Claviers* nahm man als Baß die Flûte 8 des Pedals und spielte Cromorne Bourdon Prestant lH gegen Cornet rH oder vice versa, auch Voix humaine Bourdon Flûte Tremblant doux lH gegen Jeu de Tierce rH oder Jeu de Tierce Tremblant doux lH gegen Cromorne allein rH.

Während man im Plein Jeu die Präludien spielte, trug man die Fugen mit den neuen Registern vor.

Die *Fugue grave* wurde mit allen Stimmen auf dem gleichen Manual geführt und zwar mit Trompette Bourdon Prestant mit oder ohne Cromorne, oder mit Cromorne Bourdon Prestant.

Die *Fugue de mouvement* führte man gerne zu zwei und zwei Stimmen auf zwei Klavieren, sei es rH Cornet, lH Cromorne Bourdon Prestant, sei es rH Cromorne Bourdon Prestant, lH Bourdon Prestant Nasard Quatre Tierce.

Nicolas de Grigny nimmt als fünfte Stimme die Flûte 8 des Pedals zu Hilfe und spielt die rH mit Cornet, die lH mit Cromorne, wobei Bourdon Prestant hinzuzudenken sind.

Wir kommen nun zu den mannigfachen *Dialogen*.

Im Dessus dialogisieren gerne Cromorne Bourdon Prestant mit Cornet oder Cornet mit dem Jeu de Tierce, wonach sich oft ein Trio à trois claviers anschließt, und Cornet mit Eco.

Im Dialog von Dessus und Basse wird gerne geführt Trompette in Verbindung mit Clairon Bourdon Prestant Nasard Quarte Tierce Tremblant à vent perdu zur Begleitung von Bourdon Larigot, Trompette Bourdon Prestant gegen den Cornet mit anschließendem Duo und schließlich die Voix humaine,

---

2 lH = linke Hand.

wobei gerne der Abschluß gebildet wird durch ein 'Ensemble de la Voix humaine', ein kurzer Satz mit der Voix humaine in allen vier Stimmen.

Den Schluß bilden die Dialogues à deux (trois) choeurs bei gekoppelten Klavieren: man spielt im Ensemble mit Klavierwechsel und wechselt im solistischen Spiel des Grandorgue zwischen Dessus und Basse ab, wobei im Grand-orgue Trompette Bourdon Prestant gezogen sind, im Positif Bourdon Prestant Nasard oder Cromorne Bourdon Prestant. In der vollen Form wird dieser Dialog ausgeführt im *Grand Jeu*, das sich bei gekoppelten Klavieren folgendermaßen zusammensetzt.

GRANDORGUE	POSITIF
Trompette 8	Cromorne 8
Clairon 4	Bourdon 8
Bourdon 8	Prestant 4
Prestant 4	
Cornet V	

In der erweiterten Form des Grand Jeu wird der Cornet des dritten Klaviers mit einbezogen, der dann mit dem Positif im Duo bzw. mit Positif und Flûte 8 des Pedals im Trio à trois claviers geführt erscheint.

GRANDORGUE	POSITIF	RÉCIT
Trompette 8	Cromorne 8	Cornet V
Clairon 4	Bourdon 8	
Bourdon 8	Prestant 4	
Prestant 4	Nasard 2⅔	
Nasard 2⅔	Tierce 1⅗	
Quarte 2		
Tierce 1⅗		
Cornet V		
Tremblant à vent perdu		

Soweit unser Überblick über die französische Registrierkunst der Epoche. Er ist natürlich nicht in allen Einzelheiten vollständig, enthält aber alles Wesentliche.

Es folgt nun die Disposition Gottfried Silbermanns[3] für die Leipziger

---

3 Ernst Flade, *Der Orgelbauer Gottfried Silbermann. Ein Beitrag zur Geschichte des deutschen Orgelbaues im Zeitalter Bachs* (= Veröffentlichungen des Fürstlichen Institutes für musikwissenschaftliche Forschung zu Bückeburg, Fünfte Reihe, Dritter Band) Leipzig, 1926, S.50.

Paulinerkirche mit französischen Übersetzungen der für die Pariser Registrierkunst in Frage kommenden Register.

HAUPTMANUAL	GRANDORGUE	OBERKLAVIER	POSITIF
Bordun 16	Bourdon 16	Prinzipal 8	Montre 8
Quintadena 16		Koppel 8	Bourdon 8
Prinzipal 8	Montre 8	Gemshorn 8	
Grobgedeckt 8	Bourdon 8	Prästant 4	Prestant 4
Viola da gamba 8		Flûte 4	Flûte 4
Prästant 4	Prestant 4	Gedecktnasard 2⅔	Nasard 2⅔
Spitzflöte 4	Flûte à fuseau 4	Doublette 2	Doublette 2
Offennasard 2⅔	Nasard 2⅔	Tertia 1⅗	Tierce 1⅗
Doublette 2	Doublette 2	Mixtura III	Fourniture III
Tertia 1⅗	Tierce 1⅗	Zimbeln II	Cymbale II
Kornett V	Cornet V	Echo V	Cornet d'éco V
Mixtura IV	Fourniture IV	Krummhorn 8	Cromorne 8
Zimbeln III	Cymbale III	Vox humana 8	Voix humaine 8
Trompette 8	Trompette 8		
Clairon 4	Clairon 4		

BRUSTWERK	ÉCO	PEDAL	PÉDALE
Bordun 8	Bourdon 8	Prinzipal 16	
Prinzipal 4	Prestant 4	Subbaß 16	
Flöte 4	Flûte 4	Prästant 8	Flûte 8
Nasard 2⅔	Nasard 2⅔	Doublette 4	
Doublette 2	Doublette 2	Pleinjeu VI	
Tertia 1⅗	Tierce 1⅗	Posaune 16	
Larigot 1⅓	Larigot 1⅓	Trompette 8	Trompette 8
Mixtura III	Fourniture III	Clairon 4	

Dazu kommen der starke Tremulant, die Schwebung für das Oberklavier
sowie je eine Manualkoppel vom Oberklavier bzw. vom Brustwerk zum
Hauptmanual.

Schon auf den ersten Blick erkennen wir, daß diese Disposition tatsächlich
fast alles enthält, was wir zur authentischen Wiedergabe der klassischen
französischen Orgelmusik brauchen. Wohl fällt uns auf, daß Gottfried
Silbermann in der Zweifußlage kein einziges Register weiter Mensur (Quarte)
disponiert hat und daß Vox humana und Echokornett mit dem Krummhorn
zusammen auf demselben Klavier stehen. Aber ähnliche Unregelmäßigkeiten,
wenn wir es so nennen wollen, kommen auch im originalen französischen
Orgelbau der Epoche vor.

Wie gesagt, Gottfried Silbermanns Disposition für die Leipziger Paulinerkirche bietet sämtliche Ressourcen für die klassische französische Registrierkunst, und dies soll durch einige ausgewählte Beispiele anschaulich gemacht werden.

Da ist zunächst das Plein Jeu, das sich nach unserer Leipziger Disposition in vollkommener Reinheit darstellen läßt.

Plein Jeu

HAUPTMANUAL	OBERKLAVIER
Bordun 16	Prinzipal 8
Prinzipal 8	Koppel 8
Grobgedeckt 8	Prästant 4
Prästant 4	Doublette 2
Doublette 2	Mixtura III
Mixtura IV	Zimbeln II
Zimbeln III	

Darüber hinaus bietet das Projekt das Plein Jeu noch auf dem dritten Klavier. Dieses dritte Plein Jeu wird nur selten in französischen Registrieranweisungen erwähnt; es wurde jedoch sehr gerne tatsächlich gebaut und zwar von den Meistern der Familie Thierry und deren Schülern. Diese zerlegten den Echokornett so, daß er in Verbindung mit einer zusätzlichen Cymbale ggf. ein perfektes Plein Jeu liefern konnte wie z. B. in Paris/St. Germain-des-Prés 1663-1667 oder Paris/St. Louis-des-Invalides 1679 oder St. Quentin 1697-1703: dort stand jeweils im Clavier d'Eco Bourdon 8 Prestant 4 Nasard 2⅔ Doublette 2 Tierce 1⅗ Cymbale Cromorne. Übrigens darf hier erwähnt werden, daß sich Johann Sebastian Bach diese Dispositionsform für das dritte Manualklavier in seinem Entwurf von 1708 für seine Orgel zu Mühlhausen Divi Blasii offensichtlich zum Vorbild genommen hat. Gottfried Silbermann, auch dies ist evident, hat eine Synthese geschaffen zwischen dem Thierryschen Echoklavier und dem mitteldeutschen Brustwerk, und diese Synthese erlaubt folgende vorbildliche Plein Jeu-Registrierung.

Bordun 8
Prinzipal 4
Doublette 2
Quinte 1⅓
Sifflet 1
Mixtura III

Es ist zu bemerken, daß außer dem Bourdon 8 sämtliche Register, auch der Sifflet, reine Prinzipalmensur aufweisen.

Es folgen nun einige *Beispiele für die Solovorträge* nach Gottfried Silbermanns Disposition.

Dessus de Cromorne

rH OBERKLAVIER

    Krummhorn 8

lH HAUPTMANUAL

    Prinzipal 8

Tierce en taille

rH HAUPTMANUAL

    Bordun 16
    Grobgedackt 8
    Prästant 4

lH BRUSTWERK

    Bordun 8
    Prinzipal 4
    Nasard 2⅔
    Doublette 2
    Tertia 1⅗
    Larigot 1⅓

PEDAL

    Prästant 8

Basse de Trompette

rH OBERKLAVIER

    Koppel 8
    Prästant 4

lH HAUPTMANUAL

    Trompette 8
    Grobgedeckt 8
    Prästant 4

Aus der Duogruppe wählen wir das

Duo sur les tierces

lH HAUPTMANUAL

    Bordun 16
    Grob Gedackt 8
    Prästant 4
    Offen Nasard 2⅔
    Doublette 2
    Tertia 1⅗

rH BRUSTWERK

    Bordun 8
    Prinzipal 4
    Nasard 2⅔
    Tertia 1⅗

Es folgt ein Beispiel für ein

Trio à deux dessus

lH HAUPTMANUAL

    Grobgedeckt 8
    Spitzflöte 4
    Offennasard 2⅔
    Doublette 2
    Tertia 1⅗

rH OBERKLAVIER

    Krummhorn allein
    zweistimmig geführt

Ein weiteres Beispiel belegt das

Trio à trois claviers

lH OBERKLAVIER	rH HAUPTMANUAL	PEDAL
Krummhorn 8	Kornett V	Prästant 8
Koppel 8		
Prästant 4		

Wir kommen zur

Fugue grave

HAUPTMANUAL	OBERKLAVIER
Trompette 8	Krummhorn 8 allein
Grobgedeckt 8	*Manuale gekoppelt*
Prästant 4	

Jeweils zweistimmig geführt werden die Hände beim Vortrag der

Fugue de mouvement

lH HAUPTMANUAL	rH OBERKLAVIER
Grobgedeckt 8	Krummhorn 8
Prästant 4	Koppel 8
Offennasard 2⅔	Prästant 4
Doublette 2	
Tertia 1⅗	

Für Nicolas de Grigny's fünfstimmige Form würde sich folgendes Bild ergeben:

Fugue de mouvement à cinq parties

lH OBERKLAVIER	rH HAUPTMANUAL	PEDAL
Krummhorn 8	Kornett V	Prästant 8
Koppel 8		
Prästant 4		

Schließlich folgen nun noch einige Beispiele für die verschiedenen Arten der Dialoge.

Dessus en dialogue   *im Wechsel mit*

lH BRUSTWERK	rH OBERKLAVIER	rH HAUPTMANUAL
Bordun 8	Krummhorn 8	Kornett V
Prinzipal 4	Koppel 8	
	Prästant 4	

Dessus et Basse de Voix humaine

lH BRUSTWERK	rH OBERKLAVIER
Bordun 8	Vox humana 8
Flöte 4	Koppel 8
	Flûte 4
	Schwebung

im Wechsel mit

lH OBERKLAVIER	rH BRUSTWERK
Vox humana 8	Bordun 8
Koppel 8	Flöte 4
Flûte 4	
Schwebung	

Das *Grand Jeu* erscheint in Silbermanns Leipziger Disposition in folgender Zusammensetzung (Klaviere gekoppelt).

HAUPTMANUAL	OBERKLAVIER
Trompette 8	Krummhorn 8
Clairon 4	Koppel 8
Grobgedeckt 8	Prästant 4
Prästant 4	
Kornett V	

Die erweiterte Form des Grand Jeu würde so registriert werden (Klaviere ebenfalls gekoppelt).

HAUPTMANUAL	OBERKLAVIER	BRUSTWERK
Trompette 8	Krummhorn 8	Bordun 8
Clairon 4	Koppel 8	Prinzipal 4
Grobgedeckt 8	Prästant 4	Nasard 2⅔
Prästant 4	Gedecktnasard 2⅔	Tertia 1⅗
Offennasard 2⅔	Tertia 1⅗	
Tertia 1⅗		
Kornett V		
Tremulant		

Auf der Freiberger Domorgel wirkt die grandiose Grandjeu-Registrierung unmittelbar überzeugend.

Damit haben wir unseren Rundgang anhand von praktischen Beispielen beendet. Wir haben einige typische Registrierungsbeispiele herausgegriffen und in Übereinstimmung mit unserer Leipziger Disposition 'verdeutscht', und es wird kaum nötig sein, auch die anderen originalen Pariser Registrierungen in die sächsischen Termini zu 'übersetzen'. Es zeigt sich, daß die Leipziger Disposition der großen Registrierkunst der klassischen französischen Meister in erstaunlich hohem Maße gewachsen ist.

Gleichwohl handelt es sich bei Gottfried Silbermanns Projekt nicht um eine Kopie, sondern wie bereits gesagt um eine Synthese. Diese Disposition bezeichnet insofern zugleich den Typ der mitteldeutschen großen Orgel der Zeit, als alle drei Manuale den vollen Umfang haben und in der Disposition vollständig sind, was insbesondere bedeutet, daß jedes der drei Klaviere seinen eigenen vollkommenen Prinzipalchor hat. Diese Selbständigkeit und Vollständigkeit gilt nicht nur für die Manuale, sondern auch für das Pedal. Darüber hinaus dürfen noch die Varianten der Grundlabialen, der *Jeux de fond*, genannt werden, die für den deutschen Orgelstil generell so typisch sind und die sich in der Disposition Silbermanns verkörpern in den Registern Quintadena 16, Viola da gamba 8 und Gemshorn 8. Register dieser Art gab es auch in den von den flämischen und wallonischen Meistern nach Frankreich exportierten Instrumenten; gerade diese Register aber fanden bei den französischen Organisten keinen Anklang, sodaß Guillaume-Gabriel Nivers sie geradezu als *'non considérables'* bezeichnete. Zuletzt darf noch erwähnt werden, daß Gottfried Silbermann einer der wenigen älteren Orgelbauer war, der seinen Mixturen den *ansteigenden Plafond* gab, welcher der Polyphonie mehr entgegenkommt als der sonst meist übliche horizontale Plafond, und tatsächlich spielen ja die französischen Meister ihre Fugen nicht mit dem Plein Jeu, sondern mit sorgfältig zusammengestellten Zungen- und Aliquotenregistrierungen, wenn nicht überhaupt mit dem Grand Jeu.

In ihrer Gesamtqualität wäre die tatsächliche Ausführung von Gottfried Silbermanns Leipziger Projekt nicht nur ein vorzügliches Instrument zur Wiedergabe der klassischen französischen Orgelmusik geworden, sondern gleichzeitig eine spezifische Bachorgel, was sonst nur von sehr wenigen Orgeln gilt und hier mit umso mehr Nachdruck gesagt werden muß.

Wir Heutigen werden gut beraten sein, wenn wir der großartigen Synthese, die Gottfried Silbermann in seinem Projekt von 1710 für die Leipziger Paulinerkirche vollzogen hat, ganz intensives Nachdenken widmen.

Orgeln der Renaissancezeit in Tirol

Egon Krauss

Das Land *Tirol*, durch Jahrhunderte eine Einheit, war immer eine Brücke zwischen Süd und Nord. Der niedrigste Übergang über die Alpen, der Brennerpaß, hatte die bedeutendste Verbindungsfunktion. Die im Süden gepflegten Künste beeinflußten mit einer Zeitverzögerung den Norden. Es ist daher verständlich, daß im katholischen Land Tirol auch im Orgelbau bedeutende Leistungen entstanden, wobei die Rolle Innsbrucks als langzeitiger Regierungssitz in der Übergangszeit von Mittelalter zur Neuzeit für die Ansammlung von Kunst zusätzlich begünstigend wirkte. So wird es verständlich, daß trotz zerstörender Einwirkungen von Kriegen und von politischen Wirren, bedeutende Orgeln aus dem 16.Jahrhundert, teils in sonst kaum anzutreffendem Originalitätszustand, erhalten sind.

Die *Presbyteriumsorgel* in der *Innsbrucker Hofkirche*[1], das Musikinstrument zum Grabdenkmal Kaiser Maximilian I ist das älteste größere auch klanglich im Originalitätszustand seiner Zeit erhaltene Kircheninstrument nördlich der Alpen. Sie wurde zwischen 1555 und 1561 vom damals wohl berühmtesten Orgelmacher der Bodensee-Orgelbauschule *Jörg Ebert* erbaut.[2] Dieser traditionsbewußte Meister hat einen gotischen Kern der Principal-Blockwerksorgel mit den instrumentalen Zusätzen der Renaissance verbunden. Der konstruktive Aufbau von Pfeifenaufstellung, Windladen und Gehäuse bildet eine geschlossene Einheit und entspricht demjenigen der ältesten bekannten Burgunder Orgel in der Valeria-Burgkirche zu Sion[3] (Abbildung 1A und 1B). Diese Valeria-Orgel hat den Prospekt-Umfang von H-f″, also mit 31 Pfeifen, die Ebert-Orgel hat den Umfang von C-a″ mit 41 Tönen im Hauptwerk und 38 F-a″ im Rückpositiv. Die Ebert-Orgel kennt noch keine Prospektpfeifen-Überlängen. Um Gleichheit im optischen Bild zwischen F-Rückpositiv und C-Hauptwerk bei den kurzen Unteroktaven zu erreichen, sind im Hauptwerksprospekt zwei große stumme Pfeifen entsprechend den Tönen GS und FS im rechten Seitenfeld eingebaut, hinter denen die nicht mehr am Prospektbild

1 E.Krauss, *Die Orgeln Innsbrucks*, Innsbruck, 1977.
2 I.Rücker, *Die deutsche Orgel am Oberrhein um 1500*, Freiburg i.Br., 1940.
3 E.Schiess, *Die gotische Orgel in der Valeria-Kirche zu Sitten*, Vallesia, 1955, Sion.

Abbildung 1A.
Ebert-Orgel im Presbyterium der Innsbrucker Hofkirche, erbaut 1555-1561. Foto: Innsbrucker
Volkskunstmuseum, O.Vogth.

Abbildung 1B.
Gotische Blockwerksorgel um 1400 in der Valeria-Brugkirche zu Sion. Rekonstruktionszeichnung
von E.Schiess.

beteiligten Töne b′ bis e″ angeordnet sind. Die vier restlichen Diskant-Töne f″
bis a″ sind zwischen anderen großen Pfeifen der Seitenfelder verteilt. Diese
Maßnahme erweist sich konstruktiv sehr klug, weil dadurch alle Pfeifen ohne
weitere Verführungen in den Pfeifenstöcken nahe über den Kanzellen stehen
können. Die interessante Kanzellen- und Prospektpfeifenfolge ist:

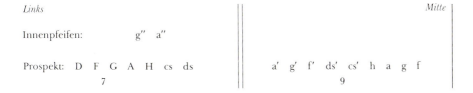

Links		*Mitte*
Innenpfeifen:	g″ a″	
Prospekt: D F G A H cs ds		a′ g′ f′ ds′ cs′ h a g f
7		9

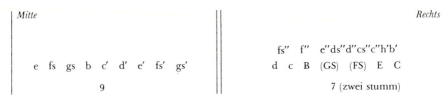

| *Mitte* | | | | | | | | | | *Rechts* |

Es ist damit gleiche Prospektpfeifenaufstellung wie bei der gotischen Valeria-Burgkirchenorgel erzielt.

So wie diese für Gestaltung und instrumentenbauliche Zweckmäßigkeit richtige Konstruktion sind eine Reihe weiterer interessanter Ausführungsmerkmale an dieser Orgel zu sehen. Auf vier vertikalen Stehern ist der kräftige Hauptgehäuse-Grundrahmen gelagert. Auf diesem ruht unmittelbar die Hauptwerkswindlade (Abbildung 2). Sie trägt neun Register, ist als Schleifenlade gebaut und hat einen von vorne zugänglichen Ventilkasten (Abbildung 3). Sie hat ein oberes Fundamentbrett, die Kanzellen sind unten verspundet. Die Kanzellen sind durch jeweils drei Schiede in vier Sektionen geteilt, um eine sichere, verstimmungsarme Windversorgung der Register entsprechend der günstige Registrierpraxis zu gewährleisten. Die Pfeifenstöcke haben geräumige Windkammern. Diese sind vermutlich eine technologische Maßnahme, um Stockverführungen zu vermeiden. Die 19 tiefsten Kanzellen C bis b haben Doppelventile, das eine für's Manual, das andere für's Pedal, das dadurch in einfachster Art in das Manual einspielt. Ein Kennzeichen der Orgel der polyphonen Zeit, in der das Pedal als Spielerleichterung, nicht als 'Baßklavier', die Ausführung der vielstimmigen Musik ermöglichte.

Auch beim Rückpositiv (Abbildung 4), dessen Windlade bis in den Fuß des Hauptgehäuses reicht, sind ähnliche Maßnahmen feststellbar: durch Kanzellenunterteilung Abtrennung der Prospektstimme, Windkammern in den Pfeifenstöcken. Die Kanzellenunterteilung ist hier in einfachster Weise durch ausgestemmte, Ⅎ-förmige Hölzer erzielt, die aneinandergeleimt, einen einfach aufgebauten Kanzellenverband ergeben, der nicht verspundet ist. Als weiterer Klangkörper ist die Brustwerk-Regallade (Abbildung 2.3 und Abbildung 3 unten) vorhanden, die in einen Baßteil C bis e und einen Diskantteil f bis a″ unterteilt ist. Sie wird durch Ventile in den Zuleitungswindkanälen und über einen als 'Anzug' bezeichneten Ankoppelungsmechanismus (Abbildung 2.4) an die Hauptwerkstraktur registriert. Die Spieltraktur mit Holzabstrakten und Vierkant-Eisenwellen ist ohne Reguliermöglichkeit einfachst direkt geführt (sogenannte hängende Traktur; Abbildung 2.2).

Bemerkenswert die mechanisch optimale Konstruktion der Holzkohleeisenvierkantwellen mit an ihren Enden angeschweißten Armen, welche somit unmittelbar neben der Lagerung angeordnet sind und so nur den kleinsten Biegebeanspruchungen ausgesetzt sind. Auch beim Rückpositiv ist die mechanische Trakturanordnung und Führung über Wippen und Wellenbrett optimal (Abbildung 2.6ab). In Zusammenhang mit den einarmigen Klavia-

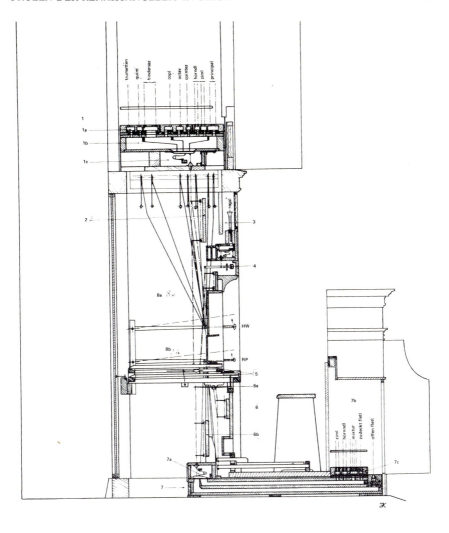

Innsbruck, 16. Jhdt.

Abbildung 2.
Innsbrucker Ebert-Orgel, Schnittzeichnung. *1* Hauptwerkswindlade mit neuen Registern, *a* Pfeifenstöcke mit Windkammern, *b* Kanzellen in vier Gruppen durch Schiede unterteilt, *c* Ventilkasten, von vorne zugänglich. *2* Hauptwerkswellenbrett. *3* Brustwerkskammer für Regal. *4* Traktureinstellung 'Anzug' für Regal. *5* Einarmige Manualklaviaturen mit 'Widderkoppel'. *6* Rückpositivtraktur, *a* Rückpositivwippen, *b* Rückpositivwellenbrett. *7* Rückpositivwindlade mit geteilten Kanzellen, fünf Register, *a* Rückpositivventilkasten, von hinten zugänglich, *b* Rückpositivgehäuse, *c* Pfeifenstöcke mit Windkammern. *8* Registermechanik, *a* zum Hauptwerk, *b* zum Rückpositiv.

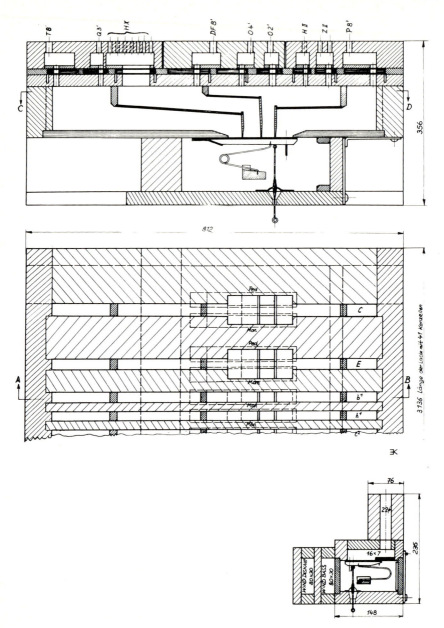

Abbildung 3.
Innsbrucker Ebert-Orgel, Windladen im Hauptgehäuse; oben: Hauptwerkswindlade, Schnitt bei
Kanzelle b', A-B, Grundriss Schnitt C-D unterhalb des Fundamentbretts; unten: Brustwerk,
Regalwindlade.

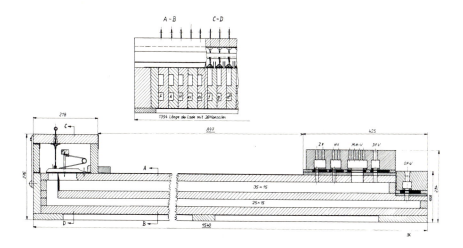

Abbildung 4.
Innsbrucker Ebert-Orgel, Rückpositivwindlade; Schnitt A-B im langen Kanzellenverband; Schnitt C-D im Ventilkasten.

turen (Abbildung 2.5), deren Tasten hinten mit Pergament angeleimt sind, vorne mit Hartholzdocken in Stahlstiften geführt werden, ergibt sich eine sehr gute Spielart. Die Registertraktur ist auch aus Eisen geschmiedet, greift beim Hauptwerk über Winkel und Schwerter in der Mitte der Lade in die Schleifen ein, beim Rückpositiv auf der rechten Seite mittels an der gelagerter eiserner Wellen (Abbildung 2.8ab). Im Bild des Spielschrankes (Abbildung 5) sieht man die bündige Lage der Hauptmanual-Vorderkante mit dem Spieltafelgrund, den alten, originalen eingelegten Klaviaturrahmen mit der in seiner Mitte eingelegten Jahreszahl 1558, dem Jahr der hauptsächlichen orgelbaulichen Ausführung, die Registerhebel zum Einhaken mit unterschiedlich profilierten Griffen (vermutlich für blinde Organisten, die u.a. an der Ebert-Orgel tätig waren) und die durch verhleichsweise geringen Tiefgang niedrigen Obertasten der Klaviaturen mit Buchsbaum- und Ebenholsbelagen.

Ursprünglich war die Orgel in beide Manualen als F-Orgel geplant, nur das einspielende Pedal sollte ab C gehen. Noch während des Baues erwirkte der Organist Nikolaus Stockhammer die Ausweitung der Hauptwerksklaviatur um die drei Tasten bis C, was bei der vorgegebenen Konstruktion der Lade leicht und mit geringen Kosten durch bloßes Hinzufügen von drei Ventilen an den Kanzellen und von drei Wellen möglich war. Die Windversorgung (mit 90 mm Wassersäule Druck) erfolgt heute durch zwei vielfaltige, rekonstruierte Keilbälge über einen Hauptwindkanal, in dem auch der Tremulant für das ganze Werk liegt. Seine Schlaggeschwindigkeit ist vom Windverbrauch abhängig. Der Kanal führt ziemlich direkt in den Hauptwerkswindkasten. Brustwerk-

Abbildung 5.
Innsbrucker Ebert-Orgel, Spielschrank; tasten in Renaissancemaßen durch Jürgen Ahrend
rekonstruiert (1976) in Besuchsbaum- und Ebenholz; Hauptwerk (oberes Manual C-a″ 41 Tasten);
Rückpositiv (unteres Manual F-a″ 38 Tasten); Pedal (C-b 19 Tasten); alle Bassoktaven kurz, im
Discant ohne gis″. Foto: Egon Krauss.

Regal und das Rückpositiv werden durch mehrfach rechtwinkelig abgesetzte originale Windkanäle gespeist. Die Windversorgung kann als ideal bezeichnet werden, da einerseits eine gute Nachgibigkeit, andererseits ein Vermeiden gegenseitiger Beeinflußung der einzelnen Teilwerke erreicht ist.

Die Pfeifen sind alle aus Zinn, gänzlich ohne Bärte, bei den grösseren mit nach oben ausgedünnten Wandstärken und alle auf Länge ohne Stimmvorrichtungen gemacht. Die Gedackte haben aufgesetzte Hüte. Hohe Aufschnitte und breite Labierung ergeben einen wirklich renaissancehaften, kräftigen Klang. Die Mensuren der Prospektprincipale sind weiter als die der einheitlich mensurierten Innenpfeifen. Es ist die italienische Praxis befolgt, was sich für die Geschlossenheit des Klangaufbaues günstig auswirkt.[4] Disposition und Aufstellung auf den Windladen sowie Zusammenfassung zu Gruppen gemeinsamer Windversorgung durch die Kanzellenschiede geben Hinweise auf zweckmäßige *Registerzusammenstellungen*. Die Disposition, auch aus Abbildung 2 ersichtlich, lautet:

HAUPTWERK   C-a″   41 Töne

PEDAL   C-b   19 Töne

		Sektion
Principal	8′	1
Ziml	II	
Hörnndl	II	2
Quintez	2′	
Octav	4′	
Deckt fleten	8′	3
Hindersaz	V-X	
Quint	3′	4
Trumetten	8′	
Regal	8′	

RÜCKPOSITIV F-a″   38 Töne

		Sektion
Offen fletl	4′	1
Zudeckt fletl	4′	
Mixtur	III-V	2
Hörnndl	II	
Ziml	II	

4 H.Klotz, *Über die Orgelkunst...*, Kassel, 1975, S.205, S.213-46.

'Zitter' für das ganze Werk

Manualkoppel

Mitteltönige Stimmung
Tonhöhe bei 11°C für a 445 Hz.

Man ersieht die Absicht des Orgelmachers, den gotischen Grundstock
Prospektprincipal + Mixtur sowohl im Hauptwerk als auch im Rückpositiv als
Übernahme alter Tradition beizubehalten. Um die reine Stimmung der
Prospektprincipale immer zu sichern, sind sie für sich allein durch Schiede
(Sektion 1) abgesondert. Der Klang der gekoppelten Prospekte von Hauptwerk
und Rückpositiv, mit den resonanzfähigen Massivholzgehäusen als Hinter-
grund, erhöht in der Wirkung durch die hohlen hohen Aufsätze der Gehäuse
über den großen Pfeifen, welche als Helmholz'sche Resonatoren wirken, ist
besonders eindrucksvoll und sonor. Die in den Sektionen 2 zusammenge-
faßten Einzelregister erzielen die anscheinend ebenfalls gewünschte 'Ripieno'-Wirkung, je nach Absicht ohne oder mit färbender Terz der Hörndln.
Hier wird die verschmelzende Wirkung der Tonkanzellen offenbar. Es ist
auffallend, wie die sich gegenüber den italienischen Orgeln abweichenden
instrumentenbaulich ganz anderen Ausführungen doch gut zur Wiedergabe
zeitlich naheliegender italienischer vielstimmiger Musik gut eignen. Die
deutschen Stimmen der Renaissance, so die beiden Gedackte, ergeben wahren
Renaissanceflötenklang. Die Trompete in voller Aufsatzlänge und mit offenen
Schiffchenkehlen ist naturgegeben baßbetont, kann aber gut mit der Quint
oder/und mit dem Hörndl zusammengehen. Das Tichterregal hat eine
selbstständige Funktion durch seine Lage als Brustwerk, kann aber sogar mit
der Manualkoppel als Basis für Rückpositiv-Registrierungen benützt werden.
Ein weiterer klanglicher Faktor sind die Flügeltüren. Geschlossen dämpfen sie
den Orgelklang deutlich, ohne bei sinnvollen Registrierungen störende
Verstimmungen zu verursachen.

Die Ebert-Orgel steht an einem für die Kirche akustisch ungünstigen Platz
im engen Presbyterium. Ebert hat seinerzeit gegen diese Aufstellung Be-
denken geäußert, wurde aber von Kaiser und Regierung zu ihr gezwungen.
Wie er die Gegebenheiten nützte, um im großen Kirchenraum gute Klang-
wirkungen zu erzielen, kann als meisterhaft angesehen werden. Ebenso muß
die Leistung von Jürgen Ahrend bei der einfühlenden Wiederherstellung des
originalen Klanges als wissenschaftliche Erforschung eines bisher in vielen
Belangen unbekannten Klangbildes angesehen werden: durch minitiöses
Hineinhören bei Ausschaltung aller vorgefaßten heutigen Standartmeinun-

---

5 W.Salmen, *Orgel und Orgelspiel im 16.Jahrhundert*, Tagungsbericht, Innsbruck, 1978, *a* S.70-76,
b S.184-207, *c* S.93-101, *d* S.219-232, *e* S.236-237.

gen, aber mit dem kunsthandwerklichen Können alter Orgelmacherkunst war dies zu lösen.[5b] Daß man dieser Orgel nur mit dem Schulwissen unserer Zeit nicht gerecht werden kann, war bald in der Praxis zu erkennen. Zumindest gute musikhistorische Kenntnisse über die polyphone Zeit und die damaligen Praktiken der Intabulierungen sind erforderlich, um diesem Instrument entsprechen zu können.[5c] Schließlich war auch die Gehäuserestaurierung mit vielen Irrtümern und Problemen belastet und ist noch immer als noch nicht voll gelöst zu betrachten.[5d] Die Orgel ist mitteltönig gestimmt, aber abweichend davon sind alle Pfeifen der dis/es-Kanzellen original länger als es, also näher bei dis. Diese eindeutig auf Ebert zurückgehende Eigenheit wurde bei der Restaurierung bewahrt.

Die Orgel wurde dem kirchlichen Dienst zurückgegeben. Ordnungsgemäß erklang sie nach 277 Jahren (vom barocken Umbau 1700 an gerechnet) wieder das erste Mal am 10.Juni 1977 in dem Gottesdienst zum denkwürdigen Symposium *Orgel und Orgelspiel im 16.Jahrhundert* der Universität Innsbruck.[5e] An Samstagen zur 'Vorabendmesse' um 19*h* erklingt sie regelmäßig, wenn nicht Festtage oder auch bauliche Arbeiten in der Kirche das behindern.[6]

Ein zierliches Gegenstück zur großen Innsbrucker Ebert-Orgel ist die *Baldachinorgel auf Schloß Churburg* in Schluderns, Vintschgau, Südtirol. Die für Ritter Jacob Trapp 1559 von Michael Strobel gebaute kunstvolle Orgel (Abbildung 6) ist sowohl für religiöse als auch weltliche Hausmusik gebaut.[7,8] In einem reich verzierten, mit Gitterfüllungen, die mit Samt abgedeckt sind, ausgestatteten Gehäuse sind die neun Register, alle in Baß und Diskant geteilt, eingebaut. Zwei vielfaltige Keilbälge versorgen die Orgel mit Wind von 80 mm Wassersäule Druck. Die Klaviatur von C bis a″ mit kurzer Baßoctave und ohne gs″ ist um einen Ganzton nach oben verschiebbar. Die Disposition lautet:

R	=	Regal	8′	
C	=	Copl	4′	
O	=	Octav	2′	
C	=	Rohrflöte	2′	
Q	=	Quintadecima	1′	
Z	=	Zimbelchor 1		
Z	=	Zimbelchor 2		
F	=	Filomela	zwei Wasserpfeifen	
G	=	Gezwitscher	zwei × drei Schwirrpfeifen	
		Tremolo		

---

6 Die Ebert-Orgel ist auf der Schallplatte Cal 30 449, von Reihard Jaud gespielt zu hören.

7 E.Krauss und J.Ahrend, 'Die Renaissanceorgel auf Schloß Churburg', in: *Öster. Zeitschrift für Kunst und Denkmalpflege*, 1974.

8 E.Krauss, 'Die Renaissanceorgel auf Churburg', in: *L'organo*, Bologna, 1972.

Abbildung 6.
Schloss Churburg, Schluderns im Vintschgau, Südtirol; Baldachinorgel, gebaut 1559 durch
Michael Strobel für Ritter Jacob Trapp. Foto: Egon Krauss.

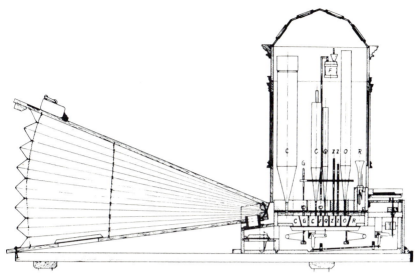

Abbildung 7.

Baldachinorgel Churburg 1559, Schnittzeichnung; Register von rechts nach links: *R* Regal (8'), *O* Octav (2'), *ZZ* zwei Zimbelchöre, *Q* Quintadecima (1'), *F* Filomela (Wasserpfeife), *C* Copl (zugelötete Rohrflöte 2'), *G* Gezwitscher (Schwirrpfeifen), *C* Copl (4').

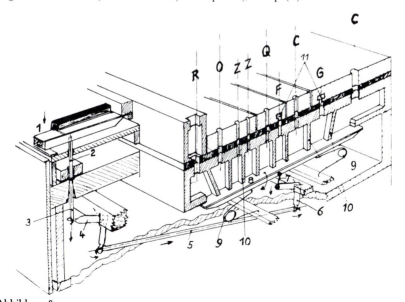

Abbildung 8.

Baldachinorgel Churburg 1559, Schnittzeichnung der Windlade mit Ventilkasten und Traktur. *1* Taste. *2* Oberer Stecher. *3* Unterer Stecher, dazwischen Stechermembrane. *4* Vorderer Winkel. *5* Stecherstab. *6* Hinterer Winkel. *7* Drahtabstrakte. *8* Spielventil, um Längsachse kippend. *9* Ventilfedern. *10* Kanzellenschiede. *11* Verbindungskanäle für alle Untertasten zu F und G.

Abbildung 9.
Baldachinorgel Churburg 1559, Blick in den Baldachin von der Bassseite gegen Discantseite; von
links nach rechts: Copl 4′, zwei mal drei 'Schwirrpfeifen' des Gezwitscher G, Copl 2′ als zugelötete
Rohrflöte ohne Bärte, hochgestellt Wasserbehälter der Filomela F, Quintadecima 1′, zwei Chöre
Zimbel, Octave 2′ (das Regal ist durch die Octave verdeckt); einzelne Nasspfeifen sind zur
besseren Platzausnützung in den Discant gestellt und werden durch Kondukten auf den Stöcken
angespeist; die Baldachingitter sind durch Samt abgedeckt. Foto: Egon Krauss.

Abbildung 10.
Orgel in der Silberen Kapelle zu Innsbruck, italienisch, mit hölzernen und bleiernen Pfeifen, ca.1570. Foto: Bundesdenkmalamt, Wien.

Der instrumententechnische Aufbau ist aus der Schnittzeichnung (Abbildung 7) zu ersehen. Die im Prinzip chromatische Pfeifenaufstellung ist nur bei einzelnen großen Baßpfeifen nicht eingehalten. Zur besseren Platzausnutzung stehen einige dieser Baßpfeifen im Diskantbereich und werden über Kondukten auf den Stöcken angespeist (Abbildung 9). Die Spielmechanik liegt zur Gänze im Ventilkasten der Orgel, der über die ganze Wandladentiefe reicht. Die Ventile gehen, um ihre Längskante kippend, quer auf (Abbildung 8). Das ist wegen der Auftrennung der Kanzellen durch acht Schiede in neun Sektionen notwendig, um jeder Sektion genügend Windzufluß zu sichern. Diese Aufteilung wieder ist durch die alle Untertasten verbindenden Speisekanäle für F und G bedingt, um Rückspeisungen ohne Zusatzventile auszuschließen. Alle Pfeifen sind aus Zinn gemacht, gänzlich bartlos, ohne Stimmvorrichtungen auf Länge geschnitten. Besonders bemerkenswert ist die 2'-Rohrflöte mit aufgelöteten Deckeln und kurzen Röhrchen. Dieses nicht stimmbare Register, bis zum Ton h″ in der gleichen Pfeifenkonstruktion durchgeführt, bestimmt die mitteltönige Stimmung. Dem hohen Winddruck entsprechend sind auch die Labienaufschnitte hoch. Der vitale Klang wird durch den Baldachin als Resonanzraum zusammengefaßt und wirkt ausgesprochen glockig, 'lieblich'. Mit Ausnahme des verloren gewesenen Regals, das rekonstruiert wurde und vereinzelter zu arg beschädigte Labialpfeifen die als Kopie leicht ersetzbar waren, ist die ganze Orgel im Originalzustand. Sie wurde gleichzeitig mit der Ebert-Orgel durch Jürgen Ahrend 1969 restauriert.[9] Es war sehr lehrreich, die orgelbaulichen Merkmale der Renaissancezeit an zwei so unterschiedlich großen Orgeln, die gleichzeitig von zwei Orgelmachern gebaut wurden, vergleichend feststellen zu können. Dadurch sind für uns heute ungewöhnliche Ausführungen doppelt bestätigt worden.

Nicht der deutschen, aber der italienischen Renaissancewelt entstammend, ist in der *Silbernen Kapelle* zu Innsbruck die *hölzerne Orgel italienischer Bauweise* erhalten. Die Herkunft dieser Orgel ist nicht dokumentiert. So zweifelten auch einige Historiker, die allerdings keine Orgelbaukenntnisse hatten, an der italienischen Abstammung und der damit verbundenen Datierung gegen die Mitte des 16.Jahrhunderts zu. Instrumentenbaulich ist diese Orgel aber eindeutig italienisch, weil die typische Ausführung der dünnwandigen Zedernholzpfeifen mit quadratischem Querschnitt, aber schmälerer Labierung und so niedrigen Aufschnitten (und daher auch Winddruck) außerhalb des italienischen Orgelbaus unbekannt ist (Abbildung 10). Schon das Prospektbild mit den oberen 'organetti morti', den die Pfeifen stützenden Verzierungen und die weiten Öffnungen über den Pfeifenenden zeigen ein typisch italie-

---

9 Die Churburger Orgel ist auf der Schallplatte Philips 6576014 von Gustav Leonhardt gespielt zu hören.

nisches Bild. Die Dispostion ist das reine Ripieno auf 8′ mit einer zusätzlichen
4′–Flöte und einer Discant-Principalschwebung (voce umana oder Piffaro):

I	= principale	8′	
VIII	= ottava	4′	
XV	= quintadecima	2′	
XIX	= decimanona	1⅓′	
XXII	= vigesima seconda	1′	
F.VIII	= flauto in ottava	4′	
V.U.	= vove umana	8′	Discant ab c′
Pedal	= basso	8′	ohne Registerzug

Man ersieht das reine italienische Ripieno, nur aus offenen Pfeifen
zusammengesetzt. Der Klangplafond ist der ⅛′, das heißt die XIX und die XXII
repetieren auf fis ″ bzw. c″ um jeweils eine Octave. Die kleinen Pfeifen der XV,
XIX, und XXII sind aus Blei gemacht. Der Winddruck beträgt 46 mm. Die
Schleifenwindlade aus Nußholz ist mit ausgestemmten Kanzellen einheit-
licher Größe gemacht. Es sind vier originale vielfaltige Keilbälge vorhanden.
     Der Klang dieser Orgel ist ausgesprochen vocalgebunden mit Ausnahme
der 4′-Flöte, die instrumentalen Klangkarakter aufweist. Die Restaurierung
dieser Orgel nach der Verlagerung im zweiten Weltkrieg, bei der alle
Leimfugen aufgegangen waren, durch den Vorarlberger Kunsttischler und
Orgelmacher Hubert Neumann († 1962) in den Jahren 1950 bis 1952 war
eine denkmalpflegerische Pioniersleistung.[10,11]
     Über die Herkunft dieser Orgel kann nur vermutet werden, daß sie als
Geschenk von einem orgelbauenden Priester, wohl aus Trient, um 1570 an
Erzherzog Ferdinand II von Tirol kam und später in seiner Grabkapelle
aufgestellt wurde. Als italienische Ripieno-Orgel ist sie musikalisch viel
weniger problembeladen als die deutschen RenaissanceOrgeln mit ihren
gotischen Klangreminiszenzen und ihren instrumentalen Zusatzstimmen.[12]
     In der Friedhofskirche St.Peter in *Auer bei Bozen* steht, derzeit noch vor einer
bereits eingeleiteten Restaurierung, leider stark verändert, eine spätere
deutsche Renaissanceorgel von 1599 des aus Füssen im Allgäu stammenden
Orgelmachers Hans Schwarzenbach (Abbildung 11). Ursprünglich für die
Kirche St.Pauls in Eppan, Überetsch gebaut, wurde sie 1687 durch Eugenio
Casparini nach St.Peter in Auer überstellt, wo sie noch heute steht. Diese Orgel

---

10 E.Krauss und H.Neumann, 'Die Restaurierung der hölzerenen Orgel der Silbernen Kapelle in
Innsbruck', in: *Öster. Zeitschrift für Kunst und Denkmalpflege* Wien, 1953, S.83-86.

11 E.Krauss, 'L'organo dalle Silberne Kapelle di Innsbruck', in: *L'organo*, Bologna, 1967.

12 Die Orgel der Silbernen Kapelle ist auf der Schallplatte Archiv 13045 AP von Eduard Müller
gespielt zu hören.

Abbildung 11.
Orgel zu St.Peter in Auer bei Bozen, ursprünglich 1599 für St.Pauls durch Hans Schwarzenbach
gebaut (vor der Restaurierung). Foto: Landesdenkmalamt, Bozen, H.Balder.

scheint typisch für die Art der späteren Renaissance nördlich der Alpen, nicht
mehr mit gottischen Elementen, sondern ohne Mixturen, aber mit Verdop-
pelungen einzelner Pfeifenreihen ausgeführt. Nach dem erhaltenen Vertrag,

den Prof.Dr.Karl Franz Zani veröffentlichte[13], hatte die Orgel die nacht-
folgenden Register:

'I Das *Principal* als das fürnembste Register mit 45 schenen, sauber   8′
polierten Pfeifen

II Das andere Register, die *Copplen*, auch mit 45 Pfeifen und ain Oktav   16′
unter dem Principal

III Fürs dritte Register, ain *Octav* über das Principal, gleichfalls mit 45   4′
Pfeifen

IV Zum vierten ain Register, das *Quint*, yber die Octav mit 61 Pfeifen   3′

V Das fünfte Register, ain *Super-Octav* mit 90 Pfeifen   2′

VI Das sechste, ain *Zimblwerckh* auch mit 90 Pfeifen   II

VII Zum siebenten die *Posaunen* mit 19 Pfeifen welliche in das Brust- 8′(?)
positiv

VIII darinen auch ein schen liebliches *Regal* und   8′

IX ain anders Register der *Zimblen* sein eingeschlossen werden sollen. I(?)
Letztens auch andere Zue-Register als das
Tremulandt,
Vogelgesang,
Hörpauggen,
Ventil
Pedal und Manual.

Und damit dieses Werckh genuegsamen Wynt habe, sollen vier große stattliche
Plaßbalg auf St.Peters-Capellen zum Tritt zuegericht werden'.

    Die Orgel hing ursprünglich 'auf drei Kragsteinen' an der Südwand der
großen, gotischen Hallenkirche St.Pauls an günstiger Stelle, hinter ihr die
St.Peters-Capelle, in der die Bälge aufgestellt waren. Aus dieser Situation ist
auch der Text über das Brustwerk mit der Pedalposaune zu verstehen, weil
diese Register zum Stimmen zugänglich sein mußten. Vielleicht war sogar die
Spielbarkeit ursprünglich von hinten.
    Bei der Überstellung nach Auer Ende des 17.Jahrhunderts ist schon ein
Subbaß erwähnt. Die Orgel erhielt damals vermutlich einen neuene Unterbau.
Später wurde das sehr flache Gehäuse hinten aufgeschnitten und eine neue

13 K.F.Zani, 'Die Orgelbauer Hans Schwarzenbach, Daniel Herz, Franz Ehinger und Ignaz
Franz Wörle in Kaltern', in: *Überetscher Buch* 5, Kaltern, 1978.

Pedalwindlade steht in konstruktiv äußerst häßlicher Art nach hinten heraus.

Der prächtige Oberbau mit den sehr schön bemalten Flügeltüren entspricht der Zeit der Jahrhundertwende vom 16. in das 17.Jahrhundert. Die
klangliche Konzeption des Ursprungszustandes erinnert an gleichzeitige
Dispositionen, die in Michael Praetorius *Syntagma musicum II de organigraphia
1619* am Ende der Dispositionsaufstellungen angeführt sind. Die Orgel in
Auer war eine typische mixturenlose Renaissanceorgel mit metallenen Pfeifen,
die durch Verdoppelung einzelner Pfeifenreihen wohl auch den vitalen
Renaissanceklang vermittelte. Seine Wiedererweckung soll Ziel der vorge-
sehenen Restaurierung werden.

Überblickt man zusammenfassend die vier hier genannten Renaissance-
Orgeln, so ist die überzeitliche italienische Repieno-Orgel der Silbernen
Kapelle nach dem 'Reihenprinzip' die einfachste, die an Instrumental-
stimmen reichste und daher klanglich komplizierte, noch dazu mit gotischem
Untergrund ausgestattete Ebert-Orgel die schwierigste. Allen gemeinsam aber
ist die besondere Eignung, vielstimmige Musik und Intabulierungen auch im
Ensemble mit dazu passenden Instrumenten und Singweisen ungemein klar
und deutlich darzustellen.

Le tempérament des orgues en France aux 17ème et 18ème siècles

Henri Legros

Dom Bedos de Celles, dans la Seconde Partie (1770) de *L'art du facteur d'orgues*, parle d'une querelle qui divisait ses contemporains au sujet du problème du tempérament: 'Les Savants, je veux dire, les Mathématiciens et les Harmonistes on fait beaucoup de recherches là-dessus: ils ont bien calculé et bien disserté. Ils ont imaginé plusieurs systèmes de Tempérament; chacun a prétendu avoir trouvé le moins défectueux (car ils le sont tous nécessairement). Dans le nombre des systèmes qu'on a inventés, il y en a deux qui sont les plus remarquables. L'un qu'on appelle l'ancien système, qui consiste à tempérer inégalement les quintes; et le nouveau, selon lequel on affoiblit moins les quintes, mais toutes également. Les Mathématiciens ne se sont pas trouvé d'accord avec les Harmonistes. Ceux-ci, ne consultant que la nature et l'oreille, n'ont pu goûter cette nouvelle Partition, qui leur a paru dure et moins harmonieuse que l'ancienne. En effet, les quintes n'y sont affoiblies que d'un douzième de comma, et toutes le sont de même; mais aussi il n'y a aucune tierce majeure qui ne soit outrée, ce qui rend l'effet de cette Partition dur à l'oreille. Selon l'ancienne Partition, on affoiblit environ 11 quintes d'un quart de comma. Cette altération est bien plus considérable qu'un douzième de comma, ce qui se fait ainsi pour sauver, ou rendre justes 8 tierces majeures; et comme en altérant ces quintes d'un quart de comma, on ne parviendroit pas à l'octave juste, on fait tomber tout ce qui manque sur une seule quinte que l'on sacrifie, pour ainsi dire, et devient outrée: elle se trouve sur un ton le moins usité. Les Facteurs appellent cette quinte, la quinte du loup. Quelque respectable que soit l'autorité des Savants qui ont imaginé la nouvelle Partition, on n'a pas laissé de l'abandonner, quoique, selon la théorie, elle paroisse moins imparfaite que l'autre. La raison que donnent les Harmonistes de leur choix, est que les quintes peuvent souffrir une altération, ou un affoiblissement d'un quart de comma et même un peu plus, sans perdre leur harmonie. En ce sens leur Partition n'est pas inférieure à la nouvelle, dont les Tierces toutes outrées choquent nécessairement l'oreille.'

Dom Bedos est partisan de 'l'ancien système', dont il enseigne plus loin la réalisation pratique sur l'orgue, mais il évoque l'existence d'un certain nombre de systèmes intermédiaires entre l'ancien et le nouveau. Nous allons voir qu'en France l'origine de la querelle remonte au 17ème siècle. Mais rappelons d'abord les principes des deux systèmes de tempérament 'les plus remarquables'.

L'expérience a montré, dès le 15ème siècle, que les accords parfaits joués sur un orgue sonnent d'autant mieux que les intervalles qui les constituent sont accordés plus près de leurs valeurs naturelles, c'est-à-dire de celles qui existent dans la série d'un son fondamental et de ses harmoniques, par exemple DO 1, DO 2, SOL 2, DO 3, MI 3, SOL 3. Ces 6 sons correspondent à des fréquences de vibration exactement proportionnelles à 1, 2, 3, 4, 5, 6, et les intervalles naturels justes sont définis par les rapports de fréquences $\frac{2}{1}$ pour l'octave, $\frac{3}{2}$ pour la quinte, $\frac{4}{3}$ pour la quarte, $\frac{5}{4}$ pour la tierce majeure, $\frac{6}{5}$ pour la tierce mineure.

Dans l'orgue classique français, indépendamment du tempérament, ces intervalles sont réalisés sur chaque note entre les 6 rangs du Jeu de Tierce complété par le Larigot de 1 pied $\frac{1}{3}$. Pour les accorder, on écoute les battements qui ralentissent et s'arrêtent quand on arrive à la valeur juste.

Mais la réalisation systématique d'intervalles justes sans battements entre les tuyaux d'un même jeu sur un orgue à claviers normaux de 12 notes par octave se heurte à une impossibilité mathématique; seules les octaves peuvent être toutes accordées justes. L'expérience montre en effet les phénomènes suivants, que de simples calculs de multiplications de fractions expliquent.

1 Si, en partant d'un DO, on accorde justes 12 quintes en montant (ou alternativement des quintes justes en montant et des quartes justes en descendant), on arrive à un SI ♯ un peu plus haut qu'un DO; l'écart est le 'comma pythagoricien', ainsi nommé parce que la gamme de Pythagore était accordée par quintes ou quartes justes.

2 Si l'on accorde justes les 4 quintes superposées DO-SOL-RE-LA-MI, on obtient un MI qui donne avec le DO immédiatement au-dessous une tierce majeure 'pythagoricienne', de sonorité dure et un peu fausse, plus grande que la tierce majeure naturelle juste et la dépassant d'un 'comma majeur' ($\frac{81}{80}$), appelé aussi 'comma syntonique'.

3 Trois tierces majeures naturelles justes superposées, par exemple LAb-DO-MI-SOL ♯, n'atteignent pas l'octave, et il y a entre le SOL ♯ et le LAb à l'octave du premier un 'comma enharmonique' ($\frac{128}{125}$).

Exprimées dans une échelle logarithmique usuelle permettant une comparaison facile des intervalles, les valeurs de ces trois sortes de commas sont
24 Cents pour le comma pythagoricien,
22 Cents pour le comma majeur,
42 Cents pour le comma enharmonique.
Rappelons que le 'Cent' est la centième partie du demi-ton du tempérament égal et précisions que les valeurs données ici sont arrondies au Cent près, ce qui est suffisant dans la plupart des cas. On voit que le comma enharmonique mérite le nom de 'quart de ton enharmonique' qu'on lui donne quelquefois.

Le tempérament égal, 'nouveau système' selon Dom Bedos, consiste à accorder toutes les quintes avec un douzième de comma pythagoricien de moins que la valeur juste, soit 2 Cents, ce qui est très peu; d'après *1* on retombe ainsi sur l'octave juste. Mais alors les tierces majeures ont toutes une valeur plus proche de la valeur pythagoricienne que de la valeur naturelle juste: 14 Cents de plus que celle-ci, c'est-à-dire ⅓ de comma enharmonique, ou presque ⅔ de comma majeur. Voilà pourquoi elles choquaient les oreilles de Dom Bedos et de beaucoup de ses contemporains.

Dans 'l'ancien système', on accorde 11 quintes avec un quart de comma majeur de moins que la valeur naturelle juste, ce qui d'après 2 donne des tierces majeures naturelles justes. Mais le nombre de celles-ci est limité à 8, car 4 des 12 tierces majeures sont influencées par la 12ème quinte, 'quinte du loup', qui a 36 Cents de plus que la valeur juste.

On voit d'ailleurs d'après 3 que, sur 3 tierces majeures devant recouvrir une octave, si 2 sont justes, la troisième aura un comma enharmonique, soit 42 Cents, de plus que la valeur juste; en fait ce n'est pas une vraie tierce majeure, c'est une quarte diminuée dissonante (SOL ♯ -DO ou MI-LA♭ par exemple).

Ce tempérament est appelé aujourd'hui 'à tons moyens' ou 'mésotonique' ('mitteltönig', 'meantone'), car les tierces majeures justes y sont partagées en deux tons égaux, ayant la valeur moyenne entre celles du ton majeur (⅑) et du ton mineur (¹⁰⁄₉) dont se compose la tierce juste (⅘ ou ¹⁰⁄₈) dans la série des harmoniques ou dans la game diatonique 'naturelle'; la diffférence entre le ton majeur et le ton mineur est précisément le comma majeur (⁸¹⁄₈₀).

C'est ce qu'explique Mersenne dans la description de ce tempérament qu'il donne au 'Livre Sixième: Des orgues' du troisième volume de *Harmonie Universelle* (1636); ce qu'il appelle 'une dièse' est ce que nous appelons comma enharmonique: 'Expliquer le plus aysé, et le plus parfait Diapason des orgues, lors que l'on use du tempérament... parce que l'on ne peut garder la différence du ton mineur et du majeur, on les fait esgaux...: c'est pour ce sujet que l'on diminue le ton majeur d'un demy comma, dont on augmente le mineur: d'où il arrive que les tierces majeures demeurent en leur perfection... Je laisse plusieurs intervalles dissonans, qui sont aussi dans leur justesse, par exemple la Quinte superflue, qui est composée de deux Tierces majeures, et la Quarte diminuée, qui surpasse la Tierce majeure d'une dièse, laquelle demeure encore en sa justesse, afin d'expliquer l'altération des autres Consonances, dont la moindre est la Tierce mineure, que l'on diminue de la quatrième partie d'un comma... La Quinte est aussi trop foible d'un quart de comma...'

Mais Mersenne parle aussi beaucoup du tempérament égal, qui à son époque était déjà utilisé sur les instruments à cordes à manche muni de frettes fixant l'emplacement des demi-tons. Voici ce qu'il dit de son emploi sur les instruments à clavier dans les *Nouvelles Observations: 7ème Observation* à la fin du même volume: '... l'on est contraint de faire tous les demitons égaux sur la Viole, le Luth, etc. pour jouer toutes sortes de pièces dessus. Mais je ne sçache personne que leur sieur Gallé, qui ayt accommodé cet accord à l'Orgue et à l'Epinette, dont ayant veu l'essay, l'expérience m'a fait considérer... que les Quintes sont si peu diminuées, qu'il n'est pas quasi possible de les distinguer d'avec les justes: n'y ayant que les Tierces majeures trop fortes d'un peu plus que d'un demy comma; ce qui blesse l'oreille de nos Praticiens, qui ne l'ont pas accoustumée à cet accord... Les demitons égaux ont aussi esté jugez trop petits pour faire les cadences agréables... Il est certain que l'Orgue et l'Epinette estans tempérées selon le manche des Luths et des Violes, les concerts qui en réussiront, paroistront plus justes, à raison de la convenance de leurs accords. Mais nos Praticiens ne sont pas d'avis de changer l'accord de l'Epinette, pour la contraindre à l'accord du Luth, de peur de quitter la perfection de leurs Tierces et de leurs demitons, qui font l'une des plus grandes beautez, et variétez de la Musique.'

Nous n'avons pu trouver qui était ce 'sieur Gallé', mais après Mersenne, Jean Denis (1650), organiste et facteur d'instruments, parle aussi d'essais sans lendemain d'accord d'instruments à clavier au tempérament égal par 'un homme... fort docte ès Mathématiques... venu cette ville de Paris'; il y a assisté et a trouvé le résultat 'fort mauvais'.

Jean Denis donne sous le titre *Comme il faut accorder l'Espinette et le Prestan des Orgues* une méthode de réalisation du tempérament mésotonique, illustrée par un 'Prélude pour sonder si l'Accord est bon par tout' modulant dans toutes les tonalités majeures permises par ce tempérament.

Hors de France, on trouve des descriptions du tempérament mésotonique et de ses réalisations pratiques dans les traités de Praetorius (1619), d'Antegnati (1608) et déjà dans plusieurs traités italiens du 16ème siècle, le premier étant peut-être celui de Pietro Aron (1523); mais il n'est pas sûr que celui-ci ait déjà eu en vue des tierces majeures rigoureusement justes.

Au Moyen-Age, on accordait les orgues par quintes et quartes justes, sans se soucier de la sonorité des tierces, considérées comme dissonances ou comme consonances imparfaites. Ensuite on s'est aperçu qu'on obtenait des tierces plus agréables en accordant des quintes plus étroites. On est arrivé finalement au tempérament mésotonique, qui comporte le plus grand nombre possible de tierces majeures ayant la valeur naturelle juste, c'est-à-dire 8, et 9 tierces mineures qui, comme le fait remarquer Mersenne, n'ont qu'un quart de comma majeur de moins que la valeur naturelle juste (au lieu de presque ¾ de comma, ou 16 Cents, dans le tempérament égal).

Les autres tierces, majeures et mineures, sont inutilisables comme telles, ce qui impose des limites dans le choix des tonalités et dans les modulations. Il est facile de se représenter ces limites; la quinte du loup étant généralement entre SOL ♯ et MIb, on a une échelle de 12 notes: MI ♭, SI ♭, FA, DO, SOL, RE, LA, MI, SI, FA ♯, DO ♯, SOL ♯, qui seules peuvent être employées dans l'écriture musicale; aucune autre note diésée ou bémolisée ne doit être écrite. Moyennant cette restriction, toutes les consonances sonnent extraordinairement bien, et par contre des intervalles altérés comme SI-MI ♭ ou DO-SOL ♯ sont vraîment dissonants et non pas identiques par enharmonie à une tierce majeure ou à une sixte mineure comme dans le tempérament égal.

Les demi-tons sont inégaux, les chromatiques, appelés aussi mineurs (DO-DO ♯, SI ♭-SI) valant tous environ ⅖, et les diatoniques, ou majeurs (MI–FA, FA ♯-SOL, LA-SI ♭) environ ⅗ de ton moyen. Cette inégalité est quelque peu choquante pour une oreille d'aujourd'hui, en particulier à cause des ⅗ de ton entre sensible et tonique, mais si l'on en croit Mersenne (passage cité) et aussi Jean Denis, elle paraissait plus naturelle à leurs contemporains que l'égalité des deux sortes de demi-tons.

La limitation dans l'emploi des tonalités imposée par le tempérament mésotonique ne semble pas avoir gêné les musiciens du 16ème siècle et d'une partie du 17ème. La musique, surtout celle pour orgue, encore basée sur les modes anciens, modulait peu, et l'on avait assez de 8 accords majeurs et 8 accords mineurs (la 9ème bonne tierce mineure, SOL ♯–SI, tombe sur la même note que la quinte du loup).

C'est le cas pour Titelouze, dont les 'Hymnes de l'église' (1624) et les 'Magnificat' (1626) ont tout à gagner à être joués sur un orgue au tempérament mésotonique, donnant aux harmonies assez simples qu'il emploie une couleur qui leur manque sur un instrument au tempérament égal, à moins qu'on n'y supplée dans une certaine mesure par une registration très recherchée et très variée. Par ailleurs, Titelouze évite certaines dissonances, précisément celles dont la sonorité est la plus rude dans le tempérament mésotonique: 'Comme le Peintre use d'ombrage en son tableau pour mieux faire paroistre les rayons du jour et de la clarté, aussi nous meslons des dissonances parmy les consonnances, comme secondes, septièsmes, et leur répliques... mais les autres dissonnances, comme octaves fausses, quintes superflues, quarte fausse, et autres dont les proportions confuses sont fort esloignées des principes harmoniques, ne se peuvent suporter ny pratiquer.' (J.Titelouze, 'Hymnes de l'église', 'Au lecteur')

Par controle Roberday, dans ses 'Fuges et Caprices' (1660) emploie souvent, mélodiquement et harmoniquement, des intervalles comme la quarte augmentée. Il pratique le chromatisme, succession mélodique de demi-tons (inégaux dans le tempérament mésotonique), qui était presque absent chez Titelouze. Mais il reste dans les limites de l'échelle mésotonique, mis à part un emploi très exceptionnel de RE ♯, notamment dans 'Fugue et Caprice 8ème' ou cette note apparaît dans deux cadences en MI mineur. Jouée en tempérament mésotonique, la tierce SI-RE ♯ sonne faux, mais dans le contexte elle ne choque guère, parce qu'on a entendu précédemment des intervalles tels que SOL ♯-DO, écrits comme dissonances, qui ont la même sonorité.

Cependant, avec le passage progressif de la musique modale à la musique tonale, les limites imposées par le tempérament mésotonique deviennent de plus en plus gênantes, surtout lorsqu'on emploie le mode mineur avec accord de dominante majeur. Il est facile de voir que dans ce cas les tonalités mineures normalement praticables en mésotonique se réduisent à trois: SOL, RE et LA.

On a essayé, surtout en Italie, d'élargir le champ des tonalités possibles en mésotonique en ajoutant au clavier des touches supplémentaires: RE ♯ différent de MI ♭, LA ♭ différent de SOL ♯, etc. Il y a eu ainsi des clavecins avec 14, 15, 19 touches par octave (et même exceptionnellement 31 à titre expérimental). G.M. Trabaci et A.Mayone ont écrit des pièces spéciales pour ces instruments, avec des modulations dans les tons lointains inusités à l'époque. Mais Frescobaldi n'était pas partisan de cette solution, si l'on en croit une phrase, souvent citée et pas toujours comprise, d'une lettre adressée à Mersenne par Doni (qui d'ailleurs estimait peu Frescobaldi): 'Au reste je vous asseure qu'il est si peu sçavant qu'il ne sçait pas ce que c'est semi ton majeur ou mineur et ne joue gueres sur les touches métaboliques qu'on appelle communément cromatiques.'

A l'orgue, les claviers à touches divisées sont restés exceptionnels. On n'en connaît par les documents qu'un exemple en France: celui de l'orgue de Saint-Nicolas-des-Champs à Paris, construit en 1632 par Crespin Carlier; il y avait touches et tuyaux distincts pour RE ♯ et MI ♭ aux trois octaves supérieures des claviers manuels.

On a ainsi la preuve que cet orgue était accordé en mésotonique, avec une neuvième tierce majeure juste SI-RE ♯ et une douzième quinte tempérée d'un quart de comma SOL ♯-RE ♯. En 1732, les RE ♯ supplémentaires ont été supprimés à tous les claviers par Robert Clicquot, qui a profité des gravures ainsi disponibles pour en augmenter l'étendue. Mais peut-être le tempérament de l'orgue avait-il déjà été modifié lors d'un relevage par Ducastel en 1666.

Un indice de l'emploi du tempérament mésotonique sur les orgues en France jusque vers la fin du deuxième tiers du 17ème siècle est fourni par certaines pièces transposées des deux premiers livres d'orgue de Nivers (1665 et 1667). Nivers écrit une suite du premier ton (RE mineur) 'transposé en C' (UT mineur) dans laquelle il évite soigneusement d'employer LA ♭. Dans celle du premier ton 'transposé en E' (MI mineur) il n'écrit un RE ♯ qu'en le faisant précéder d'un long retard ou avec broderies et ornements destinés à ce qu'on l'entende le moins possible; de tels artifices étaient déjà conseillés et employés par Schlick au début du 16ème siècle. Dans un 'Pange Lingua' transposé 'pour les voix haultes' de LA mineur en SI mineur, Nivers réalise le tour de force de ne pas faire entendre une seule fois LA ♯, terminant chaque verset à la dominante avec un accord de FA ♯ sans tierce, alors que les versets non transposés concluent tous sur l'accord de MI majeur.

Mais dans son troisième livre d'orgue (1675), il emploie assez librement RE ♯ et quelquefois LA ♯. Or on sait qu'en 1675 a été inauguré à Saint-Sulpice, où il était organiste, un orgue neuf construit par Ducastel; cet orgue avait probablement un tempérament modifié.

Dans les autres livres d'orgue français de la fin du 17ème siècle, on rencontre un emploi de plus en plus fréquent de RE ♯, ceux de LA ♯ et de LA ♭ restant d'abord exceptionnels (Lebègue, 1676 et 1678). Puis l'usage de

LA ♭ devient plus fréquent (Lebègue, 1685; Gigault, 1685; G.Jullien, 1689; Boyvin, 1689; F. Couperin, 1690). Celui de LA ♯ ne devient courant qu'avec Boyvin (1689, 1700).

Il faut noter ici que le diapason des orgues en France, qui était dans les deux premiers tiers du 17ème siècle environ un demi-ton au-dessous du diapason actuel, baisse d'un demi-ton dans le dernier tiers du siècle, pour s'établir au début du 18ème un ton au-dessous de notre diapason. Pour beaucoup d'instruments ce changement de diapason a dû être l'occasion d'une modification du tempérament.

J.Murray-Barbour (1951) a cru trouver dans Mersenne deux propositions de modification du tempérament mésotonique: l'une dans laquelle les quintes MI ♭ -SI ♭ et SI ♭ -FA seraient accordées 'justes', l'autre où ces deux quintes seraient accordées 'fortes'. En réalité, dans la 'Proposition XXIX' du 'Livre Sixième: Des Orgues', Mersenne donne un tableau de l'accord des quintes, dans lequel les deux quintes en question sont marquées d'un certain signe, et le texte imprimé explique que ce signe 'monstrera les intervalles justes'. Mais le mot 'justes' est une faute d'impression, que Mersenne a corrigée à la main par 'forts'; et plus loin il précise ce qu'il entend par 'intervalles forts': c'est 'qu'il faut tenir la note de dessouz un peu forte', ce qui revient à accorder ces deux quintes, qui s'accordent en descendant, étroites comme les autres. Il ne s'agit donc de rien d'autre que du tempérament mésotonique normal.

Par contre le Belge Lambert Chaumont donne à la fin de son livre d'orgue (1695), écrit dans le style franç ais, une *Méthode d'accorder le clavessin*, exposée de façon un peu trop sommaire, mais qu'on peut comprendre comme donnant le tempérament mésotonique ou une variante de celui-ci, car les quintes SI ♭ -FA et MI ♭ -SI ♭ peuvent être accordées 'foibles' ou 'fortes'. Si ces deux quintes ont environ ⅕ de comma majeur de plus que la valeur juste, au lieu de ¼ de comma de moins, MI ♭ se trouve baissé de près d'un comma et l'on a un compromis presque exact entre MI ♭ et RE ♯ ; les tierces SI-RE ♯ et MI ♭ -SOL ont à peu près la valeur pythagoricienne. La tierce FA ♯ -LA ♯ devient aussi utilisable dans des modulations rapides. La quinte du loup est très atténuée.

Ce tempérament conviendrait assez bien à la musique de plusieurs livres d'orgue français de la fin du 17ème siècle, comme à celle de Lambert Chaumont. Mais il est probable que les modifications apportées au tempérament des orgues en France à cette époque allaient déjà plus loin.

En 1726, Jean-Philippe Rameau décrit un tempérament dans lequel 7 quintes, au lieu de 11, sont accordées avec un quart de comma majeur de moins que la valeur juste; on rend les autres quintes 'un peu plus justes, et cela de plus en plus', mais les deux dernières sont 'un peu trop fortes'.

Il y a deux variantes de ce tempérament, l'une où les 7 quintes accordées comme en mésotonique vont en montant de DO à DO ♯ , ce qui donne 4 tierces majeures justes, sur DO, SOL, RE et LA; l'autre où ces 7 quintes vont de SI ♭ à SI, avec des tierces majeures justes sur SI ♭ , FA, DO et SOL.

Rameau recommande particulièrement cette seconde solution 'pour que les intervalles conservent toute la justesse possible dans les modulations les plus usitées'. Mais il semble qu'il ait là en vue surtout certaine musique de clavecin. Cette variante est favorable aux tonalités comportant des bémols; la première aux tonalités comportant des dièses. Il reste dans l'une et l'autre deux ou trois tierces majeures difficilement utilisables, sauf dans des modulations rapides. Il y a une grande variété dans la valeur des tierces majeures; alors que dans le tempérament mésotonique elles étaient ou rigoureusement justes, ou inutilisables, plusieurs ont ici des valeurs intermédiaires entre la valeur naturelle juste et la valeur pythagoricienne, quelques unes atteignant ou dépassant celle-ci. Les tierces mineures ont aussi des valeurs très diverses. Pour Rameau (1726), c'est un avantage: 'Car il est bon de remarquer que nous recevons des impressions différentes des intervalles à proportion de leurs différentes altérations: par exemple, la tierce majeure, qui nous excite naturellement à la joie, nous imprime jusqu'à des idées de fureur, quand elle est trop forte, et la tierce mineure, qui nous porte à la tendresse et à la douceur, nous attriste, lorsqu'elle est trop faible.'

Mais la querelle sévit; voici la contradiction: 'Celui qui croit que les différentes impressions qu'il reçoit des différences qu'occasionne le tempérament en usage dans chaque mode transposé, lui élèvent le génie, et le portent à plus de variété, me permettra de lui dire qu'il se trompe; le goût de variété se prend dans l'entrelacement des modes, et nullement dans l'altération des intervalles, qui ne peut que déplaire à l'oreille, et la distraire par conséquent de ses fonctions.'

Le rapprochement de ces deux textes est d'autant plus troublant que le second a pour auteur... Rameau lui-même, qui dans un nouveau traité (1737) se déclare partisan du tempérament égal. Voilà qui pose un cas de conscience aux clavecinistes d'aujourd'hui. Le problème est moins grave pour les organistes, car Rameau n'a pas écrit de musique d'orgue (ce qu'on peut d'ailleurs regretter!), et il n'apparaît pas que dans son choix du tempérament égal il ait été suivi par beaucoup de ses contemporains.

D'Alembert (1752) expose et développe les arguments de Rameau en faveur du tempérament égal, mais il ajoute en note de bas de page: 'Au reste nous devons avouer avec M. Rameau que ce tempérament s'écarte beaucoup de celui qui est en usage.'

Suit la description d'une méthode d'accord qui doit donner un tempérament inégal proche de la première variante de celui décrit par Rameau en 1726. Dans les rééditions ultérieures du traité de d'Alembert (1759, 1762, 1772) subsiste cette description d'un tempérament inégal.

La première édition a été traduite en allemand par Marpurg (1757), partisan du tempérament égal et propagandiste des théories de Rameau en Allemagne. Il s'y est heurté à l'hostilité de J. P. Kirnberger, dont il avait été l'élève, et qui avait été lui-même l'élève de J. S. Bach. Kirnberger, qui préconisait un tempérament inégal, a été soutenu dans cette querelle par C.P.E.Bach.

Mais si nous parlons ici de Marpurg, c'est surtout à cause de ses *Principes du clavecin* (1756) rédigés en français, où il recommande le tempérament égal et explique comment le réaliser. Mais il ajoute: 'Cependant comme il y a peut-être des personnes qui auront de la peine à s'accommoder de cette nouvelle manière d'accorder le clavecin fondée sur l'égalité du tempérament, je vais encore rapporter la meilleure des partitions inégales qui soient en usage.'

Il décrit alors un tempérament dans lequel les 7 quintes allant en montant de FA à FA ♯ sont accordées 'foibles' et les autres 'un peu plus justes ou plutôt moins foibles', ce qui doit rendre justes ou presque justes les 4 tierces majeures basées sur FA, DO, SOL et RE. C'est une troisième variante du tempérament inégal de Rameau, intermédiaire entre les deux premières décrites par celui-ci.

Michel Corrette (1753) est partisan d'un tempérament inégal: *De la manière d'accorder le vlavecin et l'orgue*: 'Je donne l'accord que les Artistes nomment Partition, qui est le plus en usage parmi les habiles Facteurs depuis plus de 200 ans...'

Cette fois 8 quintes, allant de FA à DO ♯ , sont tempérées d'un quart de comma, ce qui donne 5 tierces majeures justes, sur FA, DO, SOL, RE et LA. Voici ce que Corrette ajoute au sujet du tempérament égal: *Dissertation sur une nouvelle Partition*: 'La Partition que je donne icy est d'une nouvelle Combinaison qui à très peu de partisans; cette partition consiste à diminuer toutes les 5 tes également de la valeur d'un ¹⁄₁₂ de Comma... Tous les Praticiens tant à Paris que dans les pays étrangers suivent l'ancienne partition...'

Le mathématicien Gallimard publie en 1754 sous le titre *Sistème de l'accord du clavessin et de l'orgue* une description de la deuxième variante du tempérament inégal de Rameau, celle avec tierces majeures justes sur SI ♭ , FA, DO et SOL, et fait un calcul logarithmique exact de tous les intervalles. Il propose même deux solutions, avec deux progressions différentes des valeurs des 5 dernières quintes, les 7 premières, de SI ♭ à SI, étant dans les deux cas réduites d'un quart de comma majeur.

Jean-Jacques Rousseau est partisan résolu d'un tempérament inégal inspiré de celui de Rameau et en publie la description, d'abord dans *l'Encyclopédie* (1765), puis dans son *Dictionnaire de Musique* (1767). Selon lui 'les organistes et les facteurs regardent ce tempérament comme le plus parfait que l'on puisse employer...'

Il décrit aussi le tempérament égal, mais en reprochant à Rameau de s'en être fait le défenseur; et il ajoute: 'Malgré l'air scientifique de cette formule, il ne paroît pas que la pratique qui en résulte aît été jusqu'ici goutée des musiciens et des facteurs: les premiers ne peuvent se résoudre à se priver de l'énergique varieté qu'ils trouvent dans les diverses affections des sons qu'occasionne le tempérament établi; M.Rameau leur dit en vain qu'ils se trompent... A l'égard des facteurs, ils trouvent qu'un clavecin accordé de cette manière n'est point aussi bien d'accord que l'assure M.Rameau: les tierces majeures leur paroissent dures et choquantes...'

Nous avons déjà vu quelle était l'opinion exprimée par Dom Bédos à la même époque (1770).

En 1776, Mercadier, personnalité totalement oubliée de nos jours, publie un traité comportant un exposé remarquablement clair sur le principe et la pratique des notes inégales, et surtout une description minutieuse de la réalisation de la première variante du tempérament inégal de Rameau. Il est plus précis que celui-ci au sujet des 5 dernières quintes: les 7 premières, allant de DO à DO ♯, sont réduites d'un quart de comma; les autres doivent avoir des valeurs croissant progressivement dans l'ordre DO ♯-SOL ♯, FA-DO, SI ♭-FA, MI ♭-SI ♭, LA ♭-MI ♭.

Ajoutons que Mercadier commence par décrire le tempérament égal, mais poursuit: 'Cependant, comme les tierces majeures sont moins susceptibles d'altération que les quintes et les tierces mineures, la plupart des organistes aiment mieux faire tomber principalement les altérations sur celles-ci, pour avoir les tierces majeures justes dans les modulations les plus pratiquées.'

Il passe alors à la description du tempérament inégal en question.

En 1793, Suremain-Missery publie une description du tempérament de Mercadier, qu'il appelle 'l'accord ordinaire', et affirme que 'l'accord ordinaire l'a emporté sur l'accord égal'.

Tous ces textes montrent que, si dans le domaine du tempérament Rameau a vu son autorité reconnue au 18ème siècle en France, c'est moins comme apôtre du nouveau tempérament égal que comme codificateur d'un tempérament inégal établi par l'usage. Ce tempérament résulte d'une altération du tempérament mésotonique: on accorde rigoureusement justes moins de tierces majeures, pour qu'il en aît aussi moins d'inutilisables. Mais si l'on en croit les textes où le nombre de tierces majeures justes est précisé, il ne doit pas être inférieur à quatre.

Il est sans doute possible de jouer la plus grande partie de la musique française de clavecin du 18ème siècle sur un instrument accordé avec 4 tierces majeures justes, mais à condition de modifier l'emplacement de ces 4 tierces suivant les tonalités dans lesquelles on va jouer. Ce n'est pas sans raisons que Rameau, qui pense surtout au clavecin, propose deux variantes, l'une convenant mieux aux tonalités avec dièses, l'autre aux tonalités avec bémols, et que Marpurg signale somme la meilleure une solution intermédiaire.

Comment étaient donc accordés les orgues, qui n'ont pas comme les clavecins la possibilité de changer de tempérament en quelques minutes? Il est vrai que la musique d'orgue française, toujours plus ou moins liée au plain-chant ou à des airs populaires (les Noëls), n'emploie pas le même éventail de tonalités et de modulations que celle de clavecin.

Néanmoins l'usage de RE ♯, LA ♯ et LA ♭ est devenu tout-à-fait courant chez Boyvin (1700). Déjà N.de Grigny (1699) employait (exceptionnellement)

RE♭ ; mais surtout l'usage qu'il fait des accords de SI majeur, FA mineur et même LA♭ majeur sur les Grands Jeux dans sa messe pour orgue donne à penser que l'instrument pour lequel il écrivait était peut-être déjà à un tempérament plus éloigné du tempérament mésotonique que ne le sont les deux variantes de celui de Rameau. Il est probable qu'en marge des codifications des théoriciens la pratique de certains facteurs d'orgues les avait amenés assez tôt à réduire à 3 ou 2 le nombre des tierces majeures accordées aussi justes que dans le tempérament mésotonique, de manière que les moins justes ne dépassent pas trop la valeur pythagoricienne et puissent être employées couramment dans les modulations, sinon dans les accords finaux.

L'expérience nous a montré que sur des orgues accordés avec 2 ou 3 tierces majeures justes (c'est le type de tempérament que réalise le plus souvent possible le facteur d'orgues Philippe Hartmann depuis une vingtaine d'années), on peut jouer de manière vivante et agréable toute la musique française du dernier tiers du 17ème siècle et des deux premier tiers du 18ème, y compris celle de Jean-François Dandrieu (vers 1739) et de Michel Corrette (1737, 1750, 1753), malgré l'usage que font ceux-ci de toutes les tierces majeures dont l'emploi était précédemment impossible ou délicat.

Ces manières d'accorder sont d'ailleurs justifiées par les textes de d'Alembert et de Rousseau, dans la mesure où ceux-ci sont dignes de foi, car ils ne sont pas très clairs et l'on y relève une erreur manifeste. D'Alembert (1752) explique qu'on accorde d'abord les quintes en montant de DO à SOL♯, puis en descendant à partir de DO 'jusqu'à ce qu'on soit arrivé au RE♭, qui doit faire en descendant la quinte juste, ou à très peu près, avec le SOL♯ déjà accordé.' Il est évident que RE♭ est une erreur et qu'il faudrait lire MI♭. Dans les rééditions de 1762 et de 1772 du traité de d'Alembert, l'erreur a été corrigée; on lit: '... jusqu'à ce qu'on soit arrivé au LA♭, qui doit être le même que le SOL♯ déjà accordé'.

Rousseau (1765 et 1767) commet la même erreur. Après avoir accordé en montant jusqu'au SOL♯, on descend 'jusqu'à ce qu'on soit parvenu au RE, lequel, pris comme UT♯, doit se trouver d'accord, et faire quinte avec le SOL♯'. Il est clair qu'il faudrait lire MI♭ et RE♯ au lieu de RE♭ et UT♯. Rousseau a-t-il en partie copié sur la première édition de d'Alembert, ou tous deux sont-ils puisé aux mêmes sources, certainement lecture du texte de Rameau, peut-être interrogation d'un praticien, en commettant la même erreur d'interprétation?

Marpurg, malgré le redoutable esprit critique dont il a fait preuve ailleurs, notamment dans ses démêlés avec Kirnberger, a traduit le texte de d'Alembert sans remarquer l'erreur, et même en insistant dessus: '... bis man zu Des oder Cis kommt, welches mit dem schon gestimmten Gis eine gute Quinte machen muss'.

Ce détail n'inspire pas confiance dans ce que disent d'Alembert et Rousseau. Cependant, il ressort avec évidence de leurs textes qu'ils ont en vue un tempérament dans lequel la tierce DO-MI est accordée rigoureusement juste, en réduisant d'un quart de comma les 4 quintes DO-SOL-RE-LA-MI, et où MI-SOL ♯ est moins juste que DO-MI, les 4 quintes suivantes étant 'moins affaiblies que les premières' selon d'Alembert, 'un peu renforcées' d'après Rousseau. C'est ce dit aussi Mercadier, mais il précise ensuite que 'd'ordinaire on ne fait que la quinte UT ♯ -SOL ♯ un peu moins faible que les autres', de sorte qu'il y a aussi des tierces majeures justes sur SOL, RE et LA. En l'absence de cette précision, on peut admettre qu'une ou deux seulement de ces trois tierces sont accordées justes, ou même que les trois ont des valeurs itermédiaires entre la valeur juste et celle de la tierce MI-SOL ♯ .

Quant aux quintes accordées en descendant à partir de DO (en fait 4 seulement de DO à LA ♭ ou SOL ♯), d'Alembert dit qu'on les 'renforce un peu', ce qui ne peut donner de tierces majeures justes supplémentaires; Rousseau dit qu'on les accorde 'faibles d'abord, puis les renforçant par degrés', ce qui pourrait donner une tierce majeure juste sur FA.

Que le nombre des tierces majeures accordées justes soit 2, 3 ou 4, la diversité des valeurs des autres tierces assure la variété des caractères des tonalités majeures et mineures, qui malgré le revirement de Rameau semble avoir été un élément important de l'esthétique de l'époque.

Cette variété a été exploitée consciemment par les compositeurs de musique de clavecin, qui ont même utilisé à des fins expressives la relative fausseté de certains accords; citons par exemple, de F.Couperin, *L'Epineuse* en FA ♯ mineur avec un passage en FA ♯ majeur, seul exemple de l'emploi de cette dernière tonalité dans toute son oeuvre pour clavier.

Dans la musique d'orgue, on ne peut prétendre que ces différences de caractère des diverses tonalités aient été directement exploitées, le choix de celles-ci étant en général lié à la nécessité de l'alternance avec le choeur, en liaison encore avec les anciens modes et leurs transpositions usuelles. Elles n'en subsistent pas moins, et lorsque Dandrieu écrit une suite de pièces d'orgue en LA majeur, il leur donne d'instinct un caractère plus brillant qu'aux pièces correspondantes de sa suite en SOL majeur, y ajoutant un 'Duo sur la Trompète' qui ne figurait pas dans celle-ci; sans doute se souvient-il de sa pièce pour clavecin 'L'Eclatante', en LA majeur, peut-être aussi de 'La Triomphante' de Rameau, également en LA majeur.

Lorsqu'on arrive au dernier tiers du 18ème siècle, on trouve chez J.J.Beauvarlet-Charpentier (1773, 1775) des pièces en MI majeur, MI ♭ majeur, FA mineur, chez Bénaut (1772, 1783) MI majeur, FA mineur et même SI majeur, tonalités qui n'étaient jamais employées précédemment comme tonalités principales dans la musique d'orgue française. Ces pièces pourraient difficilement passer sur un orgue à tempérament inégal dérivé du mésotonique, même ne comportant que deux tierces majeures justes.

Peut-être y avait-il à cette époque déjà quelques instruments accordés au tempérament égal, ou à un tempérament proche de celui-ci. D'après Suremain-Missery (1793), Mercadier aurait, dans un *Mémoire sur l'accord du clavecin* resté inédit, décrit un 'accord moyen entre l'accord ordinaire et l'accord égal', dans lequel les 4 quintes de DO à MI seraient réduites de ⅙ de comma et les 4 quintes de MI à SOL ♯ réduites de ¹⁄₁₂, les 4 dernières étant justes ou presque justes.

Il s'agirait là d'un accord 'bien tempéré' au sens où l'entendait déjà Werckmeister en 1691, c'est-à-dire d'un tempérament légèrement inégal permettant de jouer dans tous les tons. Au début du 18ème siècle, Neidhardt a décrit de nombreux tempéraments de ce genre, dont un qui ressemble beaucoup à celui proposé par Mercadier.

Un autre accord 'bien tempéré', celui de Kirnberger, élève de J.S.Bach, était connu en France, comme en témoignent *l'Encyclopédie Méthodique* de 1785 et la *Méthode pour le Pianoforte de Pleyel et Dussek*, parue à Paris et à Londres dans les dernières années du siècle. Le tempérament de Kirnberger (1771) consiste en principe à réduire d'un demi-comma majeur les quintes RE-LA et LA-MI, toutes les autres étant justes, sauf FA ♯-DO ♯ à laquelle manque un schisma, différence entre le comma pythagoricien et le comma majeur (environ 2 Cents). Une variante, destinée à éviter le mauvais effet des deux quintes trop fortement réduites, et admise par Kirnberger, consiste à réduire d'un quart de comma majeur les 4 quintes DO-SOL-RE-LA-MI. Sous cette forme, on peut considérer le tempérament de Kirnberger comme la dernière étape de la réduction progressive du nombre des tierces majeures justes dans le tempérament mésotonique: seule est juste la tierce DO-MI; les moins justes ne dépassent pas la valeur pythagoricienne.

L''accord moyen' attribué à Mercadier est encore plus proche du tempérament égal que celui de Kirnberger: la meilleure tierce majeure, DO-MI, a déjà ⅓ de comma de plus que la valeur naturelle juste.

Les gammes bien tempérées ont sans doute été peu employées en France pour les orgues avant le dernier tiers du 18ème siècle. En 1753, Michel Corrette publie un livre de Noëls pour orgue ou clavecin, qui se termine par un Carillon en FA majeur. Cette pièce comporte une longue suite de modulations dans toutes les tonalités les plus chargées de dièses et de bémols, au début de laquelle l'auteur note: 'passages enharmoniques; sur l'orgue on peut supprimer tout le passage enharmonique'. Il est probable qu'alors la plupart des orgues étaient encore à un tempérament trop inégal pour qu'on puisse y jouer longuement dans ces tonalités, tandis qu'on commençait à accorder les clavecins au tempérament égal ou suivant une gamme bien tempérée; le passage en question est d'une valeur musicale très faible, il semble que son intérêt ne réside que dans la nouveauté du jeu dans des tonalités inusitées.

Cependant Jean-André Silbermann affirme avoir employé relativement tôt un accord bien tempéré; à propos d'un orgue construit par lui en 1739 il écrit: '... meine Orgel zu Marbach, woran die Temperatur dermassen eingerichtet ist, dass man aus allen Accorden u. Thönen wohl spielen kann' (cité par

J.Meyer-Siat, 1978). D'autre part, un manuscrit, daté de 1829, du facteur d'orgues Ignaz Bruder décrit un tempérament inégal traditionnel qui peut-être aurait été employé par les Silbermann en Alsace, et qu'il juge bien supérieur au tempérament égal. Sa description n'est pas claire et a été diversement interprétée; le fait que les deux quintes RE-LA et LA-MI y sont plus fortement réduites que toutes les autres nous fait penser qu'ils s'agit d'une gamme bien tempérée ressemblant à celle de Kirnberger.

Pour être complet en ce qui concerne les textes, nous devons signaler ici les gammes que Mersenne appelle 'parfaites' et qui dérivent de la gamme diatonique 'naturelle' non tempérée; elles comportent des quintes, tierces majeures et tierces mineures rigoureusement justes, mais au prix d'un certain nombre de quintes réduites d'un comma majeur entier. Cela conduit Mersenne à imaginer des claviers 'parfaits', ayant à chaque octave un deuxième RE ou un deuxième SOL et un nombre plus ou moins grand de feintes supplémentaires; il présente même un clavier 'très parfait' de 31 touches par octave.

Les claviers de Mersenne n'ont jamais été réalisés. Les claviers italiens de 19 et 31 touches par octave étaient basés sur un autre principe, l'extension de la gamme tempérée mésotonique par des notes donnant d'autres quintes réduites d'un quart de comma aux deux extrémités de la chaîne habituelle de 11 quintes qui va de MI ♭ à SOL ♯ : RE ♯, LA ♯, MI ♯, etc. vers le haut, LA ♭, RE ♭, SOL ♭, DO ♭, etc. vers le bas; on ajoutait ainsi autant de tierces majeures justes.

Mais les gammes de 12 sons dérivées de la gamme naturelle non tempérée ont toujours fait l'objet des spéculations des théoriciens, après comme avant Mersenne; pour l'époque qui nous occupe citons Salomon de Caus, Rameau, Marpurg, Rousseau, Romieu, et même Dom Bédos qui, excellent praticien mais mauvais théoricien, présente des tableaux des demi-tons et des commas dont 'chaque tierce' et 'chaque quinte est composée', croyant qu'il s'agit des résultats du calcul théorique des intervalles du tempérament qu'il préconise, alors qu'en réalité ce sont les valeurs approchées des intervalles d'une gamme non tempérée, une de celles décrites à la même époque par Marpurg (1776).

Nous devons citer aussi les travaux de Sauveur (1701, 1711) et de Romieu (1754), qui proposent des tempéraments réguliers, comme le mésotonique, c'est-à-dire où 11 quintes sont toutes tempérées de la même quantité; mais au lieu de ¼ de comma majeur, c'est pour Sauveur ⅕ et pour Romieu ⅙; le partage des tierces entre bonnes et mauvaises est le même que dans le tempérament mésotonique, mais les bonnes sont moins justes et les mauvaises moins fausses que dans celui-ci.

Romieu a indiqué des méthodes pratiques de réalisation de ces deux tempéraments sur le clavecin: on accorde par une combinaison d'intervalles justes un certain intervalle de base (septième majeure dans le tempérament de Sauveur, quinte diminuée dans celui de Romieu), puis on égalise les quintes joignant les deux termes de cet intervalle de base, ce qui oblige à accorder la plupart des notes deux fois à deux hauteurs différentes; c'est possible au clavecin, pas à l'orgue pour lequel il faudrait avoir recours à un instrument auxiliaire.

Romieu était d'ailleurs conscient de la difficulté de ses méthodes car il écrit: 'Malgré tous les secours de pratique et tous les éclaircissements de théorie que j'ai tâché de procurer pour le tempérament dans ce Mémoire, je n'espère pas beaucoup de voir les Artistes abandonner leur tempérament de un quart de comma...'

Il est peu probable qu'en France des facteurs d'orgues aient cherché à réaliser ce genre de tempérament, mais d'après H.T.Scheffer (1748) on se serait servi en Suède d'un tempérament où 10 quintes étaient réduites de ⅓ de comma majeur, comme dans celui de Sauveur, les deux dernières, SOL ♯ -RE ♯ et MI ♭ -SI ♭, ayant environ ½ comma de plus que la valeur juste. D'autre part, d'après les observations faites par Sorge sur deux instruments de Gottfried Silbermann peu après leur construction, celui-ci aurait accordé 11 quintes en les réduisant de ⅙ de comma pythagoricien, ce qui diffère peu de la formule de Romieu; Sorge est d'ailleurs partisan du tempérament égal et exprime son jugement sur ce tempérament inégal, qui comporte encore sur LA ♭ une quinte du loup ayant presque un comma de plus que la valeur juste, de manière énergique et imagée: 'Wie klingt die Trias as-c-es, mit sich, und anderen Instrumenten? Nicht anders, als wann der Teufel mit seiner Grossmutter ein Duett macht' (cité par Adlung, 1783).

Citons encore, pour mémoire, une méthode d'accord de l'orgue décrite dans un manuscrit anonyme rédigé à Caen en 1746; la description est très sommaire, mais on peut comprendre qu'il s'agit d'un tempérament dérivé du mésotonique et comportant 5 tierces majeures justes, les mêmes que dans le tempérament décrit par M.Corrette en 1753.

Enfin Corrette lui-même donne le schéma d'une 'Partition dont se servoit le Sr.Vincent fameux Facteur d'Orgue à Rouen en 1712'; il semble bien qu'il s'agisse là du tempérament mésotonique.

Quant aux nombreux textes de marchés ou d'expertises d'orgues qui ont été conservés, ils ne disent malheureusement rien que de très vague sur l'accord des instruments. Une exception cependant: le devis de Ducastel pour le relevage de l'orgue de Saint-Nicolas-des-Champs en 1666, auquel nous avons déjà fait allusion, précise que l'orgue sera accordé 'selon l'esgalle partition'. Mais la précision n'est qu'apparente, car il est peu probable que dans le langage de l'époque cette expression aît désigné ce que nous appelons tempérament égal: a-t-on voulu égaliser certains demi-tons par un compromis entre dièse et bémol, en renonçant en particulier à l'utilisation des doubles feintes MI ♭ -RE ♯ ? il peut au contraire s'agir du maintien de celles-ci avec le tempérament mésotonique, le RE ♯ distinct du MI ♭ permettant d'avoir, à la

place de la quinte du loup, une douzième quinte tempérée SOL ♯ -RE ♯ égale
aux 11 autres.

En conclusion, malgré l'absence de données précises sur des instruments
particuliers, nous croyons pouvoir affirmer que, dans les deux premiers tiers
du 17ème siècle, les orgues français étaient en règle générale accordés au
tempérament mésotonique, sans exclure parfois de petites différences avec la
formule théorique, notamment MI ♭ accordé plus bas pour être acceptable
comme RE ♯ (on trouve un emploi discret, mais assez fréquent de cette note
dans le livre d'orgue, malheureusement toujours inédit, de Louis Couperin,
mort en 1661).

Dans le dernier tiers du 17ème siècle, probablement à l'occasion du
changement de diapason des orgues, on en modifie le tempérament; on
conserve le principe du tempérament mésotonique, mais on ne le réalise pas
jusqu'au bout, ne conservant que 6, 5, 4, peut-être même déjà seulement 3 ou
2 tierces majeures rigoureusement justes.

On continue dans cette voie jusqu'à la fin du deuxième tiers du 18ème
siècle, mais sans doute certains facteurs persistent-ils à réaliser ça et là le
tempérament mésotonique intégral, encore recommandé par Dom Bedos en
1770.

Ce n'est que dans le dernier tiers du 18ème siècle que s'introduit peu à peu,
contre une forte résistance, l'usage du tempérament égal ou de gammes 'bien
tempérées' proches de celui-ci. C'est en même temps la décadence de la
musique d'orgue française, pour ce qui est de la qualité de l'inspiration et de la
composition; on ne joue presque jamais aujourd'hui cette musique, personne
n'ayant jugé utile de la rééditer.

Ces conclusions, basées sur l'étude des textes généraux et sur la connais-
sance pratique de la musique écrite, auraient besoin d'être confirmées par des
études systématiques de la tuyauterie des orgues les mieux conservés. Il est
certes illusoire de vouloir retrouver exactement le tempérament d'origine d'un
orgue, lorsqu'il a été profondément modifié. Mais les résultats obtenus dans
d'autres pays font penser qu'en France aussi, bien que les instruments anciens
y aient été peut-être plus maltraités, on pourrait plus souvent trouver au moins
des indices.

Cela a été le cas lors de la restauration par la maison Boisseau de l'orgue
Louis-Alexandre Clicquot de Houdan, datant de 1734, actuellement accordé
en mésotonique. Dans l'orgue Français-Henri Clicquot de Souvigny (1783),
qu'on a pourtant monté d'un ton à la fin du 19ème siècle en coupant les
tuyaux, nous avons trouvé en léger indice. Certains tuyaux de plein-jeu
formant doublure n'ont pas été coupés, mais rendus muets; six de ces tuyaux,
capables de donner le même RE ♯ du diapason d'origine, mais trois provenant
d'un rang de quinte sur SOL ♯ et trois d'un rang d'octave sur RE ♯ , ont été
sortis et couchés côte à côte en alignant leurs lèvres inférieures. Cela nous a

permis de constater que les trois premiers sont visiblement un peu plus longs que les trois derniers; la quinte SOL $\sharp$ -RE $\sharp$ de la partition était donc, avant la mise au ton moderne, accordée un peu plus grande que la valeur juste, mais vraisemblablement sans atteindre la valeur de la quinte du loup du tempérament mésotonique.

Le mieux conservé des orgues de François-Henri Clicquot est celui de la cathédrale de Poitiers, terminé en 1792. Il n'a pas encore livré tous ses secrets, mais d'après Jean Albert Villard (1973), les corrections visibles de longueur de certains de ses tuyaux, faites au 19ème siècle pour le mettre au tempérament égal, montrent qu'à l'origine il était à un tempérament nettement inégal.

Ces quelques indices confirment que jusqu'à la fin du 18ème siècle on a accordé en France des orgues neufs à un tempérament inégal. Par contre rien ne prouve avec certitude qu'il y aît eu alors déjà des orgues au tempérament égal, la seule présomption dans ce sens étant fondée sur les tonalités employées par les compositeurs parisiens décadents de la fin du siècle. Ce n'est qu'au courant du 19ème siècle que se généralisera, en France comme ailleurs, l'emploi du tempérament égal.

BIBLIOGRAPHIE

Schlick, Arnold, *Spiegel der Orgelmacher und Organisten*, Speyer, 1511
Aron, Pietro, *Toscanello de la musica*, Venezia, 1523.
Antegnati, Costanza, *L'arte organica*, Brescia, 1608.
Praetorius, Michael, *Syntagmatis Musici Tomus Secundus. De Organographia*, Wolfenbüttel, 1619.
Mersenne, Marin, *Harmonie Universelle*, Volume 3, Paris, 1636.
Denis, Jean, *Traité de l'accord de l'espinette*, Paris, 1650.
Werckmeister, Andreas, *Musicalische Temperatur*, Frankfurt/Leipzig, 1691.
Sauveur, Joseph, *Sur un nouveau système de musique*, 1701.
Sauveur, Joseph, *Table générale des systèmes tempérés de musique*, 1711.
(Paris, Académie Royale des Sciences)
Rameau, Jean-Philippe, *Nouveau système de musique théorique, où l'on découvre le principe de toutes les règles nécessaires à la pratique, pour servir d'introduction au traité de l'harmonie*, Paris, 1726.
Rameau, Jean-Philippe, *Génération harmonique ou traité de musique théorique et pratique*, Paris, 1737.
Manière très facile pour aprendre la facture d'orgue, Caen, 1746. Publié par Durfourcq, Norbert, *Le livre de l'orgue français*, Tome 1, 'Les sources', Paris, 1971.
Scheffer, H.T., 'Mathematis Jemforelse emellan thonernes naturliga forhallande emot hvarannan uti musiquen', in: *Comptes rendus de l'Académie des Sciences*, Suède, 1748.
D'Alembert, Jean Le Rond, *Eléméns de musique, théorique et pratique, suivant les principes de M. Rameau*, 1re édition, Paris, 1752.
Corrette, Michel, *Le maître de clavecin*, Paris, 1753.
Gallimard, Jean-Edme, *Arithmétique des musiciens*, Paris, 1754.
Romieu, *Mémoire théorique et pratique sur les systèmes tempérés de musique*, Montpellier, 1754.
Marpurg, Friedrich Wilhelm, *Principes du clavecin*, Berlin, 1756.
Marpurg, Friedrich Wilhelm, *Hrn. d'Alembert Systematische Einleitung in die Musicalische Setzkunst nach den Lehrsatzen des Herrn Rameau. Aus dem Französischen übersetzt und mit Anmerkungen vermehrt*, Leipzig, 1757.

Encyclopédie de Diderot et d'Alembert, Neufchâtel, 1765, Tome 16, article 'Tempérament' par J.J. Rousseau.

Bedos de Celles, Dom François, *L'art du facteur d'orgues*, Paris, 1766-1778.

Rousseau, Jean-Jacques, *Dictionnaire de musique*, Amsterdam, 1767.

Kirnberger, Johann Philipp, *Die Kunst des reinen Satzes in der Musik*, Berlin, 1771-1778.

Marpurg, F.W., *Versuch über die musikalische Temperatur*, Breslau, 1776.

Mercadier de Belesta, *Nouveau système de musique théorique et pratique*, Paris, 1776.

Adlung, Jakob, *Anleitung zu der musikalischen Gelahrheit*, Leipzig, 1783.

Encyclopédie Méthodique, 'Art du faiseur d'instruments de musique et de lutherie', Paris, 1785.

Suremain-Missery, A., *Théorie acoustico-musicale*, Paris, 1793.

Pleyel et Dussek, *Méthode pour le Pianoforte*, Paris et Londres, fin du 18e siècle (Paris, 1797).

Bormann, K., *Orgel- und Spieluhrenbau. Aufzeichnungen des Orgel- und Musikwerkmachers Ignaz Bruder von 1829*, Zürich, 1968.

Murray-Barbour, J., *Tuning and Temperament. A Historical Survey*, East Lansing, 1951.

Hardouin, P., 'Les flottements du diapason', in: *Musique de tous les temps: Orgues historique*, No.29, Souvigny, novembre 1963.

Billeter, B., 'Die Silbermann-Stimmungen', in: *Archiv für Musikwissenschaft*, April 1970.

Lange, H.K.H., 'Die Orgelstimmung Gottfried Silbermanns', *ISO-Information*, No.8, Sept.1972, No.9, Feb.1973; *Acta Organologica*, Band 7, 1973.

Villard, J.A., *L'oeuvre de François-Henri Clicquot, facteur d'orgues du Roy (1732-1790)*, Laval, 1973.

Hardouin, P., *Le grand orgue de Saint Nicolas des Champs*, Paris, 1977.

Billeter, B., 'Die Stimmanweisung von Ignaz Bruder (1829)', in: *Acta Organologica*, Band 12, 1978.

Meyer-Siat, P., 'Die fünf Orgeln von Bergheim', in: *Acta Organologica*, Band 12, 1978.

ANNEXE

Tableaux donnant, pour divers tempéraments, la quantité, exprimée en commas majeurs ou fraction de comma majeur, dont sont corrigées chaque quinte, chaque tierce majeure et chaque tierce mineure, en plus ou en moins, par rapport à la valeur naturelle juste.

Tempérament égal

Toutes les quintes	− 0,09
Toutes les tierces majeures	+ 0,63
Toutes les tierces mineures	− 0,72

Tempérament mésotonique

5 te	−0,25	−0,25	−0,25	−0,25	−0,25	−0,25	−0,25	−0,25	−0,25	−0,25	−0,25	+1,65
3ce Maj.	0	0	0	0	0	0	0	0	+1,9	+1,9	+1,9	+1,9
3ce min.	−2,15	−2,15	−2,15	−0,25	−0,25	−0,25	−0,25	−0,25	−0,25	−0,25	−0,25	−0,25
sur	MI♭	SI♭	FA	DO	SOL	RE	LA	MI	SI	FA♯	DO♯	SOL♯

Tempérament de Lambert-Chaumont

	MI♭	SI♭	FA	DO	SOL	RE	LA	MI	SI	FA♯	DO♯	SOL♯
5 te	+0,2	+0,2	–0,25	–0,25	–0,25	–0,25	–0,25	–0,25	–0,25	–0,25	–0,25	+0,75
3 ce Maj.	+0,9	+0,45	0	0	0	0	0	0	+1	+1,45	+1,9	+1,9
3 ce min.	–1,25	–1,7	–2,15	–1,15	–0,7	0,25	0,25	0,25	0,25	0,25	0,25	0,25

Rameau 1, a'après Mercadier

	MI♭	SI♭	FA	DO	SOL	RE	LA	MI	SI	FA♯	DO♯	SOL♯
5 te	+0,25	+0,1	0	–0,25	–0,25	–0,25	–0,25	–0,25	–0,25	–0,25	–0,1	+0,4
3 ce Maj.	+1,1	+0,6	+0,25	0	0	0	0	+0,15	+0,8	+1,3	+1,65	+1,75
3 ce min.	–1,05	–1,55	–1,75	–1,35	–0,85	–0,5	0,25	0,25	0,25	0,25	0,25	–0,4

Rameau 2, d'après Gallimard (1re solution)

	MI♭	SI♭	FA	DO	SOL	RE	LA	MI	SI	FA♯	DO♯	SOL♯
5 te	+0,39	–0,25	–0,25	–0,25	–0,25	–0,25	–0,25	–0,25	0,13	0	+0,13	+0,26
3 ce Maj.	+0,64	0	0	0	0	+0,12	+0,37	+0,75	+1,26	+1,78	+1,53	+1,15
3 ce min.	–1,39	–1,78	–1,4	–0,89	0,25	0,25	0,25	0,25	0,25	–0,37	–0,62	–1

Exemple de tempérament à 3 tierces majeures justes

	MI♭	SI♭	FA	DO	SOL	RE	LA	MI	SI	FA♯	DO♯	SOL♯
5 te	+0,15	0	0	–0,25	–0,25	–0,25	–0,25	–0,25	–0,25	0	0	+0,25
3 ce Maj.	+0,9	+0,5	+0,25	0	0	0	+0,25	+0,5	+1	+1,4	+1,4	+1,4
3 ce min.	–1,25	–1,4	–1,4	–1,15	–0,75	–0,5	0,25	0,25	0,25	0,25	–0,5	–0,75

Exemple de tempérament à 2 tierces majeures justes

	MI♭	SI♭	FA	DO	SOL	RE	LA	MI	SI	FA♯	DO♯	SOL♯
5 te	+0,15	0	0	–0,25	–0,25	–0,25	–0,25	–0,25	0	0	0	0
3 ce Maj.	+0,9	+0,5	+0,25	0	0	+0,25	+0,5	+0,75	+1	+1,15	+1,15	+1,15
3 ce min.	–1	–1,15	–1,15	–1,15	–0,75	–0,5	0,25	0,25	0,25	–0,5	–0,75	–1

Tempérament de Kirnberger modifié

	MI♭	SI♭	FA	DO	SOL	RE	LA	MI	SI	FA♯	DO♯	SOL♯
(signe)				–	–	–	–			–		
5 te	0	0	0	0,25	0,25	0,25	0,25	0	0	0,1	0	0
(signe)	+	+	+		+	+	+	+	+	+	+	+
3 ce Maj.	0,75	0,5	0,25	0	0,25	0,5	0,65	0,9	0,9	0,9	1	1
(signe)	–	–	–	–	–	–	–	–	–	–	–	–
3 ce min.	0,9	1	1	1	0,75	0,5	0,25	0,25	0,5	0,75	0,9	0,9
sur	MI♭	SI♭	FA	DO	SOL	RE	LA	MI	SI	FA♯	DO♯	SOL♯

Mercadier, d'après Suremain-Missery

	MI♭	SI♭	FA	DO	SOL	RE	LA	MI	SI	FA♯	DO♯	SOL♯
(signe)			–	–	–	–	–	–	–	–	–	
5 te	0	0	1/12	1/6	1/6	1/6	1/6	1/12	1/12	1/12	1/12	0
(signe)	+	+	+	+	+	+	+	+	+	+	+	+
3 ce Maj.	3/4	7/12	5/12	1/3	5/12	1/2	7/12	2/3	3/4	5/6	11/12	11/12
(signe)	–	–	–	–	–	–	–	–	–	–	–	–
3 ce min.	5/6	11/12	1	11/12	3/4	7/12	1/2	1/2	1/2	7/12	2/3	3/4
sur	MI♭	SI♭	FA	DO	SOL	RE	LA	MI	SI	FA♯	DO♯	SOL♯

Exemple de gamme non tempérée (Marpurg, Dom Bedos)

	MI♭	SI♭	FA	DO	SOL	RE	LA	MI	SI	FA♯	DO♯	SOL♯
(signe)	–				–				–			+
5 te	0	1	0	0	1	0	0	0	1	0	0	1,9
(signe)	–								+	+	+	+
3 ce Maj.	0	1	0	0	0	0	0	0	1,9	2,9	1,9	1,9
(signe)	–	–	–						–			
3 ce min.	2,9	2,9	1,9	0	0	0	0	0	1	0	0	0
sur	MI♭	SI♭	FA	DO	SOL	RE	LA	MI	SI	FA♯	DO♯	SOL♯

A German Organ Tablature Manuscript at the Hague Gemeentemuseum

Doron Nagan

The Hague Gemeentemuseum possesses a manuscript, inv.nr.52.015, containing twenty-three pieces of music for keyboard notated in German organ tablature which is of considerable value, historically as well as musically.

The MS is dated by the scribe on fol. 23r, where he states that it was completed in 1609. It was bought by the Museum at an auction at Sotheby's in London on the 25th of May 1959, where it had been put up for sale by Dr.H.O.R.Baron van Tuyll van Serooskerken, of the Netherlands. He had purchased it from A.B.Creyghton, a music antiquarian from Bilthoven, who stated that he had bought this MS in Augsburg in 1951, at an antiquarian shop which, he believes, no longer exists. He recalls that the Augsburg dealer told him that the MS had been acquired, along with other items, at one of the Augustinian monasteries located somewhere between Munich and Linz. Lack of further information means that the original provenance of the MS must be a matter of speculation. It is possible that the MS originated in South-West Germany and investigation of the contents shows that this assumption is quite plausible. The MS has been rebound in a hard cover, 314 mm × 213 mm. Though the style is late 19th century, the rebinding was in fact done comparatively recently; the exact date is not known. It contains twentythree unnumbered pages, 305 mm in length, 202 mm in breadth. The paper is hand made, of very fine composition and quality and it is generally in good condition. All pages are identical in composition, colour and watermark. Some damage, at the lower edges of the pages, has been repaired with thin, transparent Japanese paper. As a result of these repairs a number of notes are indecipherable or completely missing. The watermark consists of a huge shield surmounted by a crown, from the middle of which a fleur-de-lis rises. At the base of the shield hangs a ram, the symbol of the Order of the Golden Fleece. The shield itself is quartered. In the top left section is an eagle with outspread wings; in the top right is a tower. The two lower sections each have a rampant lion. In the middle of the main shield is a smaller shield. This watermark has not yet been identified.

Two different hands are discernible. The first two items in the MS, a *Recercar noni toni* and a *Galliarda la Farraresa* (fols.1v-5v), are written in one hand. This is so tidy, neat and firm that it looks almost like printed tablature. These two items are not signed, having only the word 'fine' at their close. In strong contrast to the first hand, the second is flowing, untidy,and sometimes so careless that the music is almost indecipherable.

Most of the pieces in this hand are signed with initials; these appear to be P.L., but this identification is not certain[1]. The second scribe started from where the first one finished, leaving only fol.6r blank. Fol.1r and fol.22r are also blank. All the items have their titles written on the left side of the page at the head of the piece and sometimes the name of the composer is also given.

The contents of the MS[2] are comparable with other keyboard collections of the late 16th century, and are stylistically of that period. There was an intensive production of German keyboard music in the 16th century, particularly in the latter half, as witness the numerous extant publications of keyboard works in tablature form by men such as Nikolaus Ammerbach (1571), Bernhard Schmid the Elder (1577), Jacob Paix (1583), Christof Löffelholtz (1585), August Nörmiger (1598) and Bernhard Schmid the Younger (1607), as well as many manuscript tablatures. These composers form a group which has come to be called the 'colorists', because of their practice of 'coloring' (i.e. ornamenting) existing models by other composers. The term 'colorists', coined by A.G.Ritter in his book *Zur Geschichte des Orgelspiels* (Leipzig, 1884), is not entirely appropriate as a distinguishing term, for the practice of coloring was also known and used elsewhere; for example, in Italy in the canzoni of Andrea Gabrieli, in France in the organ books of Attaingnant, and in many lute books of various national origins[3]. The colorists used vocal as well as instrumental models as subjects. One might say that this procedure of ornamenting existing works was transferred from non-written improvisatory to 'scholarly' practice, by writing out the ornaments and adhering to ready-made and accepted formulae. In their introductions to their tablature books, some writers mention that their work is intended for the student, as a guide to the art of ornamenting.

Bernhard Schmid the Elder gives an excellent description of this practice in the introduction to his tablature book of 1577: 'Darnach hab ich die motetten und stuck so im gantzen werck einverleibt mit geringen Coloraturen geziert mit der meinung das ich die verständigen Organisten eben an mein Coloraturen völle binden sonder einem jetlichen sein verbesserung frei lassen und

---

1 Dr.Gumbert, a specialist in 17th century palaeography at Leiden University, has stated that with hardly any doubt, there is only one letter – R. Other possible readings are P.L., R.L., F.L., etc. Most of the persons consulted saw an L in the second letter.
2 For the precise contents of the MS, see *Appendix I*, p.
3 *New Oxford History of Music*, vol.IV, London, 1968, p.617.

allein wie gemelt der angehenden Jungen instrumentisten halber angesehen worden wiewol ich selber auch gewolt das dem Componisten sein auctoriteit und Kunst unverändert bliebe[4].' This shows that the colorists were not composers in the full sense of the word, but rather arrangers or adaptors. 'In assembling their tablature books the Schmids (father and son, D.N.) acted in two capacities, as anthologists and editors'[5]. All the colorists were in fact organists: the two Schmids, for example, were organists at Strasbourg Cathedral. On the basis of stylistic analysis it can be safely stated that the contents of this MS are related to the work of the colorists. There is an additional connection, namely a somewhat enigmatic link with the last member of the group, Bernhard Schmid the Younger. Several facts make the existence of such a link clear, without explaining its nature:

a five pieces in our MS are found also in Schmid's tablature book of 1607, which antedates our source by two years[6];

b two works in our MS are attributed to a certain 'B.S.O.' whom we can show to be Bernhard Schmid; these two works, however, do not appear in his book of 1607;

c the last piece in the MS, which appears immediately after the two works by B.S.O. is a *Strassbourger tantz*; it is significant that Schmid lived all his life in Strasbourg;

d the second of the two works by B.S.O. has a title and a date which suggest some link with the younger Schmid.

Three of the five pieces found both in our MS and in Schmid's tablature book are galliards. Those on fols.10v., 12r., and 13r. correspond to *Galliardara Prima* no.79, *Galliarda Terza* no.81, and *Galliarda Quinta* no.83, in Schmid's printed version. There is no doubt that the pieces in the MS are taken from Schmid's book. First, they appear in the same order as in Schmid's publication. Second, as we will see, two mistakes in the printed form are corrected in the MS.

In the fourth bar of the second section of Schmid's *Galliarda Prima*, there is an e' which is certainly inappropriate if one realises that it forms part of a whole sequence stretching over six bars. This is corrected in the MS to e' flat (example 1).

---

4 W.Merian, *Der Tanz in den Deutschen Tabulaturbüchern*, Leipzig, 1927, 1968[2], p.81.

5 C.W.Young, *The Keyboard Tablatures of Bernhard Schmid, Father and Son.*, Ph.D. Diss., University of Illinois, 1957, p.39.

6 In examining the works by Schmid the Younger, I have used Gemeentemuseum's copy of the original print of 1607. Note that Young, in his dissertation, does not list this copy among those known to him (listed on p.VII).

Example 1

In *Galliarda Quinta*, first section, fifth bar, a harmonically impossible B in the bass is corrected in the MS to d (example 2).

Example 2

In another case, what is unquestionably a printing error is copied in the MS! In Schmid's *Galliarda Quinta*, second bar of second section, the d' on the third beat should have been an e' flat, but the d' was copied by the scribe of the MS. It should be remembered that in German tablature e flat was written d sharp, i.e. the letter d with a tail = d$_e$.

Example 3

In general there are no great changes in the MS as compared with the printed forms. The colorated repeats of each section in Schmid's *Galliarda Prima* were not copied by the scribe, perhaps suggesting that the MS was compiled by, or for, an organist. There is more evidence to support this view. The second galliard is identical with Schmid's printed version, complete with the coloration. This, however, is quite sober and mild, without the well-known formulae of sixteenth-notes and thirty-second notes. The thirrrd galliard is again identical with the Schmid version; this has no coloration whatever. In the MS the first of the three galliards is attributed by the scribe to J.L. Hasler (sic). No attribution of authorship of the galliards is given in the Younger Schmid's book: 'Both the Schmids, like many of the other of the lute and keyboard writers of the 16th century, devoted some space in their tablature books to dance music. Since the dances are not ascribed to a specific composer (unlike the vocal intabulations and original keyboards works which carry composer's names), one might conclude that the Schmids themselves were responsible for the music. Yet it was not the practice at the time to include with dances the names of composers as examination of the sources will disclose; furthermore, borrowing was frequent enough to indicate the whole repertoire was considered public domain. Indeed, some of the dances in the Schmid books appear in other collections, invariably without credit being given to either father or son. Probably an exhaustive study of all extant sources would yield additional concordances, as in the case of practically all the music in the tablature books, the Schmids would seem therefore to deserve credit chiefly as editors and arrangers.'[7]

Young appears to be right in supposing that the Schmids were not the composers of the galliards; from the identification of one by the scribe of our MS, we know that it, at least, is by Hassler and not by Schmid. The question, however, arises, and remains unanswered, why did the scribe of our MS take the trouble to record that this dance is by Hassler? Why did he not attribute the other two galliards to their composers? Might all three be by Hassler? They indeed show affinities in style. Furthermore, if he copied it from Schmid, who does not mention the composer, how did he know it was by Hassler? Did the scribe have any connection with the Younger Schmid? Furthermore, although we are told it was not the practice, why did Schmid not mention such an important figure as Hassler as being the source for one item in his tablature book? This galliard seems to be the only piece in that style by this famous German composer who is known for 16 organ works (printed in the DTB[8]) and over 110 works for keyboard in tablature, in the Turin manuscript.[9]

The fourth work of the five appearing both in Schmid's tablature and in our MS is an anonymous canzon on fol.7r. which corresponds to Schmid's *Fuga Quinta*, no.69, and is attributed by him to Ant.Mortaro. Comparison of these two works reveals some interesting facts, and raises a number of questions regarding the canzon in our MS. While this consists of 55 bars, Schmid's or Mortaro's fuga contains 143 bars. The canzon is clearly divided into three sections by repeat signs, while the fuga lacks these signs, although seperate sections are easily discernible. In fact Schmid's fuga contains six sections. The themes in both versions are virtually identical, though there are slight changes and some additions.

---

7 C.Young, *op.cit.*, p.318.
8 DTB, IV, 2, 1903, ed.E.von Werra.
9 W.Apel, *The History of Keyboard Music up to 1700*, 1972, p.391.

The first two sections of the canzon have each a seperate theme, while the last section, consisting only of eight bars, is a kind of coda or conclusion. These two themes appear in the same order in the first two sections of Schmid's fuga: but while the first section of the canzon has nineteen bars, Schmid's first section has twenty-seven bars, resulting from an insertion of seven extra bars which are an elaboration/repetition of the first ten. Example 4 shows the almost identical harmonic treatment of the subject. The rhythmic differences of the opening, however, give the theme a slight change of accent in each version. The slight coloration of bar six in the fuga corresponds to the last beat of bar five and the rest on first beat of bar six in the canzon (example 4).

Example 4

The second theme in Schmid's version, which occupies the second section in both works, is clearly a coloration of the theme used in the canzon (example 5). Fundamentally they are identical, the treatment of the voices corresponding in both versions, except for three extra bars in the middle of Schmid's fuga.

Example 5

Schmid's coloration is restrained and light and does not obscure the polyphonic flow and the 'general effect of uninhibited good humor'.[10] At this point the canzon is practically complete; there remains only the final 8-bar section which makes use of the second theme (again) for three bars and then concludes with a few quick passages. From here on Schmid's fuga continues on its own but not without relation to the first two sections. The third section has a new theme of twent-one measures (example 6), until it comes to the first section. This secton uses the theme of section three in a colorated version (example 7).

Example 6   Example 7

10 C.Young, *op.cit.*, p.307.

The sixth section uses again a coloration of the theme of the second section (example 8), after which a long cadence appears, from bar 120 to the end. Thus we get the following structure:

I	II	III	IV	V	VI
A	B	C	D	C	B

Example 8

There seems little doubt that Schmid's form is a colorated version of the original fuga by a certain Antonio Mortaro, but this original has not yet been found. 'Since the originals of several of these compositions (i.e. Fugae) of Schmid's tablature appear to be lost (among these also our Fuga Quinta, D.N.) Schmid's version remains the only one available to historians'.[11] The MS-version of this fuga-canzon, which is admittedly two years older than Schmid's, is nevertheless simpler and seems to be uncolored. Could this be a copy of the original, or did the scribe take it over from Schmid's book and omit the decorations? Besides the simplicity of line in the themes, the term 'canzon' might also point to the fact that here the original title is used. Schmid terms his pieces in imitatory style Fugae, and adds that this term corresponds to what the Italians call *Canzoni alla Francese.*[12] Schmid thus provides the earliest instance of the word 'fuga' being used to designate a group of works in imitative style.[13] The term 'canzon' is apparently more archaic and may go some way to indicate that the scribe had the original in front of him. It may be worth mentioning a canzona that appeared in the collection *Partita de Ricercari e Canzoni alla Francese* by Giovanni Paolo Cima of Milan, who published these works one year before Schmid's tablature, namely in 1606.[14] A theme in one of his canzoni strikingly resembles the theme of our canzon (example 9).

Example 9

11 C.Young, *op. cit.*, p.301. See also: note 59, p.301 about 'Fuga Quinta', the origin of which is not traceable.

12 C.Young, *op. cit.*, p.235 (plate XVII).

13 W.Apel, *op. cit.*, p.203.

14 Modern edition in: *Corpus of Early Keyboard Music*, no.20, p.46, canzon 10.

The last piece in this examination of parallels between Schmid's book and our MS is a vocal model – a canzonetta by H.L.Hassler titled *Ridon di maggio*. Whether or not this piece was taken over from Schmid's tablature is open to question. The practice of ornamenting vocal models, a very common practice in 16th and early 17th century keyboard music, can be clearly seen from the fact that there are six vocal models in our MS. All six appear in an almost pure vocal style without coloration or with only very slight ornamention here and there. While in our MS *Ridon di maggio* appears only as a model, in the Schmid-publication it is presented in the following manner: each of the two sections of the work is first set out in its vocal form and then repeated in a fully written out colarated version.

Comparison with the original[15] has revealed that the vocal form has been followed almost completely, both by Schmid and in the MS, except for slight additions and the omission of one bar in the MS. It is possible that the scribe copied this vocal model from a printed version of Hassler's work available in one of the many vocal collections published at the time. This hypothesis is borne out by the fact that the scribe did not copy the small ornaments that Schmid added to the vocal texture. He did, however, add his own ornaments here and there; he could have used Schmid's book as the source and added his own colorations.

Why would our scribe have copied only the vocal model, as he did with the rest of the five pieces of this kind, without adding colorated repeats? The answer to this lies in the practice of the time. In his discussion of Fridolin Sicher's huge manuscript collection of keyboard works (St.Gall Stiftsbibliothek 530, ca.1525) C.Young writes about vocal transcriptions: 'Because Sicher prepared this collection for his own use the vocal works are generally transcribed literally. Without doubt he improvised the necessary decorations from his own knowledge of stock ornamentation, as any competent player would be expected to do'.[16]

At another point Young mentions the scattered manuscripts of organ tablature which fill in the lacuna between the Paulomimes (i.e. the pupils of Paul Hoffmaier: Kotter, Kleber, Sicher, etc.) and Ammerbach's printed tablature of 1571, and he observes of the vocal transcriptions: 'Sometimes decoration was added to the transcription; at other times it was left to the improvisation of the player.'[17]

It is thus apparent that our unadorned vocal models are not exceptional;

---

15 Ridon di maggio, DTB V, 2, p.5. From *Canzonette à quatro voci di Giovan Leone Haslero... Libro Primo*, 1590.

16 C.Young, *op.cit.*, p.101.

17 C.Young, *op.cit.*, p.108.

they even reinforce the hypothesis that this MS was compiled by or for an organist who was well acquainted with the customary practice of ornamentation.

It seems certain that our MS has some connection with Schmid's tablature book of 1607. This is not remarkable in itself, for copying from other sources was common in those days. But there are additional factors which suggest a personal relationship with Schmid the Younger; i.e. the two works attributed to B.S.O., the date apppearing on the second of these, and the *Strasbourger tantz* that concludes the MS. There is no doubt that the initals B.S.O. stand for 'Bernhard Schmid Organist': the same initials are found in a poem by a Strasbourg poet named Fischarst, published at Strasbourg in 1588 by Bernhard Jobin. The last part of the poem ends with a reference to 'a good friend named B.S.O.'. This has been proved to be Bernhard Schmid the Elder, who was also active as a poet.[18]

Further evidence of the meaning of these initials is found in a memorial portrait which circulated after the death of the Elder Schmid, and includes three stanzas of German poetry based on a acrostic: BERNHART SCHMID ORGANIST.[19]

There is no reason why these initials should not stand also for the Younger Schmid. The relationship of part of the MS to the Younger Schmid is clear. Furthermore, the second piece with the B.S.O.-initials is titled 'Fuga'... and we have seen that Schmid's book affords one of the earliest instances of the use of this term; in his father's books no such term appears. In addition the harmonic language of the music points towards the Younger Schmid in the frequent use of major-seventh chords. Another aspect of the MS is that we now have two hitherto unknown works by Bernhard Schmid the Younger, who was known to us up to now only from his tablature book of 1607. He worked and was primarily known only in his own environment, and did not enjoy any wide spread reputation. It therefore seems reasonable to assume that the scribe was somehow personallly connected with him.

The two works by Schmid are a *Pavana care* (sic!) *lachrime*, which is Dowland's famous pavane with additional coloration for each repeated section, and a *Fuga super Proficiat ihr lieben herren*, a canzonalike piece with two long treatments of two inter-related main subjects, with a bridge passage between them.

This Fuga brings yet another factor linking our MS to Bernhard Schmid. *Proficiat ihr lieben herren* ('Congratulations to you, dear sir') is a dedication and the work must have been written for a specific occasion. In addition, the inscription of the scribe at the end of this fugue (which is the penultimate work

---

18 C.Young, *op.cit.*, p.182, note 35.
19 C.Yopung, *op.cit.*, p.175, note 16.

in the MS) reads: 'Absolvirt auff St.Bernhardi tag, A (nn, D.N.) o 1609' ('Completed on St.Bernhard's day (the 20th of August, D.N.) in the year 1609'. The date is written at the beginning of the piece, above the title. The 20th of August was Schmid's name-day. Why would the scribe mention the date and Saint's day with such scrupulousss care? His untidy handwriting does not suggest an accurate or pedantic persons. Is this a coincidence, having nothing to do with Schmid? Wy do so many of the works of Schmid appear in this manuscript? Why are two extra works by him – works which do not appear in his printed book – placed at the end of the MS? Why the dedicatory character of the penultimate piece? As if all this were not enough, why is the very last piece in the MS a *Strassbourger tantz*, a dance from the town where Bernhard Schmid lived all his life?

The combination of all these facts seems to be more than coincident. Was this MS compiled by a friend or pupil of Bernhard Schmid the Younger, to be presented to him on his name-day? Were the first two works, in the neat hand, written down by Schmid himself, for this friend or pupil?

The other works in the MS are no less interesting. The *Canzon à D:A:T&B*: (i.e. discant, alt, tenor and bass) on fols.14r. and 14v. is none other than a work by Simon Lohet. Lohet was born at Liège, and died in 1611 at Stuttgart, where he had served as organist for many years. His few works are known only from two sources, both later than our MS and published posthumously. Twenty-five works, of which twenty are called 'fugues', were published in Joan Woltz's tablature bookof 1617.[20] Our canzon is in fact one of those fugues. Six of these are also found in München Staatsbibliothek, Mus.MS 1581, which dates from ca.1620.[21] We have here a work by Lohet which was already written down during his life-time and is the only known example of a work by him surviving in a MS which antedates publication.

The version of the canzon in our MS almost exactly resembles that in Woltz's publication, except for a few colored passages and for four bars which are omitted from a section that uses a motive so many times that the omission is not even noticeable.

The fact that Stuttgart is not far from Strasbourg, and that Lohet was organist at Stuttgart from 1571 onwards, and died there in 1611, tempts one to try and link these facts, somehow, with our MS.

Two *Intradas* by Hein: Steüccÿ(sic), on fols.11r. and 11v., are of some importance. This composer, known better as Heinrich Steuccius or Steucke, was born in 1579 in Weissenfels, and died at Naumburg in 1645. He published

---

20 New edition of all of Lohet's known works, in: *Corpus of Early Keyboard Music*, no.25; this fugue is on p.31.
21 Modern edition of MS in: *Corpus of Early Keyboard Music*, no.40 I-III.

three volumes of voal music with a few instrumental pieces, among them some intradas. These publications were titled *Amorum ac Leporum...* and all issued at Wittenberg: 'Pars I', in 1602 (5 intradas), 'Pars II' in 1602 as well (3 intradas) and 'Pars III' in 1604 (3 intradas).[22] The three intradas of 'Pars II' are all four-voiced. The two in our MS are predominantly five-voiced. According to an article by A.Schmiedecke[23], all three volumes by Steuccius, known only from copies in the Hamburg Staats- und Universitätsbibliothek, are lost. These two intradas in our MS are therefore the only instrumental works by Steuccius known at present. They are quaint pieces with a festive character.

On fol.15v there is a *Fuga* by Morsolini. This composer is known from only one publication: *Il primo libro delle canzonette a tre di Antoni Marsolino* etc., Venezia, R.Amadino, 1594.[24] The source of this piece has not been checked. The *Pavan* on fol.9v. is attributed to M:R: whom I have not been able to identify. The *Galliard Anglese* on fol.6v. is an English galliard by Anthony Holborne, from his *First Booke of Consort Lessons...*, 1599. The completely unidentified works comprise the short and lively *Strassburger tantz* (fol.23v.), a long and original *Passo è mezzo Italiano in D* (187 bars, fol.17r.), a *Canzon Francese* (fol.14v.) and the two very long works – the *Recercare Nono toni* (fol.1v.) and the *Galliarda la Farraresa* (fol.3v.) – which are in the neat hand at the beginning of the MS.

The *Recercare* is actually a kind of toccata with a long opening section of passage work followed by a long fugal section, amounting in all to 105 bars. This is a piece with character, in style very much resembling that of H.L.Hassler; in fact it shows affinities with a *Toccata noni toni* by Hassler[25] especially in the opening section. The *Galliarda la Farraresa*, of 137 bars, is actually a set of variations in two big sections, the second being an additional set of variations on the first, but distinguished from it by the inscription 'alio modo' (could this mean a different registration?). The *Canzon Francese* resembles Lohet's music in style, as well as in its relative brevity: 54 bars.

APPENDIX I

The MS contains 23 pieces of music. Here follows a list of the works. The titles of the compositions, and sometimes the names of the composers are written always on the left side of the page, at the head of the work.

---

22 E.H.Meyer, *Die Mehrstimmige Spielmusik des 17.Jahrhunderts in Noord- und Mitteleuropa*, p.250.

23 A.Schmiedecke, 'Heinrich Steucke (Steuccius), 1579-1645', in: *Die Musikforschung 17*, 1964, p.40-41.

24 R.Eitner, *Quellen Lexicon*, Bd.VII-VIII, p.72; and RISM, Recueils Imprimés, 1594[15].

25 Hassler, *Ausgewahlte werke*, ed.George Kies, Schott's Söhne, Meinz.

1 fol. 1v.: Recercar Noni toni.

2 fol. 3v.: Galliarda La Farraresa.

3 fol. 6v.: a 4. Candidi gigli. Giovan: Croce.

4 fol. 6v.: Galliard Anglese.

5 fol. 7r.: à 4. Canzon.

6 fol. 8r.: a.4. Chi mi consola. Hip: Sabino.

7 fol. 8v.: a.4.Non Posso haver piu vita. Vincenzo Nerito.

8 fol. 9r.: a.4. Mi parto O hime ./. Giovan: Croce.

9 fol. 9v.: Pavana ./. M:R:

10 fol.10v.: Galliard. J.L. Hasler (sic).

11 fol.11r.: Intrada ./. Hein: Steüccÿ.

12 fol.11v.: Intrada. Hein: Steüccÿ.

13 fol.12r.: Galliard alias ein... (illegible)

14 fol.12v.: a.4. Risposta il core. Hor: Vecchio.

15 fol.13r.: Galliard.

16 fol.13v.: a.4. Ridon di maggio ./. Gio: Leo: Haslero.

17 fol.14r.: Canzon. a. D:A:T&B.

18 fol.14v.: Canzon Francese.

19 fol.15v.: Fuga. Morsolini.

20 fol.17r.: Passo è mezo Italiano in D:

21 fol.19v.: Pavana. Care lachrime ./. Tab: p. B:S:O:

22 fol.22v.: Fuga. Super./.Proficiat ihr lieben herren./.B.S.O.

23 fol.23v.: Der Strassburger Tantz.

RICERCAR NONI TONI

1) the f of the tenor is in MS a whole note (◦).

2) in the MS ♫♫♫ ♩ ♫

Het Zeemans-orgel in de Hervormde Kerk te Voorschoten

Hans van Nieuwkoop

In 1718 besloten de kerkmeesters van de Hervormde Kerk te Voorschoten tot de bouw van een orgel. Reeds in de katholieke tijd was er in de kerk van Voorschoten een orgel aanwezig. Daarvan getuigt de volgende inboeking, die blijkens de andere posten moet zijn van ca. 1530: 'Item gegeven Dirck Buschaert van die orgel te accorderen' (het bedrag is onleesbaar).[1] Waarschijnlijk is dit instrument met de verwoesting der kerk tijdens het beleg van Leiden ten onder gegaan.

De opdracht tot de bouw van een nieuw orgel werd verleend aan Jacobus Zeemans, organist en orgelbouwer te Breda. Het wekt enige verwondering dat de keuze op deze – in het westen des lands volslagen onbekende – orgelbouwer gevallen is. Zeemans activiteiten concentreerden zich in Breda en directe omgeving (Roosendaal, Etten, Zevenbergen en Leur). Slechts het orgel van Leerdam, door Leendert Swemkoop, koster en schoolmeester te Voorschoten, aan Zeemans toegeschreven in een 'Lofbazuin' op het nieuwe orgel te Voorschoten, vormt hierop een uitzondering.[2]

De contacten van de Voorschotense kerkmeesters met Zeemans zullen, hoewel daarvoor geen rechtstreeks bewijs te vinden is, ongetwijfeld verband houden met de positie van Arent IX Baron van Wassenaar (1669-1721), Heer van Voorschoten en Duivenvoorde. In het openbare leven bekleedde hij tal van belangrijke ambten: ruwaard en baljuw van Putten, hoogheemraad van Schieland en lid van de Brielse vroedschap. In dit kader is vooral belangrijk, dat Arent sedert 1710 drost van de stad en de baronie van Breda was.[3]

Ook in het kerkelijk leven te Voorschoten nam hij een belangrijke plaats in. Als patroon van de kerk had de ambachtsheer een beslissende stem in alle transacties van de kerkmeesters. Sinds de reformatie werd de predikant van Voorschoten feitelijk door de Heer van Duivenvoorde benoemd. Zijn machtiging was ook noodzakelijk bij de verkiezing van een kerkeraadslid, het

---

1 Afkortingen: OAV = Oud-archief van de gemeente Voorschoten. OAV, kerkrekeningen 16e eeuw, nr. 504.
2 H.J. Walvaart, 'Het orgel van de Dorpskerk', in: *Voorschoten. Historische studiën*, 's-Gravenhage, 1971, p. 77-88.
3 E.A. Canneman en L.J. van der Klooster, *De geschiedenis van het kasteel Duivenvoorde en zijn bewoners*, 's-Gravenhage, 1967, p. 36.

afsluiten van de diaconierekening en dergelijkc.[4] De aanschaf van een nieuw orgel zal om deze reden zeker niet buiten zijn bemoeienis zijn omgegaan. Ook hierin had hij ongetwijfeld zijn goedkeuring te verlenen. Zijn werkzaamheden te Breda bieden een verklaring voor de opmerkelijke verbintenis tussen de kerkmeesters van Voorschoten en de uit Breda afkomstige Jaconus Zeemans.

Deze wordt reeds in 1716 in Voorschoten gesignaleerd. In dat jaar betaalden de kerkmeesters hem ƒ21 uit 'wegens het veranderen van de gangh van de klok in de toorn'.[5] Enkele jaren later, in 1721, ontving hij ƒ50 wegens het verhangen van de klok.[6] Zeemans diende in 1718 het volgende ontwerp in voor een nieuw te maken orgel.[7]

'no. 1   Ontwerp waar na de E.heeren van Voor-
                                    schoten soude konnen besteden het ma-
                                    ken van een orgel, bequaem tot het
                                    speelen onder het gesangh als andersins
                                    in de Gereformeerde Kercke aldaer.

1. Eerstelijk sal den aennemer van dien ten sijnen laste ende tot sijne kosten moeten maken een secreet, gesepareert in het midden van het clavier, gehalveert sijnde, den bas van 24 concellen en den discant insgelijckx van 24 concellen met alle sijne walsingen en alle sijne verdere toebehoorten, met dese naervolgende registers voorsien.

Bassus
1. Prestant 4 voet open sprekende 1 sterk
2. Holpijp gedeckt sprekende 8 voet 1 sterk
3. Fluyt gedeckt sprekende 4 voet 1 sterk
4. Octaef 2 voet open 1 sterk
5. Quint 1½ voet open 1 sterck
6. Super Octaef 1 voet open 1 sterck
7. Tertiaen boven 1 voet open 1 sterck
8. Geemshoorn 2 voet open 1 sterck
9. Mixtur open 3 sterck

Discant
1. Prestant 8 voet open 1 sterk
2. Holpijp 8 voet gedeckt 1 sterk
3. Octaef 4 voet open 1 sterk
4. Super Octaef 2 voet open 1 sterk
5. Quint 3 voet open 1 sterck
6. Mixtur open 3 sterck
7. Quint 1½ voet open 1 sterck
8. Fluyt 4 voet gedeckt 1 sterk
9. Scherp secx open 2 sterck
10. Geemshoorn 2 voet open 1 sterck
11. Cornet open 4 sterk

in den diskant 408 sprekende pijpen
in den bas   264 sprekende pijpen
Totalis   672

---

4 J.L. van der Gouw, *Het ambacht Voorschoten*, Voorburg, 1956, p. 50.
5 OAV, kerkrekeningen 1716, nr. 531, fol. 73.
6 OAV, kerkrekeningen 1721, nr. 532, fol. 85'-86.
7 OAV, nr. 565.

2. Sal den aennemer moeten maken een palmen clavier met swarte eyken-houte halve thoonen van 48 stecken, sijnde dese naervolgende: C D Dis E F Fis G Gis A B H c cis d dis e f fis g gis a b h c' cis' d' dis' e' f' fis' g' gis' a' b' h' c" cis" d" dis" e" f" fis" g" gis" a" b" h" c'".

3. Sal hij aennemer moeten leveren alle de trectuere tot de registers, walsbort ende de selvege behoorlijk doen trecken.

4. Sal den voornoemden moeten leveren 2 ende des nodig 3 blaesbalken naer vereys van 't werck omtrent 5 voet 1½ lanck ende breedt omtrent 3 voet.

5. Sal hij alle de windbuysen daer toe behoorende met de druckregels van de blaesbalken met alle sijne toebehoorten moeten leveren met het eyserwerck daer toe noodig.

6. Sal hij gehouden sijn de pijpen in de monstrerantie te verfoulien en de monden te vergulden met fijn goudt.

7. Sal hij aennemer gehouden sijn te maken een voetclavier gecoppelt met een walsinghe aen het handtclavier van een octaaf langk.

8. Het onderste monsterwercxken te maken van loode stomme pijpen ende selvige mede te verfoulien ende monden vergulden gelijk de bovenste en voorts alle de pijpen tot het gantsche werck behoorende van loot te maken.

9. Sal het selve werck in staedt moeten stellen tot genoegen van de heeren bestederen en genoegh bequaem tot dienst van de kercke en gemeente voornoemt.

10. Sal den aennemer bevougt sijn tot sijnder eeren, dog sonder laste ofte kosten der heeren besteders, dit werck te verbeteren.

11. Sal tot laste der heeren bestederen sijn het overhalen te schepe van het gantsche werck met alle het gereetschap tot het selvege werck te perfectioneren nodig en wederom het gereetschap met alle overgeschote matrialen tot Breda terug late vouren.

no. 2   Timmerwerck en eyserwerck en verdere materialen.

1. Vooreerst sal den aennemer moeten leveren een kasse met het ocsael van grijnen houdt na de tijkeninge daer toe sijnde met een agter ocsael daer de blaasbalken leggen moeten.

2. Sal tot de balken, daer het werck op staen moet, mogen nemen masthout, alsmede de aghterstellinge daer de blaasbalken op moeten leggen ook het geene dat balken of ribben sijn.

3. Alle het snijwerck daertoe behoorende en in de tijkeninge ter neder gestelt ten sijnen kosten laten snijden en daertoe leveren alle het houdt.

4. Alle het ijserwerck tot het coppelen van voornoemde werck en om het selve
vast te maken, oock alle de spijkers, verkeer, eysers, houwvasten, winckelhaken
en des meer gerequireert werdende.

5. Of het geviel dat de heeren bestederen niet en verstonden dat het werck op
twee houte pilaren soude staen om de bancken die daer onder mogte staen niet
te belemmeren om het ciraet van de kercke niet te benemen, soo sal den
aennemer in dien gevalle het selvige met sijn agterwight moeten hangen soo
het best goedt geoordeelt werdt en vorders het met eysere staven in de muer
ofte thooren moeten koppelen.

6. Het loofwerk voor de pijpen met fijn goudt laten vergulden, de kas met het
verdere snijwerck laten verven, soo het de heeren bestederen goedt oordeelen,
ende met soodanigen couleur als het haer Ed. best soude mogen bevallen.

Jacobus Zeemans presenteert het werck rakende de eerste conditie, no. 1, ten
sijnen kosten, sonder de vraghten, aen te nemen voor de somme van 1 duysent
gulden.
De tweede conditie no. 2, voor het snijwerck in de tijkeninge begrepen met het
leveren van het hout daer toe nodig en het vergulden van het loofwerck om de
pijpen de somme van 160 guldens.
Het verdere, sijnde de kasse ende het ocsaal met het agterwerck, het hangen,
verven en alle het eyserwerck, soo het op houte pilaren mag staen, de somme
van 350 guldens. En soo het moet hangen sonder pilaren 50 guldens meer.
Versoeckende volgens gebruyck om alles met gereet gelt te konnen koopen in
avans het derde paert van de somme hier genoemt, en als het getransporteert is
eer den aennemer tot Voorschoten aen het werk gaedt tot de helft van de
bedonge somme en het resterende als het werck geperfectioneert is oftewel als
het 6 weken sijn dienst heeft gedaan.'

In hetzelfde dossier bevinden zich nog twee andere ontwerpen van orgelbou-
wers, die zelf hun diensten aanboden of daartoe uitgenodigd werden.

Het eerste ontwerp

'Opstel of gedaghten tot een bequam orgel als volght

1. Prestant	8 voet
2. Holpijp	8 voet
3. Quintede	8 voet
4. Trompet	8 voet
5. Octaef	4 voet
6. Super Octaef	2 voet
7. Sexquialter	4 dubbelt regterhant
8. Cornet	4 dubbelt regterhant

9. Fluyt gedeckt   4 voet
10. Mixtuer   1½ voet 3 en 4 dubbelt
11. Scharp   1 voet 3 dubbelt
Een trambelant
3 blaesbalken lanck 7 voet en breet 4½ voet.'

Het tweede ontwerp

'Een opstel om een orgel met een clavier (en met 4 octaven lang) te maken in de kerk van Voorschoten, daar dese navolgende registers in soude zijn

1. Een Prestant van agt voet
2. Een Quintadeen ook agt voet.
3. Een Octaav van vier voet.
4. Een Sexquialter van drie voet int geheel deur.
5. Een Superoctaav van twe voet.
6. Een Cornet in de regterhandt vier dik.
7. Een Mixtuur drie en vier dik van anderhalff voet.
8. Een Scharp drie en vier dik van een voet.
9. Een Trompet van agt voet.
10. Een Holpijp van agt voet.
11. Een Fluyt gedekt van vier voet.
12. Een Gemshoorn van twe voet.

Tot zoo een werk zijn drie blaasbalcken nodig van agt voeten lang en vijf voeten breet.'

Beide ontwerpen zijn ongesigneerd en ongedateerd. Evenmin vermelden zij een prijsopgave. Het handschrift van het eerste wijst sterk in de richting van dat van Jan Duyschot, woonachtig in het nabijgelegen Leiden.

De kerkmeesters gaven aan Zeemans de voorkeur boven de twee andere bouwers. Op 9 oktober werd het definitieve bestek opgemaakt.[8]

VOOR KERK EN ARMEN

In manieren en op de conditien hierna volgende hebben schout en kerkmeesters der vrije heerlijkheyt van Voorschooten, mitsgaders predicanten en diaconen aldaar, met consent en approbatie van den Hoog Ed. Heer Arent Baron van Wassenaar, Heer van Duvenvoirden, Voorschoten, Veur, als gifter

---

8 OAV, nr. 565.

en patroon van de kerk tot Voorschoten, aanbesteet aan Jacobus Zeemans, organist tot Breda, en is bij den selven Zeemans aengenomen te maeken en op te rigten een seer goet, deugtsaam en bequaam orgel in de kerk tot Voorschoten voornoemt.

Eerstelijk sal den aannemer voor reekeninge van de besteders om de civilste prijs hem doenlijk moeten inkoopen een oudt orgel met alle hetgeen daeraen en toebehoort, sulx en soodanigh als het selve reets gevisiteert en ondersogt is, staende ten huyse van de weduwe van Cousijns tot 's Hage, volgens memorie daer van overgelevert.

Welk voorsz. orgel met den aankleve van dien door den aannemer sal moeten werden gerepareert en herstelt omme tot een nieuw orgel gemaekt te werden in soo verre het selve wel na behooren en vereysch van saeken dienstigh en bruykbaer bevonden sal werden, en in plaetse van de onbequame werktuygen sal den aannemer tsijnen kosten andere bequame nieuwe moeten maeken, mits alsdan de oude onbequaeme sullen blijven ten behoeve en proffijte van den aennemer.

Nogh sal den aannemer bij dit te repareren werk opnieuw tsijnen kosten moeten maeken en leveren alle soodanige instrumenten en werktuygen met den aankleven van dien als hij insgelijks bij memorie agter de lijst van 't oude werk in 't breede gespecificeert en opgegeven heeft.

Nogh sal den aannemer als vooren tsijnen kosten gehouden sijn te doen maeken en leveren alle het timmer- en ijserwerk met de materialen die tot de compleete oprigtingh van 't voorsz. orgel nodigh en vereyscht werden en daernevens moeten besorgen het vergulden met al het schilder-, snij- en loffwerk, sulx en soodanig als bij affteekeninge en memorie in ses art. opgegeven is.

Indien hiervooren off in de opgegevene memorie, hier vooren aangeroert, nogh yets vergeten off overgeslagen mogte wesen tgeen tot welsijn van dit orgel dienstigh off nodigh was, sal het selve door den aannemer moeten werden gesuppleert en bijgevoegt, sulx dat den selven niets minder maer wel beeter en meerder tot de deughtsaemheyt en welstandt van dien sal mogen toedoen.

Laastelijk sal den aannemer dit nieuw orgel geduurende den tijd van ses weeken naerdat het de eerste mael in de kerk dienst sal gedaen hebben tsijnen kosten moeten onderhouden omme bequaam en naer behooren bespeelt te kunnen werden.

Ende dit alles voor een somme van twaalff hondert en tien gulden eens gelt sonder eenigh extraordinaris offte buyte werk te mogen reekenen, te betaelen in drie termijnen, als vijffhonderttien gulden gereet en driehondertvijfftigh gulden, wanneer alles tot Voorschooten tot d' oprigtingh van dien in de kerk getransporteert en overgebragt sal sijn en de laetste driehondertvijfftigh gulden op ses weeken na de oprigtingh, als het selve geapprobeert en goetgekeurt sal sijn.

Dogh sal den aannemer geduurende tot Voorschoten alleen genieten vrij vuur en ligt sonder meer en sulx gehouden sijn te doen sijn eygen kost en drank.

De besteeders sullen te haeren lasten houden het transport en overvoeren soo van 't oude in te koope orgel als van alle andere materialen en instrumenten in desen noodigh en gerequireert werdende.

Actum en ten oirconde deese getekent den 9e october 1718.

S. Poyntz   W. Velse, pred.
Jan Weschin   David Overbeek'
Jacobus Zeemans
1718

In het bestek is prake van een oud orgel, staande ten huize van de weduwe van Cousijns in 's-Gravenhage. Dit instrument moest Zeemans verwerken in het nieuw te maken Voorschotense orgel. De dispositie en de door Zeemans voorgestelde uitbreiding zijn neergelegd in de volgende memorie.[9]

'Bestedingh van 't orgel in de kerck van Voorschoten. Den 9e october 1718. Het oude orgel heeft in sig dese naarvolgende registers, te weten

1. Holpijp 8 voet doorgaande 1 sterk
2. Prestant 4 voet doorgaande 1 sterk
3. Sexquialter gehalveert 2 sterk
4. Fluit 2 voet doorgaande getuitert 1 sterk
5. Octaaff 2 voet doorgaande 1 sterk
6. Mixtuur klein gehalveert 2 sterk
7. Suiflet 1½ voet twee octaven 1 sterk
8. Suiper Octaaff 1 voet doorgaande 1 sterk

Het secreet is lang binnen de windlade 4 voet 10 duim Bredase maat.
Het secreet is diep 2 voet 4 duim.
Twee blaasbalken lang 4 voet 7 duim en breed 2 voet 5 duim.

Nota. De grootste Cis Dis Fis in de Holpijp manqueren en soude nieuwe in de plaats moeten gemaakt werden.

Daar sijn verscheide doorspraken in het oude secreet, die soude soo veel mogelijk is moeten geholpen werde.

Het is een lang clavier van 49 stekken.

Dit bovenstaande oud orgel begrijpt in zig te samen 466 sprekende pijpen. Hier soude bij behooren 3 blaasbalken van 5 voet en 6 duim lang en breet ontrent 3 voet, een nieuw welbord na vereis van de kasse in hoogte.

Nieuwe tuimelaars ofte trekkers tot de registers, mitsgaders de Prestant in het front te brenge en verfoulien, de monden te vergulden na behoore.

De conduyten of windleidinge daartoe te maken.

---

9 OAV, nr. 565.

Alle de windbuisen van de blasbalken tot het secreet toe moeten ook alle nieut maken en leiden.

Ook soude hiertoe konnen werden en bijgevoegt dit navolgende, te weten:

Een secreet van 2 octaven in den discant onder in de kasse met een clavier van 2 octaven mer dese naarvolgende registers

1. Prestant 8 voet 1 sterk
2. Holpijp 8 voet 1 sterk
3. Octaaff 4 voet 2 sterk
4. Sexquialter 2 sterk
5. Cornet de onderste sprekende op 4 voet 4 sterk
6. Mixtuur 3 sterk
7. Quint 1½ voet 1 sterk, wat dik van corpus
8. Octaaff 2 voet 1 sterk

Hetwelke zoude dienen om op te speelen gelijk offer twee clavieren waren.

Dit bigevoegde niewe werk begrijpt in zig resamen 375 spreekende pijpen. Totalis 841 pijpen.

Dit nevenstaande consept presenteert Jaconus Zeemans te effectueren voor de somma van 650 gulde, mits de heere het oude werk ten haren kosten hem tot Voorschoten in de kerk leveren. Blijvende buitendien tot laste van de heere besteders het maken van de kas, snijwerk, vergulde, verven, mitsgaders het oxsaal, het plaatsen en hangen van dezelve, alsmede soo lange alsser in de kerk aan het orgel gewerkt wert vier en ligt volgens ouder gewoonte.'

Caspar Cousijns, uit wiens nalatenschap het genoemde orgel werd aangetrokken, was van 1697 tot 1717 organist van de Grote Kerk te 's-Gravenhage. Tevens was hij stadsbeiaardier. Op 5 augustus 1697 '...is hij burgemeesteren vermidts de indispositie van Stephanus Cousins tot klokkespeelder aangestelt desselvs soon Caspar Cousins op het tractement van drie honderd guldens als bij sijn vader genoten is geweest en dewijl gemelte Caspar bij kerkmeesteren van de Groote Kerk tot organist mede in plaats van sijn vader was aangesteld sijn den selven ook toegevoeght de honderd guldens jaarlyx voor het onderhouden van 't orgel, die gemelten sijnen vader uyt de thesaurie deser stede toegeleyt sijn geweest, onder speciale conditie, dat hij meergenoemden sijnen vader, desselfs leven langh geduyrende, sal moeten alimenteren en onderhouden.'[10]

De doopinschrijving van Caspar Cousijns werd niet gevonden. Op 2 mei 1700 trouwde hij met Catharina van Dalfsen in de Engelse Kerk te 's-

---

10 's-Gravenhage, Gemeente-archief. Oud-archief, *Resolutiën van Baljuw, Burgemeester en Schepenen*, nr. 55, fol. 9.

Gravenhage.[11] Uit dit huwelijk werden drie kinderen geboren.[12] Cousijns overleed in oktober 1717.[13]

Over de herkomst van het orgel van Cousijns kon niets worden vastgesteld. Wel is het opmerkelijk dat hij als organist in het bezit was van een huisorgel. De meeste organisten waren eigenaar van een clavecimbel, dat zelfs als tweeklaviers instrument in een lagere prijsklasse viel.[14]

Het orgel van Cousijns werd in oktober 1718 voor ƒ300 gekocht.[15] Uit de kerkekas ontving Catharina van Dalfsen, zijn weduwe, nog ƒ9 '...tot een present boven de somme van driehondert guldens dewelke bij de diaconye armen van Voorschoten over de kooppenningen van eenige orgelpijpen sijn betaelt'.[16] De kerkmeesters hadden met de diaconie de volgende overeenkomst gesloten: '...dat wij het nieu te maeken orgel in de kerk van Voorschooten, huyden door ons aan Jaconus Zeemans aanbesteet, mitsgaders het oude orgel, door den selven Zeemans voor ons reekening ingekogt, tesamen in 't gemeen en sulx yder voor de geregte helfft sullen betaalen en voldoen, gelijk wij ook met den anderen in 't gemeen sullen onderhouden en bekostigen den organist en blaaser, die jaarlyx tot het bespeelen van 't gemelte orgel noodigh en vereyscht sullen werden, alsmede de noodige reparatien die van tijd tot tijd tot onderhout van 't selve sullen komen te vallen'.[17] De overeenkomst werd wel nageleefd ten aanzien van de betaling van de organist, niet ten aanzien van het latere onderhoud.

Het orgel heeft voor het eerst dienst gedaan op 3 november 1720.[18] Blijkens een dispositieopgave uit het jaar 1720 waren er ernige afwijkingen ten opzichte van de memorie bij het bestek van 9 oktober 1718.[19]

'In het orgel in de kerk tot Voorschooten zijn de volgende registers alle gehalveert, in den

Bas			Discant		
	voet	*pijpe*		*voet*	*pijpe*
Holpijp	8	29	Holpijp	8	24
Gemshoorn	2	25	Gemshoorn	2	24

---

11 's-Gravenhage, Gemeente-archief, DTB 306.
12 's-Gravenhage, Gemeente-archief, DTB 9, 10 en 175.
13 's-Gravenhage, Gemeente-archief. Oud-archief, *Rekeningen van de tresorier Nicolaas Dierquens*, nr. 1332, fol. 15.
14 A.J. Gierveld, *Het Nederlandse huisorgel in de 17de en 18de eeuw*, Utrecht, 1977, p. 54-55.
15 OAV, diaconierekeningboek, nr. 46.
16 OAV, kerkrekeningen 1719, nr. 532, fol. 74-74'.
17 OAV, nr. 565.
18 OAV, nr. 565.
19 OAV, nr. 565.

Fluit	4	25		Fluit	4	24
Suiflet	1½	25		Quint	3	24
Quint	1½	29		Suiflet	1½	24
Super Octaaff	1	29		Super Octaaff	2	24
Tertiaan		25		Super Quint	1½	24
Mixtuur		87		Sexquialter		48
Octaaff	2	29		Mixtuur		72
Prestant	4	29		Octaaff	4	24
				Cornet		96
		332		Prestant	8	34
						442

Onder in de kas tot den discant

	voet	pijpe
Holpijp	8	25
Tertiaan	2	25
Super Octaaff	2	50
Prestant	8	46
Cornet		100
Octaaff	4	25
Mixtuur		75
Sexquialter		50
Nasaat	1½	25
	421	332	442

In 't geheel 1195 sprekende pijpe.'

Zeemans leverde aanmerkelijk meer dan overeengekomen was. Dat de
kerkmeesters over zijn werk tevreden waren blijkt uit het 'present extra-
ordinair' dat Zeemans toegevoegd werd: het niet geringe bedrag van ƒ300.
Zijn kinderen en assistenten ontvingen in totaal ƒ50.[20] Aan Adolf en Nicolaas
Cruytbergen werd ƒ56 betaald voor het aanbrengen en schilderen van de
wapens van Arent IX Baron van Wassenaer en zijn echtgenote, Anna Margriet
Bentinck.[21]
    Interessant is *een analyse van het orgel*, dat Zeemans voor de kerk van
Voorschoten bouwde.

---

20 OAV, kerkrekeningen 1720, nr. 532, fol. 74-74'.
21 OAV, kerkrekeningen 1720, nr. 532, fol. 75'.

De scheiding van het lang klavier in bas- en discantregisters is karakteristiek voor Zeemans. Men treft deze ook aan in het eerste ontwerp dat hij inleverde. De door hem gebouwde orgels van Leur[22] en Zevenbergen[23] hadden beide uitsluitend gehalveerde registers. Evenzo het orgel dat Zeemans van Roosendaal naar Etten overplaatste en bij die gelegenheid wijzigde.[24] Naar de zuidelijke trant lag de scheiding steeds tussen c′ en cis′.

De klavieromgang volgens het eerste ontwerp was C, D-c‴ (48 toetsen). In de dispositieopgave van 1720 doet zich ten aanzien van de basregisters een merkwaardigheid voor: sommige bestaan uit 25 pijpen, andere uit 29 of een veelvoud daarvan (Mixtuur). Aannemelijk is de veronderstelling dat de Prestantregisters waren uitgebouwd in het contra-octaaf, waarschijnlijk G, A, B en H. De orgels van Leur en Etten waren eveneens van deze tonen voorzien. Een aangehangen pedaal van 1 octaaf was, zoals in Etten, gekoppeld '...aen den bas van het hantklavier...om altijt te grover bassen te konnen gebruyken onder het gesangh'.[25] Door de uitbreiding in het contra-octaaf kon de suggestie van een zestien-voets pedaal gewekt worden.

Naar Frans model is het discant-klavier in de onderkas. Het diende 'om op te speelen gelijk offer twee clavieren waren'. De omvang was c′-c‴.

Op beide klavieren komen zowel een Sexquialter als een Cornet voor, zonder twijfel om 'de vooys te verstercken'. Voor de overvloed aan vulstemmen en hoge stemmen (er was zelfs een verdubbeling van de Octaaf 2′ in het onderpositief) kon de Fa. Lohman in 1839 maar weinig waardering opbrengen. Het bestek vermeldt 'dat de kleine schreuwende vulstemmen zullen vervallen'.[26]

Op het Voorschotense orgel ontbraken – evenals op al zijn andere instrumenten – tongwerken.

De Prestant 8′ van het lang klavier (34 pijpen) liep waarschijnlijk door in het klein octaaf; die van het onderpositief (46 pijpen) was mogelijk verdubbeld.

Concluderend kunnen we zeggen dat Zeemans het orgel in Voorschoten met name eigenschappen heeft meegegeven die het instrument optimaal konden doen functioneren ten dienste van de gemeentezang.

22 G. Fock, 'Een tweetal aanvullingen op Hess' *Dispositiën* uit 1774', in: *Het Orgel*, 1890-1960, p. 55.

23 K. Bolt, 'Het orgel in de Herv. Kerk te Leur', in: *Het Orgel*, 1973, nr. 11, p. 325-326.

24 *Bouwstenen voor een geschiedenis der toonkunst in de Nederlanden*. ed. C.C. Vlam en M.A. Vente, deel 1, Amsterdam, 1965, p. 69-73.

25 *Ibidem*, p. 71.

26 Archief van de Hervormde Gemeente van Voorschoten en Veur, nr. 74.

ONDERHOUD

Na de bouw van het orgel zijn aan Zeemans geen betalingen meer gedaan voor
verder onderhoud. Stembeurten en reparaties werden verricht door orgelmakers die hun werkplaatsen in de directe omgeving hadden, vooral in Leiden
en 's-Gravenhage.

In 1735 werkte Rudolph Garrels aan het orgel. Voor schoonmaakwerk en
verdere reparaties ontving hij ƒ155. Het werk opgenomen door Frederik
Eduard Day, organist van de Hooglandse Kerk te Leiden, waarvoor deze
ƒ 2.10.– ontving.[27]

Pieter Assendelft voerde een reparatie uit in 1753 voor ƒ 100.[28]

Johannes Mitterreither herstelde het orgel in 1768 voor ƒ 150[29] en in 1779
voor ƒ145.[30] (Mitterreither bouwde ook het orgel in de Rooms-Katholieke
Kerk van Voorschoten[31])

Van 1782 tot 1786 werd het orgel jaarlijks onderhouden door Johannes
Werner voor ƒ21[32], van 1787 tot 1799 door Joachim Reichner voor ƒ25.[33]
Vanaf 1801 nemen diens zonen Emanuel en Samuel het onderhoud over.[34]

In 1831 werkte de Leidse orgelmaker C. Hagedorn aan het instrument.[32]

Een algehele ombouw door de Fa. Lohman volgde in 1839-1840.[36] Slechts
de kas en een klein gedeelte van hetpijpwek bleven behouden. In een brief aan
de kerkvoogdij van 6 augustus 1839 spreekt Lohman over de 'zonderlinge
constructie van het orgel, waardoor van het benedenwerk bijna geen genot kan
worden getrokken, uit hoofde dat hetzelfde geene bassen bezit'.[37] Het is niet
verwonderlijk, dat Lohman zulke ingrijpende wijzigingen toepaste. Veran-
derde orgelbouw- en musiceerpraktijken hadden de overlevingskansen van
het instrument, dat zo zeer de stempel droeg van de vroege achttiende eeuw,
uiterst gering gemaakt.

27 OAV, kerkrekeningen 1735, nr. 536, fol. 30.
28 OAV, kerkrekeningen 1753, nr. 539, fol. 27'.
29 OAV, kerkrekeningen 1768, nr. 541, fol. 30'.
30 OAV, kerkrekeningen 1779, nr. 542, fol. 24'.
31 J. Hess, *Dispositiën van Kerk-Orgelen welke in Nederland worden aangetroffen*. Met aantekeningen van
B.J. Gabry, p. 126.
32 OAV, kerkrekeningen 1782-1786, nr. 543.
33 OAV, kerkrekeningen 1787-1799, nr. 543 en nr. 544.
34 OAV, kerkrekeningen 1802, 1807, 1810, nr. 545.
35 Archief van de Hervormde Gemeente van Voorschoten en Veur, nr. 60.
36 Archief van de Hervormde Gemeente van Voorschoten en Veur, nr. 74.
37 Archief van de Hervormde Gemeente van Voorschoten en Veur, nr. 60.

Improvisation oder die Kunst der Bearbeitung in der ersten Hälfte des achtzehnten Jahrhunderts

Gert Oost

Die Niederlande haben in der Welt eine hervorragende Stellung als Orgelland. Historische Orgeln stehen in zahlreichen großen Stadtkirchen, aber auch in vielen Dorfkirchen. Die Orgeltradition reicht weit zurück und ist bis heute lebendig geblieben. Der Orgelbau unserer Zeit nimmt seinen Ausgang von historischen Beispielen, die Restaurierungskunst steht in Blüte.

Umso verwunderlicher muß das weitgehende Fehlen geschriebener und gedruckter Orgelliteratur während einer langen Periode dieser Orgelgeschichte erscheinen. Etwa wurden im achtzehnten Jahrhundert monumentale Werke wie die Christian Vater-Orgel in 'de Oude Kerk' zu Amsterdam, die Müller-Orgel in Haarlem, die Bätz-Orgel in 'de Evang.Lutherse Kerk' in Haag gebaut, aber auch in kleineren Städten und in vielen Dörfern ließen die Behörden Orgeln in den Kirchen einrichten.

Der erwähnte Mangel an gedruckter und geschriebener Orgelmusik läßt aber die Frage entstehen, welche Musik auf diesen Orgeln gespielt wurde. Die Antwort auf diese Frage scheint einfach: die Orgel wurde an erster Stelle benutzt, um den Gemeindegesang zu begleiten. Der Organist von Beruf tat dies improvisierend: jeder Strophe gab er ihre eigenen Verzierungen und harmonische Farbe. Der Amateur-Organist konnte gedruckte Choralbücher benutzen, die in verhältnismäßig großer Auswahl während des achtzehnten Jahrhunderts erschienen, versehen mit ausführlichen Einleitungen über die Ausbarbeitung des Basso Continuo und über die Ausführung der reich verzierten Melodiestimme. Weiterhin lautete der Auftrag des Organisten, vor oder nach dem Gottesdienst und – in größeren Ortschaften – an den Markttagen Variationen über die Psalmenmelodien zu spielen. Die Organisten von Beruf improvisierten diese Variationen, die Amateure konnten die Begleitungen als Orgelchoral spielen. Alle Fragen sind hiemit dennoch nicht gelöst. Aus Organistenanweisungen und anderen Beschreibungen über Orgelspiel und Benutzung der Register geht hervor, daß auf der Orgel viel mehr als nur Psalmenvariationen gespielt wurde, und zwar Fugen als der Orgelmusik besonders eigene Form, wenn auch im galanten Stil weniger beliebt, ferner Tanzsuiten mit Präludium im 'ungebundenen Stil' (wie in Händels Suiten), also Formen, die aus der Klaviermusik im allgemeinen herkommen. Dazu gehört auch die programmatische Musik wie Jagdszenen, Pastoralen, Battaglien, Nachahmungen anderer Instrumente, usw. Schließlich spielte man Werke, die aus verschiedenen Formen von Kammermusik abgeleitet waren: Duos für zwei Melodie-Instrumente, Trios z.B. für zwei Flöten und einen Baß, auch Konzerte, in denen Solo- und Tutti-Teile einander abwechselten. Auch hier gilt wieder, daß die Organisten von Beruf diese Formen meistens frei improvisiert haben werden. Ihnen diente die gedruckte Literatur nur als Beispiel, während der Amateur sich wohl direkt an sie gehalten haben wird. In beiden Fällen bleibt jedoch die Frage: wie paßten sie dann die gedruckten Beispiele der Orgel an, in jenen Fällen, in dene das Notenbild nicht explizit für die Ausführung auf der Orgel bestimmt war? Und eine zweite Frage: spielte der Organist diese Musik zu Hause auf seinem Cembalo in der gleichen Weise wie auf der Orgel? Letzteres scheint gewiß nicht der Fall gewesen zu sein.

Auf den Titelseiten der Choralbücher wird erwähnt, daß die Fassungen auf der Orgel oder auf dem Cembalo gespielt werden können. In den Vorwörtern werden oft verschiedene Richtlinien zur Ausführung des Notenbildes auf Orgel und Cembalo gegeben. Der Spieler mußte sich jeweils nach dem Instrument richten, auf dem er spielte: sei es die große Kirchenorgel mit mehreren Manualen und Pedal, die kleine Hausorgel mit einem Manual und getrennten Registern im Baß und Diskant oder das Cembalo.

Wir haben hier also jeweis mit besonderen Formen der Improvisation zu rechnen. Diese Art der Ausführung, mit der Kunst der Bearbeitung ver- gleichbar, war namentlich in Deutschland in der ersten Hälfte des achtzehnten Jahrhunderts sehr beliebt. Die Regeln für diese Art der Improvisation findet man zum Teil in den allgemeinen Lehrbüchern des Klavierspiels, der Ausarbeitung des Basso Continuo, der Verzierung des Notenbildes mit 'wesentlichen und willkürlichen Manieren', usw. Einen besseren Einblick gewährt jedoch das Studium ausgeschriebener Orgel- oder Cembalo- Bearbeitungen solcher Werke, die ursprünglich für andere Besetzungen geschrieben wurden. Für diesen Zweck empfehlen sich als Ausgangspunkt Werke von Johann Sebastian Bach, der ein Meister in der Kunst der Bearbeitung wie auch ein großer Improvisator war, und gewiß in der Lage war, etwa ein Concerto für Soli und Tutti auf seiner Orgel zu improvisieren.

Die holländischen Organisten, von denen im Anschluß die Rede ist, haben zwar Bachs Oeuvre fast nicht gekannt, doch geht aus den Beschreibungen hervor, daß sie wohl die gleichen Bearbeitungstechniken anwandten. Um ein genaues Bild von dieser improvisierten Bearbeitungskunst zu erlangen, muß eine Anzahl der Charakteristika von Orgel und Cembalo festgehalten werden.

1 Zur Orgel gehört an erster Stelle die polyphone Schreibart, ursprünglich aus der Motettenkunst der Renaissance hervorgegangen. Die Stimmenanzahl der entsprechenden Kompositionen, die bis weit in das achtzehnte Jahr- hundert oft in Partiturform notiert werden, bleibt innerhalb des Werkes konstant. Am Cembalo wechselt sie hingegen stark, woraus sich die Möglichkeit dynamische Unterschiede, Taktakzente, und andere Effekte anzubringen ergibt. In der Notation für die Orgel gibt es sowohl für polyphone wie auch homophone Werke eine Trennung in Melodie und Begleitstimmen, während in Cembalowerken Melodie und Begleitung eng miteinander verwoben sind; die Melodieführung geht oft von einer Stimme in die andere über.

2 Ein charakteristischer Unterschied zwischen Orgel und Cembalo ist die natürliche Tondauer: auf der Orgel kann der Ton, wenigstens wenn die Luftzufuhr genügt, 'endlos' weiterklingen; auf dem Cembalo verklingt der Ton nach kurzer Zeit.

3 Kennzeichnend für die Orgel ist auch das Pedal. Es kann verschiedene Funktionen haben: als Baßklavier, mit der Funktion des Basses im Orchester zu vergleichen, als cantus-firmus-Klavier oder lediglich als 'Spielhilfe', um den Ambitus der Hände zum Baß hin zu vergrößern. Zwar kannte man in Deutschland in der hier behandelten Periode das Pedal-Cembalo, doch ist seine Stellung im Vergleich zur Orgel verhältnismäßig bescheiden; es vergrößerte natürlich die Studienmöglichkeit des Organisten erheblich.

4 Kennzeichnend für die Orgel in viel stärkerem Maße als für das Cembalo ist die reiche Abstufung in Klangfarben. Die Kunst des Registrierens ist vielleicht die am meisten essentielle Form der Improvisation auf der Orgel. Durch sie wird das geschriebene Notenbild Orgelmusik. Damit im Zusammenhang steht der deutliche Charakterunterschied der verschiedenen Werke einer Orgel: des Hauptwerkes, des Rückpositivs, des Brustwerkes, des Oberwerkes. Manualwechsel bedeutet daher mehr als nur einen dynamischen Wechsel. Jedes Werk hat seine eigene, mit Solo, Tutti und Begleitung (Continuo) im Orchester zu vergleichende Funktion.

5 Verschieden ist auch der Klavierumfang von Orgel und Cembalo; die Orgel reicht in der ersten Hälfte des achtzehnten Jahrhunderts meistens von C bis c''', ausnahmsweise bis d''', das Cembalo vom Kontra-G bis minimal d'''.

Die fünf erwähnten Unterschiede beeinflussen die verschiedene Elemente der Musik:

1 die Bevorzugung einer festen oder wechselnden Stimmenanzahl bestimmt besonders die Gestaltung der Begleitstimmen;

2 der Tondauer-Unterschied der beiden Instrumente bestimmt die Art und Weise, in der die Melodie ornamentiert wird, und die Art, in der lang notierte Noten in den Begleitstimmen ausgeführt werden sollen;

3 die Benutzung des Pedals bestimmt auch die Lage der Akkorde und die Art der Basslinie;

4 Manualwechsel und Art der Registrierung stehen in wechselseitiger Beeinflussung mit der gesamten Formgebung;

5 der Klavierumfang legt Beschränkung betreffs Melodie und Basslinie auf; diese Form von Improvisation und Bearbeitung betrifft also, wie sich zeigt, an erster Stelle die Begleitfiguren.

Nehmen wir uns also die erwähnten Charakterunterschiede |an Hand der Notation einiger Werke Bachs näher vor.

1 Die Stimmenanzahl in bezug auf Melodieverlauf und Akkordik. Als erstes Beispiel sollen Bachs Partiten *Christ der du bist der helle Tag, O Gott du frommer Gott, Ach, was soll ich Sünder machen* und die erste Fassung von *Sei gegrüßet Jesu gütig* (BWV 766, 768 und 770) dienen. Wahrscheinlich sind diese Werke ihres kirchlichen Charakters wegen der Orgelmusik eingegliedert, obwohl Bach sie als Klaviermusik notierte (Notenbeispiel 1).

Der Choral ist in den ersten drei erwähnten Werken nicht vierstimmig notiert, wie es für die Orgel auf der Hand liegen würde, sondern mit stark wechselnder Stimmenzahl in 4- bis 7-stimmigen Akkorden. Die Ausführung auf dem Cembalo erfordert eine eigene Anpassung: man wird viele Akkorde wegen der weiten Lage oder aber zur Vermeidung von Gegenakzenten im Takt brechen müssen. Spielt man diese Choräle auf der Orgel, so kann mit Hilfe des Pedals die weite Lage der Akkorde behalten werden oder man könnte nach den Regeln jener Zeit den Satz 4-stimmig ausarbeiten, ohne damit Bach zu beeinträchtigen.

Auch in den Variationen selber zeigt sich, wie Bach an vielen Stellen die Cembalonotation benutzte: mit einer stark wechselnden Stimmenzahl, mit Melodien, die von einer Stimme in die andere übergehen, mit Vermischung von Melodie und Akkordik. (Einige Beispiele: Nbsp.2.)

Die letzten zwei Notenbeispiele beziehen sich auf das sogenannte Über-Legato oder Legatissimo-Spielen, eine Praxis, die eher zum Cembalo als zur Orgel paßt. Die Partiten gehören zu Bachs Jugendwerken. Sie entstanden unter dem Einfluß von Georg Böhm in Lüneburg. Der Unterschied zwischen

Orgel- und Klaviermusik ist in jener Periode noch nicht so scharf anzugeben. Auch in Bachs späteren Orgelwerken, in denen die Wahl des Instruments unbedingt festliegt, gebraucht Bach noch regelmäßig Figuren, die eher zum Cembalo-Stil gehören, z.B. das legatissimo im e-Moll-Präludium (BWV 548: Nbsp.3a), das im Verlauf des Stückes auch oft einstimmig notiert wird (Nbsp.3b).

Auch in diesem Werk ist die Stimmenzahl nicht konstant: der linearen führung ist von Zeit zu Zeit eine Art Basso continuo-Ausarbeitung hinzugefügt.

2 Akkord-Notationen wie in Nbsp.2c und 2d sind stark bezogen auf den als zweiten erwähnten kennzeichnenden Unterschied zwischen Orgel und Cembalo: auf *die natürliche Dauer des Tones*. Ein lang notierter Ton verklingt schnell auf dem Cembalo. Das unmittelbar aufeinanderfolgende Hinzufügen harmonischer Obertöne bei Akkordbrechungen wie in den erwähnten Beispielen gibt dem verklingenden Baßton neue Energie. Meistens sieht man in einer Notation für Cembalo, daß am Ende des Akkords der Baßton von neuem angeschlagen werden soll. Im allgemeinen gilt, daß lange Töne neu angeschlagen werden können, z.B. am Takteingang, um damit einen Akzent zu setzen, oder passend zum Rhytmus der übrigen Stimmen. Sehen wir uns in diesem Zusammenhang die Teile von Bachs *Pastorale* (BWV 590) an, ein Werk, das kaum auf Grund seines liturgischen Charakters (Weihnachtsmusik?) der Orgelliteratur einzugliedern ist. Das Werk, dessen Echtheit angezweifelt wird, ist jedenfalls nicht als Einheit komponiert; dies erklärt den befremdlichen Schluß nach a-Moll am Ende des ersten Teiles und den Pedalgebrauch in nur einem der vier Teile. Als Ganzes ist es eine *Suite* (also keine übliche Orgelform) mit vier Teilen: *Pastorale, Musette, Air* und *Gigue.* Die Stimmenzahl wechselt in den ersten drei Teilen stark, in der *Gigue* werden konsequent drei Stimmen beibehalten. An vielen Stellen im zweiten und dritten Teil findet man Figuren von Akkordbrechung und legatissimo-Notation, wie sie oben besprochen wurden. Somit scheint die Notation eher auf Ausführung auf dem Cembalo hinzuweisen; man betrachte auch die Brechungen der Schlußakkorde (Nbsp.2d).

In diesem Licht gesehen, ist auch interessant, in welcher Art die langen Noten – eine Charaktereigenschaft der Musette – dem Metrum oder der

Rhytmik der anderen Stimmen gemäß aufs neue angeschlagen werden sollen (Nbsp.4).

Als Schlußfolgerung ergibt sich: wenn ein für Orgel notiertes Werk auf dem Cembalo ausgeführt wird, kann man lange Noten in einer musikalischen Weise unterbrechen, wie es Bach in diesem zweiten Teil der *Pastorale* zeigt. Auch der dritte Teil bringt wichtige Angaben, namentlich in bezug auf die Begleitungsfiguren. Die wechselnde Stimmenzahl, der Übergang des Melodieverlaufs von einer Stimme zur andern (Nbsp.5) weisen eher auf eine Notation für Cembalo als eine solche für Orgel.

Von hier ausgehend ist es interessant, die Begleitfigur zu berücksichtigen: Akkorde, die sich immer zusammen mit dem Rhythmus im Baß wiederholen, abwechselnd 2-, 3- oder 4-stimmig (Nbsp.6). Das ist eine typische Begleitfigur für Cembalo. Man vergleiche dazu z.B. die Sonate *Der Streit zwischen David und Goliath* von Johann Kuhnau (Nbsp.6a). Auf der Orgel könnte man die Akkorde liegen lassen, während der Baß die Bewegung angibt (Nbsp.6b).

Nun könnte man eine Continuo-Partie ausarbeiten, wie es Bach im *Adagio* der
Toccata, Adagio und *Fuga* in C (BWV 564) tut: der baß im Pedal in Oktav-
sprüngen, die Akkorde auf einem begleitenden Manual (Nbsp.6*c* und 6*d*). Man
könnte auch die Akkorde brechen, sodaß die Akkordik durch Linearität ersetzt
wird. Bach tat dies unter anderem in seinen Bearbeitungen von Vivaldi-
Konzerten: schnell wiederholte Akkorde klingen gut von einem Streicher-
ensemble, auf der Orgel ist das Linienspiel (Nbsp.6*e*) passender. Albertische
Baßfiguren, als Linearausarbeitung einer Continuo-Partie, wurden im Rokoko
als selbstverständlich akzeptiert.

Vivaldi, Violinkonzert D dur (eine Sekunde tiefer)

Bach, Konzert C dur (eine Octave höher)

Zum Schluß ein Blick auf den ersten Teil des *Pastorale:* Weisen die langen Pedalnoten darauf hin, daß das Werk ausschließlich auf der Orgel gespielt werden kann? Erstens könnte man sagen, daß das werk den Ambitus zweier Hände übersteigt, so daß man den Baß wohl mit Pedal zu spielen hat. Ausführung auf der Orgel liegt also auf der Hand. Zu Bachs Zeiten bestand die Möglichkeit, das Werk auf Pedal-Cembalo auszuführen: die langen Noten wurden wiederholt angeschlagen, sei es auf derselben Höhe, oder abwechselnd in Oktaven (vgl.Nbsp.6*f*).

oder   oder

Spielt man ein solches Werk auf einer Orgel ohne Pedal, dann kann man nach den Beschreibungen bei ähnlich langen noten auch ein Stückchen Blei auf die Taste legen oder einen zweiten Spieler um Hilfe angehen!

3 Der erste Teil das *Pastorale* führt uns zum dritten kennzeichnenden Unterschied zwischen Orgel und Cembalo: *die Funktion des Pedals.* Lenken wir unseren Blick auf die Pedalbenutzung in der Partita *Christ der du bist Tag und Licht.* Obgleich Bach die Partiten in einer Weise schrieb, die mehr der Spielart auf dem Cembalo nahekommt, fügte er doch in der letzten Variation dieser Partita eine Pedalpartie ad libitum hinzu (Nbsp.7).

con Pedale se piace.

Anders gesagt: ist ein Pedal vorhanden (wenn z.B. auf einer Orgel gespielt wird), dann kann man den Baß unverziert darauf mitspielen: wenn das Pedal fehlt (wenn z.B. auf einem Cembalo gespielt wird), kann man den Baß mit der linken Hand spielen und Verzierungsnoten hinzufügen. Die Schlußfolgerung: spielt man ein Werk, das für Cembalo notiert ist, auf der Orgel, dan kann das Pedal – wenn wenigstens der Baß dazu geeignet ist – aushelfen; dies bedeutet jedoch nicht daß der Baß genau im Pedal übernommen werden soll. In diesem Fall ist es so, daß Bach nur die Cantus-firmus-Noten übernimmt, die Verzierungsnoten und die zwischenliegenden Teile aber auf dem Manual vorschreibt. Viele andere Werke Bachs gewähren in dieses Anpassen des Baßes an das Pedalspiel guten Einblick. Oft paßt er Fugenthemen, falls sie im Baß liegen, den Möglichkeiten des Pedals an (siehe die *Fuga in G-Dur* BWV 541: Nbsp.8).

Manual   Pedal

Sehr eingreifend sind die Änderungen im Baß der verschiedenen Trios für Orgel, die Bach nach Trios für zwei Soloinstrumente und Continuo bearbeitete.

Einige Beispiele aus dem *Trio G-Dur* BWV 1027ª, bearbeitet nach der *Gambensonate* BWV 1027 und mit der *Triosonate* BWV 1039 übereinstimmend (Nbsp.9).

Tonleiterfiguren werden in Terzgänge umgewandelt, langgebrochene Dreiklangfiguren werden auf die wichtigsten harmonischen Stützpunkte beschränkt. Diese Anpassung einer ursprünglich manualiter auszuführenden Baß-Partie für Pedal bezweckt an erster Stelle leichtere Spielbarkeit; die Grundlage dazu bildet das Spielen nur mit der Fußspitze.

Die Anpassung des Baßes hat jedoch noch einen anderen Zweck. Dies zeigt sich zum Beispiel an den Änderungen, die Bach in Baß des ersten Teiles der vierten *Triosonate* für Orgel anbrachte (BWV 528). Er bearbeitete dafür die

Sinfonia des zweiten Teiles der *Kantate 78,* die ursprünglich für Oboe d'Amore, Viola di Gamba und Continuo geschrieben war. Neben Anpassungen im Zusammenhang mit der Spielbarkeit (Nbsp.10) und neben Anpassungen im

Zusammenhang mit dem Pedalumfang (Oktavverlegungen) sehen wir hier Änderungen aus ganz anderen Gründen, mit der Folge, daß die Pedal-Partie oft bedeutend beweglicher als die übrige Continuo-Partie wird (Nbsp.11*a* und *b*).

Anlaß zu diesen Änderungen ist das Fehlen der Ausarbeitung der Continuo-Partie in der Orgelversion: das Linienspiel an sich ergibt oft sehr unvollständige Akkorde. In den beiden gegebene Beispielen wäre ein Akkord ohne Terz erklungen. Bach ändert die Melodiestimme meistens nicht, der Baß nimmt die fehlenden Noten aus der Continuo-Partie in sich selbst auf. Auch dadurch entsteht eine Art von Albertischer Baß (Nbsp.11*c*).

Eine letzte Möglichkeit für den Pedalgebrauch in Werken, die ursprünglich nicht für Orgel geschrieben worden sind, ist das zum Erklingenbringen des latenten Baßes, d.h. das Pedal fügt der bestehenden Komposition eine eigene Stimme hinzu. In dieser Hinsicht interessant sind die Bearbeitungen der *Konzerte in C und G* von Johann Ernst von Sachsen-Weimar (BWV 592 und 592*a*; 595 und 984). Bach bearbeitete beide Werke sowohl für Orgel als auch für Cembalo. Wenn man die ersten zwei Takte des *Concerto in C* für Orgel mit der Version für Cembalo vergleicht, zeigt sich deutlich, wie der Pedalbaß in der Orgelversion hinzugefügt worden ist (Nbsp.12).

Auch ist es interessant, wie Bach den laufenden Baß im dritten Teil des *G-Dur-Konzertes* in der Cembaloversion mit der beweglichen Partie der linken Hand verwob (Nbsp.13).

Wieviel Freiheit Bach sich im 'Anpassen' erlaubte, geht aus der ersten abschließenden Kadenz im selben dritten Teil hervor (Nbsp.14).

Zusammengefaßt: Bach benutzte in seiner Bearbeitungskunst das Pedal, um den Ambitus beider Hände zu vergrößern, um einen harmonisch unterstützenden Baß hinzuzufügen und um fehlende Akkordnoten durch Akkordbrechungen im Baß zu ergänzen. Als Konsequenz der spezifischen Spielmöglichkeiten auf dem Pedal nimmt er eine eingreifende Anpassung der Baßlinie hin, für die er sich seiner eigenen Formeln bedient.

4 Anhand des *Concerto in C* würde ich auf *die Werke-Einteilung* der Orgel als weiteren kennzeichnenden Unterschied zwischen Orgel und Cembalo erweisen. Ein Cembalo mit mehreren Manualen bietet zwar die Möglichkeit zu schnellem Wechsel in der Dynamik und auch zu einigen Registrierungen, doch sind diese Elemente weniger wesentlich als die Klangschattierungen und die Charakteristika der verschiedenen Werke der Orgel. Wie schon vorher gesagt: die Kunst des Registrierens ist wohl die am meisten essentielle Form der Improvisation, die Musik zu Orgelmusik macht. Da dieser Komplex jedoch eine eigene Untersuchung erfordern würde, soll er im weiteren hier außer Betracht bleiben.

Im Rahmen des 'Anpassens' von Musik, die für andere Instrumente geschrieben wurde oder in der Manualwechsel und Registrationsbezeichnungen nicht angegeben sind, ist es interessant zu sehen, wie Bach das Konzert in C auf der einen Seite für Orgel, und auf der anderen für Cembalo einrichtete. Man sieht, daß der Manualwechsel für die Orgelversion wesentlich ist (Nbsp. 15). Die Abwechslung zwischen Rückpositiv und Oberwerk unterbricht fortwährend die langen Sequenzen des führenden Motivs, das Pedal paßt sich dieser Abwechslung an. Beim Erklingen des Rückpositivs schweigt es, oder bringt nur kurze noten, die das Metrum unterstützen.

Man sieht auch, daß Bach die Teile auf dem Rückpositiv eine Oktav tiefer
verlegt, vielleicht um den Oktavunterschied zwischen dem 16-Fuß-Plenum
des Oberwerkes und dem 8-Fuß-Plenum des Rückpositivs hervorzuheben:
der Klavierwechsel ist offensichtlich an sich wesentlich, genügt jedoch oft noch
nicht. Improvisation, Komposition und Bearbeitung greifen hier ineinander,
weil es sich nicht nur um Verzierung, Umspielen oder Anpassung, sondern
um wesentliche Formgebung handelt.

5 Wir kommen zu dem zuletzt erwähnten kennzeichnenden Unterschied
zwischen Orgel und Cembalo: *dem Manualumfang.* Ein anscheinend un-
wichtiger Punkt; wenn man jedoch feststellt, wieviel Mühe und Arbeit Bach
sich gab, um vorhandene Werke dem Klavierumfang der Orgel anzupassen,
erscheint diese Tatsache wichtiger, als es zunächst den Anschein hatte. Bei
Trios aus Gambensonaten und bei anderen für Orgel bearbeiteten Trios sehen
wir oft, daß Soloteile wo erforderlich um eine Oktav verlegt werden. Dasselbe
geschieht auch oft im Baß, weil der Pedalumfang Einschränkungen auferlegt.

Einen anderen rigorosen Eingriff wendet Bach oft an nämlich eine allumfassende Transposition, meistens um einen Ton niedriger: Das *Präludium* aus der *Partita für Violine Solo in E* (BWV 1006) wird zur *Sinfonia für Orgel und Orchester in D-Dur* in *Kantate 29,* die *Sinfonia* von *Kantate 169 in D-Dur* ist eine Transposition des *Konzertes für Cembalo in E* (BWV 1053). Auch einige Orgelwerke schrieb er von neuem, um innerhalb des Pedalumfanges von C–c′ zu bleiben. *Präludium und Fuge in c-moll* (BWV 549) stand anfangs in d-moll. Merkwürdig verhält es sich mit *Präludium und Fuge in C-Dur* BWV 545; dieses Werk ist auch in B-Dur bekannt; die Transposition machte jedoch die Anfangstakte völlig unspielbar. Das erste Pedalthema kann unmöglich transponiert werden (Nbsp.16). Bei der Bearbeitung – sie stammt allerdings nicht von Bach selbst – blieben daher diese Anfangstakte weg und in Analogie damit auch die verwandten Schlußtakte. Merkwürdigerweise wurde diese Version auch wieder in C-Dur aufs neue geschrieben.[1]

---

1 Walther Emery, editorial note in: *J. S. Bach, Prelude, trio and fugue in B flat for organ, from the Benjamin Cooke manuscript,* Novello, London, 1958.

Bachs Bearbeitungskunst kann also als meisterhaftes Beispiel für die Möglichkeiten der Anpassung an das jeweilige Instrument gelten. Sie kann hier
keineswegs erschöpfend behandelt werden; es geht hier ja um die Frage,
inwiefern die Improvisationskunst z.B. von holländischen Organisten mit der
Bearbeitungskunst ihrer deutschen Kollegen übereinstimmte. Dabei ist allerdings von vornherein zu bemerken, daß die sogenannten holländischen
Organisten im achtzehnten Jahrhundert zum größten Teil deutsche Ein-
wanderer waren, die in Holland als Organisten und Musiklehrer gastfrei
aufgenommen wurden. Zudem befinden sich auch unter denjenigen, die
Ausführungsregeln zu Papier brachten und damit direkten Einfluß auf die
Praxis in Holland ausübten, deutsche Namen, wie Conrad Fr.Hurlebusch,
Leon. Frischmuth, Georg Neumann, Wilhelm Lustig, Christian Graf und

Joachim Hess (zwar in den Niederlanden, jedoch von deutschen Eltern geboren).[2]

Obwohl ihre Schriften mehr Aufmerksamkeit auf Registrationswahl und 'Orchestrierung' auf der Orgel, auf Formgebung der freien Improvisation nach bestehenden Vorbildern, auf Formgebung und Aufführungspraxis für bestimmte Arten von Werken, die wesentlichen und willkürlichen Manieren und ähnliches verwenden, findet man dennoch kleine Anleitungen für das Anpassen von Musik an das Instrument auf dem man spielte. Und hier kann man die oben behandelten Regeln für das Bearbeiten wiederfinden.

Einige Beispiele. Im Zusammenhang mit dem natürlichen Unterschied in der Tondauer sagt Hurlebusch im Vorwort zu seinen 150 Psalmen Davids[3] ausdrücklich, daß man während des Spielens auf dem Cembalo die langen notierten Baßnoten zweimal anzuschlagen hat, auch damit man besser den Takt einhalte! Lustig spricht über das Spielen von schönen harmoniösen 3-stimmigen Sonaten für Querflöten und Geigen und Baß auf der Orgel.[4] Er schreibt auch über das Anpassen des Baßes beim Pedalspiel: der Baß habe dann in mehr 'singbaren Sprungen' zu verlaufen.[5] Bei der Begleitung weist er noch auf einen anderen Unterschied zwischen Orgel und Cembalo hin, nämlich auf den der Tonhöhe.[6] Um den Unterschied zwischen Kammer- und

---

2 Conrad Fr.Hurlebusch, *Vorwort zu den 150 Psalmen Davids met derzelver Lofgezangen,* Amsterdam, 1741.[2]

Leonard Frischmut, *Gedagten over de beginselen en onderwijzingen des clavecimbaals,* Amsterdam, o.J., reprint-edition, A.J.Heuwekemeyer, Amsterdam, 1970/02.

Georg Neuman, *De muzicale zangwijzen van Het Boek der Psalmen nevens de gezangen bij de Hervormde Kerk van Nederland in gebruik* [...], Amsterdam, 1776.

Willem Lustig, mit Name in: *Samenspraaken over muzikaale Beginselen,* Amsterdam, 1765, und in: *Inleiding tot de Muziekkunde,* 0.0. 1771.[2]

Christian Gra(a)f, *Proeve over de natuur der harmonie in de generaal Bas* [...], 's-Gravenhage, 1782, reprint-edition, A.J.Heuwekemeyer, Amsterdam, 1970/201.

J.Hess, mit Name in: *Handleiding tot het orgelspel,* Gouda, 1771, und in: *Over de Vereischten in eenen organist,* Gouda, 1807.

3 [...] 'gelieven maar in de Bas alle gantsche maatnooten van vier vierde deelen in twee halve te verdeelen en aan te slaan [...] op alle instrumenten, welke geen uythoudende toon hebben'.

4 *Inleiding tot de Muziekkunde,* Seite 73/74: 'Uyt oprechte zucht voor de nakomelingschap, wenschte ik, dat in 't toekomende geen nieuw orgel anders dan in kamertoon en vooral boven, zo met tot f''', tenminsten tot d''' werde aangelegd: ten einde fraaye harmonieuse driestemmige sonaten, voor dwarsfluiten en viooelen ingericht, ook aldaar te konnen uitvoeren. Immers, één persoon kan hier nabootsen 't geen anderszins het werk is van drie'.

5 *Saamenspraaken* [...], Seite 130: 'Wie slegts voor een posityf of clavecymbel een Psalmboek wil gebruiken die heeft andere soorten van Bassen nodig dan voor 't Pedaal 't welk meer zingbaar sprongen toelaat [...]'.

6 Ibidem, Seite 132: 'Een land-organist die, op een koortonig Orgel gedaan werk heeft, en naderhand op 's Pastoors kamertoonig clavecymbel, den eigensten psalm, om ernaar te zingen zal speelen, moest terstond, zal het gezang niet flaauwer voortkomen, eenen toon hooger konnen reê worden'.

Chorton beheben zu können, soll der Organist im Stande sein, die Begleitung à vue einen Ton zu transponieren.

Leider gibt es in all diesen Quellen kaum Notenbeispiele und es fehlen uns auch klingende Beispiele bis auf eine einzige Ausnahme; wenn man z.B. hört, wie ein sehr genialer Feinmechaniker in Amsterdam, Nikolaas Winkel, der Erfinder des Metronoms, im Jahre 1819 *Orchesterouverturen* für seine (mechanischen) Orgeln bearbeitete, treten wieder die gleichen Bearbeitungsregeln hervor: Anpassung an günstige Lagen für sein Instrument, Akkordbrechungen anstatt schnellen Tonwiederholungen (Nbsp.17), usw.[7]

Im Lichte dieser Tradition scheint es selbstverständlich, daß der holländische Organist Albert de Klerk, als er die *5.Orgelsonate* Carl Ph.E.Bachs auf einer Orgel mit Klavierumfang von C-c''' zu spielen hatte, die ganze Sonate von d-Moll nach c-Moll transponierte. Bach hätte gewiß nicht anders gehandelt!

---

7 Die genannte Orgel steht im Museum *Van Speelklok tot Pierement* zu Utrecht. Das Notenbeispiel ist der Ouverture zu *Il matrimonio Segreto* von Domenico Cimarosa entnommen.

The Evidence for Trompes in the Sixteenth Century English Organ[1]

Barbara Owen

While the Reformation was detrimental to the development of the organ to some degree in virtually all northern European countries during the sixteenth century, there is little question that it was England where its effects were most harshly felt. What scant records remain attest that in the Gothic period the English organ was equal in both development and usage to those in other western lands. And the organ music written in England during the Renaissance parallelled closely in both quality and quantity that being composed in Spain, Italy, and the Netherlands.

Shortly before the middle of the sixteenth century, however, the Church of England broke with the Church of Rome. The English Reformation began mildly enough – musically speaking – with the simplification of the church service and its translation into the vernacular tongue, but retaining much of the musical content. Before the end of the century, however, this 'simplification' had escalated to the point where the musical portions of the liturgy were severely curtailed, choirs were reduced or abolished, organists reduced in salary or pensioned off, and organs left to go to ruin or sold for scrap. Church music did manage to struggle on in some areas, however, although few new organs were built and little new music was written during the latter half of the sixteenth century.

A revival occurred in the early seventeenth century, however. It was a rather remarkable revival, in fact, which saw a short but brilliant outburst of keyboard and choral composition which gave us some of the most magnificent music ever to originate in the British Isles, music which was to have a profound and lasting influence on the art in all of northern Europe. One is reminded of the colorful flowers of the arctic regions which, because of the very short growing season, sprout, bloom, and go to seed in barely a week or two. The arctic breath of the Reformation's fanatics was never far from those prolific Tudor musicians and organ-builders, and they doubtless knew it. In 1649, when the severer effects of the Reformation were beginning to temper on the continent, one last, vicious, destructive blow was struck in England. With a zeal

---

1 The English system of pitch designation is used throughout this text.

as much political as it was religious, the Calvinist Oliver Cromwell took over Parliament, beheaded the King, and ruled until 1660 as Lord Protector of the Commonwealth. During this period the order went out to purge the churches and cathedrals of the last vestiges of their 'Romanness'. Although Cromwell must be give credit for some sensitivity toward works of art (he is known to have rescued at least one organ and to have installed it in his residence), his ruffian soldiers did not share it, and took his order as a sanction for wanton vandalism, pillaging, and burning. Churches were literally stripped of what 'Romish' treasures they had left – altars, rood-screens, statuary, vestments, and organs – and grim accounts abound of their making bonfires of roodscreens and organ-cases, or pawning manuscripts and organ pipes in the taverns for ale. Very little survived this dark decade, and when the monarchy was restored in 1660, the task of rebuilding the fabric of the churches was immense enough even to encourage the immigration of continental craftsment (such as the North European organ builder Bernard Smitt or Smith) as well as the return of many exiled artisans and musicians.

The organ of the Restoration represented a radical break with the past. Strongly influenced by both France and the Netherlands, it expanded greatly on the musical potential of the Tudor organ, and engendered a lively 'modern' repertoire to which such important composers as Purcell, Locke, Blow, and Croft made significant contributions. But the Restoration organ and its music looked forward, not back. They laid the foundations for the art of the eighteenth century, but in so doing virtually eliminated even those traces of the pre-Commonwealth organ which had survived Cromwell.

Thus we come face to face with the problems presented to the modern historian by the excesses of the English Reformation. Not only have virtually all tangible traces of the pre-Reformation English organ been obliterated – as in no other country – but even historical records have been lost. In the continental countries, particularly those whose churches remained loyal to Rome (and especially Spain and France) the patient researcher has been rewarded with remarkably complete records of organs from the sixteenth and seventeenth centuries, records which in many instances include detailed contracts and even registration lists. These, along with many extant organ cases, pipes, pieces of mechanism, and even some fairly complete small instruments, enable us to gain a rather complete picture of the organ as it existed in those countries during this extremely important era in its history.

In England, we must be content with the scraps which, in at least an allegorical sense, fell from Cromwell's table. Historians have painstakingly searched church records throughout England and, despite vast lacunae, have turned up a number of bits of information which, while they by no means provide the voluminous details of individual organs which from time to time have been unearthed on the continent, do, when pieced together, present a somewhat general picture of the state of the art in the sixteenth and seventeenth centuries. And from this material emerges the fact, seemingly overlooked by many, that, at least until the late sixteenth century, the English organ was little (if at all) different from its continental counterparts. The continent had *blockwerks,* partially-divided *blockwerks,* and, eventually, completely-divided *blockwerks;* so did England, in which country the last-named variety assumed early prominence, as in Spain and Italy. Continental churches often had several organs, both large and small; so did English churches. In England as well as the continent we find regals (King Henry VIII owned several), positives, organs with lead pipes, organs with tin pipes (which appeared rather early in England, the primary source of fine tin), and organs with all wooden pipes, in the manner of the *organo y legno* of Italy and Switzerland.

We also find organs with pedals. It is true that virtually all sources state unequivocably that English organs had no pedals until the late eighteenth or early nineteenth centuries, and imply thereby that English organs *never* had pedals at any point in their history. We are aware that the 'modern' pedal division, with its several independent stops and enlarged compass, developed in North Germany during the seventeenth century, and perhaps slightly less aware that while Spain, France, Italy, and parts of the Netherlands had organs with rudimentary pedals from at least Renaissance times, these pedals remained rudimentary – which is to say either of the coupled *(angehangt)* or *cantus firmus* type – and of short compass, until the eighteenth or often nineteenth centuries. In English organs the function of these rudimentary pedalboards was satisfied by the downward extension of the keyboard compass, a compromise practiced in Italy and France as well, but abandoned at an earlier period in those countries.

The rudimentary pedals so much in evidence on the continent had their origin in the *trompes* or *bordunen* of the fifteenth century, a development in the history of the organ in which the gradual expansion of its compass led, in large instruments, to the incorporation of low-pitched pipes which were inconvenient to control from the manual keyboard. Because these larger pipes usually belonged to only one stop (Principal or Diapason), and because their compass was limited (ten pipes seems to have been common), it became more convenient to control them with keys operated by the feet, the more so since it was also obviously convenient to set them apart on a chest of their own, and, very often, in a case of their own. They were, after all, large and unwieldy in comparison to the rest of the organ, and in many instances were also additions to an older instrument.

These *Trompes* – as we shall call them – first appeared in France and the Low Countries, in short, the area closest to the British Isles. Called *Turres,* they are found in Angers Cathedral as early as 1416-1417. Troyes Cathedral had them in 1432, and these were known to have been played from a pedal clavier. The Notre Dame in Paris had a *blockwerk*-organ by a Germanic builder dating from 1401-1403 which may give us a clue to the origin of *Trompes.* The bass of its

Montre extended down to include a pipe of 18′ length (approximately BBB), and while these eight largest pipes could be played from the manual keyboard (which, with 46 notes, had an unusually large compass for the time) they were also playable from a permanently-coupled pedalboard. In all probability these pipes were played more often from the pedals than from the manual keys, which mayt have suggested the elimination of the bass manual keys to later builders, especially in instances where the bass pipes were offset on separate chests and in separate cases.

Around 1440 the theorist Arnaut de Zwolle described *Barduni* as being extra-compass basses not played from the manuals, and many recorded examples are found in the Netherlands. In the Grote Kerk of Bergen op Zoom, 10 *Bordunen* in separate cases were added to an older organ in 1485-1486, and a virtually identical department was included in the new organ built at 's-Herto-genbosch in 1498. Around 1535 a 10-note *Bordun* of 20′ pitch was added to the 1471 organ in the St. Bavo Kerk of Haarlem, the pipes being housed in two separate 5-pipe towers at either side of the main case. A similar arrangement obtained in Nimwegen in 1556, and a 5-note *Bordun* was added to the organ of the Buurkerk of Utrecht in 1581.

Sixteenth century French examples include the 32′ *Trompes* added in 1542 to the 1475 organ at Chartres Cathedral, and those at Beaune (12 pipes, 1549), Reims (1570), and Rouen (1600). These *grandes montres medievals* were often of 24′ or 32′ pitch. Those at Chartres commenced on the note F which, because of the difference of pitch in early organs, may well have spoken a note close to the modern C. They were also visually evident in their position at the sides of the main case, as can be seen today in the old case at Chartres. France provides us with some of the latest examples of *Trompes,* and they are recorded as late as 1612 in Toulouse and 1643 in Nîmes. They are also mentioned in connection with an organ of 1624-1625 in Lérida, Spain, where, however, they may have been retained from an earlier organ which, from its specification, and the name of its builder (Joseph Bordons), was probably of Flemish origin. Many of the old French or Netherlandish *Trompes* were removed when organs were replaced or rebuilt in the seventeenth and eighteenth centuries, although a few survived by virtue of having their pipes incorporated into more 'modern' 16′ pedal divisions, especially where, as in Chartres, the ancient casework and front-pipe arrangement was retained.

If there were *Trompes* in the organs of continental Europe in the sixteenth century, notably in France and the Low Countries, could they not have existed in England as well? There is good reason to believe that they indeed did. Culturally, pre-Reformation England had close ties with the continent. During the fifteenth century close political and economic ties existed as well, and because of this the music of such Englishmen as Dunstable, Power, and Frye was well known on the continent, just as music by Flemish and Italian composers was known in England. In addition, there are records of the presence of continental organ-builders in England as early as 1436, when William Barbour of Brussels and Lawrence (Laurens?) of 'Nymmagen', organ builders, were granted citizenship in London. Other builders with foreign-sounding names occur in early records, such as Walter Bagele (or Vageler) who 'kept' the organ in Wells Cathedral between 1414 and 1416, John Schowt, who repaired an organ in Oxford around 1520, Thomas Brabant, a priest-organbuilder at Woburn Abbey in 1538-1539, and Edmond Schetz, organ-maker to King James I circa 1587-1601.

At this mention of early English records, it may be well to pause and give credit to a pioneer British organ historian, Andrew Freeman, who spent considerable time delving into old church records in search of England's early organ history. In 1921 he compiled some of his gleanings into an extensive article entitled 'Records of British Organ-Builders', which was published as a part of Mate's *Dictionary of Organs and Organists*. This compilation and some of Freeman's articles in the British periodical, *The Organ*, have provided subsequent researchers with a wealth of primary information. It was while reading through Freeman's 'Records' that this writer first noted a possible correlation between certain somewhat obscure passages and portions of similar sixteenth century Netherlandish records quoted in dr.M.A.Vente's *Die Brabanter Orgel*. Taken in this light, there is good reason to believe that these passages, which have heretofore either been ignored or given different interpretations, may well refer to the presence of *Trompes* or *Bordunen* in English organs during the same period in which they were prevalent in France and in Low Countries.

The earliest of these references is from a contract i the records of the Church of All Hallows, Barking, then as now a large and important London church. The contract is dated July 29, 1519, and is between the church and the organ builder Anthony Duddyngton of London. This contract provides much important information on this early sixteenth century organ, enough, in fact, to demonstrate that it was in all respects comparable to organs being built at the same time on the continent. It had a partially-divided *blockwerk* and a four-octave compass with a short octave beginning on EE in the bass. The EE key actually sounded CC which, according to the pipe-lengths given, was in the old pitch, and would have spoken a note closer to our FF or GG. An oblique reference to the organ's location in the church is somewhat confusing, and Freeman interprets it to mean that the organ was on the floor of the church and the bellows in the rood-loft. On the basis of my knowledge of similar continental organs, I am inclined to regard the opposite to be true, i.e., that the organ was located in the rood-loft and the bellows on the floor of the church. The reference to 'dowble principalls' of tin would support this if, as seems likely, this meant a double-fronted rood-loft case similar to the seventeenth century examples which still survive on rood-lofts in Exeter Cathedral and King's College, Cambridge.

The passage in the contract which directly concerns us, however, is the following: '....the principale to conteyn the length of V foote, so following with Bassys called Diapason to the same, conteyning length of X foot or more'. In other words, it seemed necessary to make special mention of one octave of principal pipes, the 'Bassys' (or bassus), which would hardly seem necessary if these pipes were simply a part of the normal gamut of the 8' Principal (which, because of the difference in pitch, was actually a 5' stop). This downward extension of the Principal into the 16'(10')-range has also been observed in Italian organs of the period.

Granted, the above evidence does not necessarily imply that this downward extension was played from a pedal keyboard, but, considering the manual compass very clearly delineated in the contract and the similarity to continental organs of the same period, it seems very likely that 'bassys' could be interpreted as the English counterpart of *Trompes* or *Bordunen*, and that these bass pipes could have been played from a crude pedalboard.

References to 'bassys', 'basses', or 'bases' continue to turn up in records of sixteenth century English organs, always, it would seem, in some context which points to their being some special division or segment of the organ, or something 'extra' to the average or basic organ. In 1555 John Howe was paid for 'mending of the bases, tuning & making clean of the organs' in the church of St.Mary Woolnoth, London. In 1557 this same John Howe was paid 'for xii springs for the great basses' in an organ at Eton. It is very tempting to assume that these springs were pallet springs, thus giving Eton's 'great basses' a compass of twelve notes. Or could they even have been pedal key springs?

There are at least two other references which, because of their detail, strenghten the case for English *Trompes*. One is from the records of Holy Trinity Church in Coventry, like All Hallows a large and important church. Here, in 1526, John Howe and John Clymmowe contracted for an organ of seven stops (again, probably a partially-divided *blockwerk*, and therefore a larger instrument than a mere seven stops might suggest), 'over and besides the two Towers of Cases of the pitch of doble Effaut'. From other references to 'cases' of wood and tin it is clear that in this instance 'cases' = 'pipes', and we thus have here a very clear reference to *Trompes* of the Haarlem or Chartres type, in which the bass pipes are set aside in separate enclosures at either side of the main case. The Coventry organ had exactly the same key compass as the All Hallows organ of eight years previous (four octaves, short bass octave from EE), with the bass pipes again extending down an additional octave (double E-fa-ut). Another interesting detail of the Coventry contract is the mention of two 'Sterrs' (Stars, *Cymbelstern*), which points up a further correlation to contemporary continental practices.

The second reference is to Westminster Abbey, a large building which certainly would have had an organ with *Trompes* if any place did. Here, in 1558, we find a reference in the records to John Howe being paid for 'latten [sheet brass] wyre for to make springs for the grate bass and ten principalls'. Again we see the 'great bass' singled out from the rest of the organ – if these springs are pallet springs we can safely assume a separate windchest – and given the common continental compass of ten notes. What is not clear is whether Howe provided a new bass at this time, or simply repaired (with new springs) an older one, which could well be the case. One wishes that the records of the Abbey had yielded more details concerning the organ to which the 'great bass' belonged, but they do at any rate suggest that the bass survived into the seventeenth century by noting a payment, circa 1625, made to John Burward 'for metle to lyne one of the great pips' as well as 'making a mandrell for to put it out', and 'soder'. Apparently one of the sixteenth century bass pipes had been damaged (by the reformers?) or had perhaps simply collapsed of its own weight. At any rate, lining it with additional metal would strenghten it, and that the pipe was of unusual size may be inferred from the fact that a special mandrel was needed to round it out. Unfortunately, the Westminster Abbey organ did not survive the Commonwealth, and the All Hallows and Conventry organs did not even last out the sixteenth century, the Coventry instrument being broken up and sold for materials in 1570 and 1583, a fate which befell numerous other sixteenth century English organs.

There is yet one more example to cite, however. Its documentation is weakened by the lack of early records, but it is remarkable in that it survived into the nineteenth century. This is the famous 'Double Diapason' of Exeter Cathedral. Exeter had organs as early as 1280, but is is not until the seventeenth century that one finds anything approaching a detailed description of any of them, hence it is impossible to ascertain just when Exeter's 'great bass' – for that was surely the origin of the 'Double Diapason' – first made its appearance. A new organ was built in 1429, but while *Trompes* were known on the continent at this time, it is probably too early for an English 'great bass'. However, in 1513-1514 a large sum of money was expended for a new organ for Exeter Cathedral, thought to have been located in the rood-loft, and the 'great bass' could conceivably have originated with this organ, or have been added to it at some time during the sixteenth century. In 1616 there is a reference to the 'new organs' or 'great organs' being repaired by one of the Chappingtons, a family of organbuilders who had cared for the Exeter organs since at least 1554. Since it was being repaired, it is doubtful that the 'new' organ was actually new at the time, and the epithet could possibly have been a holdover from the previous century. The first description of this 'new' organ, whatever its actual date of building, comes from 1634, when it is described as having 'more additions than any other', and containing pipes 'of an extraordinary length and of the bigness of a man's thigh'.

This is the first hint we are given of Exeter's 'great bass', and also the last until after the Restoration. It has been generally assumed that the old Exeter organ was totally destroyed by the revolutionaries because of the graphic account usually quoted of the soldiers who 'brake down the organs' in the

Cathedral, and made off with two or three hundred of the pipes. But there are also records of the Cathedral authorities buying back, at the Restoration, organ pipes which had been taken away by local townspeople for safekeeping. And who will ever know, in the aftermath of those troubled and haphazardly chronicled times, whether or not the 'great bass', on account of its sheer size, was simply ignored by the soldiers, or whether, being regarded as something of especial value, the pipes were taken down and stored before the depredation took place. At any rate, they appear to have survived, for it is otherwise very difficult to explain the presence, as an external appendage to John Loosemore's new organ of 1665, of 14 'Double Diapason' pipes, the largest of which had a speaking length of 20½ feet.

That the 'Double Diapason' was separate from the main case of Loosemore's organ we know, for it survived several rebuildings of the instrument and remained in use apparently until 1877 when, with the remaining pipes of Loosemore's instrument, it was melted down to provide new metal for a largely new organ placed within the old 1665 case by Speechley. A picture dating from before 1868 shows the ancient bass pipes grouped seven to a side around the pillars at either side of the rood loft.

Of how the 'Double Diapason' was played from Loosemore's organ much less is known. It has been conjectured that these pipes were played from the manual keyboard, forming the bottom of a 16′ stop, but there is nothing recorded that would support this idea. Restoration organs did not commonly contain stops of 16′ pitch, although the compass of the 8′ stops was already fairly standardized as beginning on 10⅔′ GGG. However, the 'Double Diapason' had for its lowest note a pipe 20½ feet long, which would speak a note closer to our modern AAA, although if the pitch of the organ was high, this could have been a GGG. Even if the lowest pipe was in fact a high-pitched G, this would not indicate that it was played from the manual, since as we have seen the ordinary compass of a 'great bass' was an octave below the manual compass.

Because a 'great bass' was a curiosity in a Restoration organ, the one at Exeter invited comment, albeit not of a particularly complimentary nature. That astute Restoration musical commentator, Roger North, could not see 'that in the musick they signified anything at all', and regarded the as 'more for ostentation than use'. The musical use of *Trompes* in the fifteenth and sixteenth centuries is indeed somewhat open to question; most likely they were used for pedal-points (as in some Italian music) or for doubling the bass line. But whatever their legitimate musical use in earlier times, it is probable that Restoration musicians were not aware of it, and the Exeter organist may indeed have used his basses inappropriately, 'for ostentation'. There is an interesting parallel between North's comments and those found in a manuscript of the same period (last decade of the seventeenth century) attributed to James Talbot. This manuscript, a treatise on musical instruments, was found by Peter

Williams in the Christ Church Library at Oxford, and contains an extensive section on the organ. Much of it seems to have been borrowed from the continental treatises of Mersenne, Kircher, and Praetorius, so as far as it may be said to reflect English organ-building practices, it must be taken with a grain of salt. However, Talbot's comment on 32′ Double Diapasons – 'more for show than sound' – makes one wonder if he is echoing North, and whether he too has Exeter in mind. A later comment under this same heading states that it is 'impracticable' to furnish such large pipes with sufficient wind to make them speak properly, and that this stop 'never speaks but in Pedal'. The first comment seems to founded on some kind of firsthand observation, and has no parallel in the continental treatises. The English organ of the Restoration spoke on a lighter wind pressure than the earlier Gothic organ. If Exeter's 'Double Diapason' was indeed the survival of a 'great bass' from an earlier organ, it might well not have received sufficient wind to make it sound properly, which would account for its somewhat disappointing effect as recorded by North. And if Talbot's comment on winding was in fact based on his observations of Exeter might not the comment concerning pedals be based o this also? This is all largely conjecture, of course. The discovery of further factual material is necessary before it can be either confirmed or denied.

However, in the absence of facts, one must sometimes try to make interpretations from that very absence. In 1713 Christopher Shrider, Bernard Smith's son-in-law who was probably, like Smith, a north European by birth, rebuilt the Loosemore organ. His specification is preserved in the cathedral records, and is noteworthy for the absence of any reference to the 'Double Diapason', either as a manual or pedal stop. His specification is that of the typical English 8′ organ of the period. Could it have been that he simply saw no use for it (perhaps because of the winding problem?) and simply disconnected it? Or did he just leave it connected to its original pedal clavier and not mention it since his rebuilding was confined to the manual divisions of the main organ? Whatever the case, the pipes survived and their use is again recorded in 1744 when the organ was again rebuilt, this time by Abrahan Jordan. Here is where we have the first mention of the 'Double Diapason' as a manual stop, for Jordan added to the original 14 pipes sufficient new trebles to make a full-compass 16′ manual stop (which, however went down to GGG below 16′ CC, since this compass continued in use until the nineteenth century). From this time onward , through various other rebuildings, the old 'Double Diapason' pipes were played from the manuals until they met their unfortunate fate in Speechley's melting-pot.

What a tragedy that what could very possibly have been England's only surviving sixteenth century *Trompes* should have been destroyed scarcely a century ago, when no one could probably have guessed its significance or bothered to record its details with either camera or pencil! Organ scholarship has made gigantic strides since that time, thanks in great measure to the dedicated work of researchers such as Andrew Freeman and Maarten Albert Vente, whom we honor here. It is because of the standards of excellence set by such scholars that we are gaining an insight into the practices of former times which is of inestimable value to the performers of music written in those times. With regard to that complex and multi-facted instrument, the organ, this is particularly true, for one unanswered question seems to lead to another, in which lies the germ of the foregoing small excursion into the still largely unexplored realm of the pre-Reformation English organ.

BIBLIOGRAPHY

Clutton, Cecil and A.Niland, *The British Organ*, London, 1963.

Douglass, Fenner, *The Language of the Classical French Organ*, New Haven, 1969.

Freeman, Andrew, Records of British Organ-Builders, 940-1660', in: *Dictionary of Organs and Organists*, London, 1921.

Hardouin, Pierre, *Le grande orgue de Notre Dame de Paris,* Paris, 1973.

Hardouin, Pierre, 'Naissance et elaboration de l'orgue Français classique d'apres sa composition', in: *l'Orgue Français,* Paris, 1977.

LeHuray, Peter, *Music and the Reformation in England,* London, 1967.

Matthews, Betty, *The Organs and Organists of Exeter Cathedral*, Exeter, 1964.

Rimbault, Edward F., *The early English Organ Builders and their Work*, London, n.d.

Routh, Francis, *Early English Organ Music from the Middle Ages to 1837*, London, 1973.

Vente, Maarten A., *Die Brabanter Orgel,* Amsterdam, 1963.

Williams, Peter, 'The first English organ treatise', *The Organ,* No.173, vol.XLIV, July 1964.

Williams, Peter, *The European Organ*, Nashua, 1967.

Wilson, John (ed.), *Roger North on Music*, London, 1959.

Autour des orgues de la collégiale Saint-Martin, à Liège (1360-1600). Simples notes d'archives[1]

José Quitin

Les premières mentions relatives aux orgues et aux organistes de la collégiale Saint-Martin-en-mont à Liège, apparaissent en 1361 dans les registres des comptes généraux: *Solvi Mgr.Ottono (de Tenis) pro organis pulsandis* (CG.R.119, f°56). La mention *Magister* nous incite à interpréter *pulsare* dans le sens de jouer des orgues. Par après, on écrira généralement *ludere*, tandis que *pulsare* sera le fait du souffleur d'orgues. Deux ans plus tard, nous lisons: *Solvi 17.die mensis (octobris anni 1363) huic ille qui reparavit organa 5 lb.8 s.* et aussitôt après: *Solvi Joh.Blondin qui visitavit organa* (CG.R.120, 1363). Nous ne savons pas qui est ce Blondin dont le nom reviendra en 1400. En tous cas, l'instrument fonctionne car les dépenses de novembre signalent *Solvi Hermanno pro organis pulsandis in festo Martini: 10 s.* Herman recevra le même paiement à trois reprises dans le courant du mois de décembre 1363.

Le registres de comptes suivants ne permettent pas toujours d'identifier les personnages cités; nous rappellerons seulement les noms des organistes.

Novembre 1400: *Solvi pro organis pulsandis 40 s. in die Omnium Sanctorum et in die Sti Martini 40 s. Item pro sufflatoribus 40 s.* (CG.R.123, f.124).

4 février 1401: *Solvi Henrico organistae plumba* (= des jetons de présence) *pro organis pulsandis de licentia Capituli.4 lb.* ce qui représente une somme déjà considérable (CG.R.123, f.127).

1401: le jour de la dédicace de la collégiale Saint-Paul, paiements aux chapelains et choraux des trois collégiales de Saint-Paul, Saint-Jean l'Evangeliste et Saint-Martin et *Item solvi Jo.Blondin pro organis pulsandis 41 s. Pro sufflatoribus 12 s.* En comparant cette note à celle de 1363, nous en arrivons à croire que ce Blondin serait l'organiste de Saint-Paul ou de Saint-Jean.

1406: *Solvi Jacobo custodi pro organorum pulsando in 1.Vesperis* les jours de l'Epiphanie, de la Purification et de l'Annonciation (CG.R.124). C'est donc le costre de Saint-Martin qui – occasionnellement ou en cumul – tient les orgues de la collégiale.

---

1 Abréviations: AELg = Archives de l'Etat, à Liège, rue Pouplin, B.4000, Liège Belgique; SM = collégiale Saint-Martin-en-mont, à Liège; CG = comptes généraux; CCa = conclusions capitulaires de cette église.

1407: *Pro illo qui lusit organa et pro sufflatoribus.*

1407: *Solvi Mgr. Lamberto qui lusit super organa* (CG.R.125, f°121. paiements du mois de décembre). Notons qu'en 1400, le succentor de l'église est un nommé Lambertus de Marchia. Est-ce le même que nous voyons ici?

1419: *Solvi lusori organorum qui lusit in die Omnium Sanctorum. 31 s. 6 a.* De même *in die Sti Martini, Concept. Beat. Virg., Nativitatis Xti* (CG.R.127, fs. 89v à 97). D'autres paiements pur les jours de la Circoncision, de l'Epiphanie, de Saint-Paul, de la Purification, de l'Annonciation, de Pâques, du Triomphe Saint-Martin, de la Pentecôte, de la fête du Saint-Sacrement – pour laquelle la collégiale Saint-Martin possédait un office particulier depuis 1246[2] – de la Dédicace et de l'Assomption, mais nous n'avons trouvé aucune trace d'un salaire annuel.

1420: (CG.R.128, fs.63v à 67), 1423 (R.129), 1426 (R.130): mêmes rubriques.

A la lecture de ces indications trop parcimonieuses, on croit comprendre qu'il n'y avait pas d'organiste à poste fixe à Saint-Martin jusque v.1420 et que les orgues ne résonnaient que lors des grandes fêtes. Notons au passage que, en 1420, le succentor du côté droit du choeur s'appelait Johannes-Franciscus de Gemblaco et celui du côté gauche Franciscus. En 1426, ce seront respectivement Cornelius de Trajecto (Maastricht) et Andreas de Goreux[3].

Les registres des années 1434, 1447, 1461, 1475 – les registres des années intermédiaires sont perdus – ne nous apportent aucun renseignement sur les orgues. Par contre, de 1477 à 1489, nous voyons apparaître très régulièrement *Solvi Dno Petro de Hervia pro salario suo ad pulsanda organa pro integro anno 105 lb.* et une autre rubrique lui attribue 50 fl. pour avoir tenu les orgues à divers offices solennels (CG.R.97, 137, 139, 140 et 141). Cette fois, il s'agit bien d'un organiste qui travaille régulièrement et pas seulement de prestations occasionnelles.

Une lacune dans les archives nous fait perdre la trace de ce personnage. Quand elle cesse, en 1503, l'emploi est occupé par un certain Egidius, jusque vers 1520. D'autre part, le Petrus de Hervia cité parmi les chanoines de St. Martin en 1489 – il n'apparaissait pas sur les listes précédentes – doit très probablement être identifié à notre organiste. Ce chanoine est cité comme *Decanus modernus huius Ecclesiae (Sti Martini)* en 1507 (CG.R.114, f.60v). Il est décédé le 18.VIII.1509 (CG.R.146).

1507: Un nouveau chanoine est cité: Johannes Wangion ou Wangnon. Son nom revient jusqu'au 25 septembre 1540, où on le dit décédé à l'âge de 75 ans;

2 Auda, A.; *La musique et les musiciens de l'ancien Pays de Liège*, Liège, 1930, p.40-43.

3 Quitin, J., 'A propos de Jean-François de Gembloux et de Johannes de Lymburgia', dans: *Revue belge de Musicologie*, vol.XXI, Bruxelles, 1967, p.118-124.

son exécuteur testamentaire est son confrère D.Petrus Massin (CCa.R.48, f.55). Nous en reparlerons plus loin[4].

1508: *Solvi Egidio organistae pro sex mensibus* (CG.R.165). Ce Gilles vient probablement d'entrer en service; en 1511, il est payé pour une année complète (CG.R.148).

1521: *Solvi Petro Kysten organist de 48 fl.* Pierre Kysten doit être assez jeune car il restera organiste de la collégiale jusqu'en 1564 (dernière citation le 9.IX.1564, CCa.R.52, f.49). Notons qu'il arrive à l'un ou l'autre musicien de la collégiale d'exercer en cumul une fonction non musicale. C'est ainsi que Pierre Kysten est cité à la fois comme organiste et comme *claustrarius* de 1531 à 1536 et comme tenant de la cour de Saint-Martin de 1549 à 1564. Il est encore au service de la collégiale en 1572. Pierre Kysten est laïc et marié, un acte des Echevins de Liège du 16 mars 1525 cite *peter Kys organistre de leglise Saint Martin en mont et Oudon Steynennehuys son espouse*. Vers 1540, Kysten a épousé en secondes noces Martine Molmans; leur fils est cité parmi les *duodeni* (= enfants de choeur) de Saint-Martin vers 1555.

C'est pendant les quarante années où Pierre Kysten est titulaire des orgues de Saint-Martin que l'instrument subit d'importantes réparations avant d'être remplacé en 1541 par un nouvel ouvrage de Johannes Verrijt de Lira.

Kysten répere lui-même les *fistulae celestes* sur ordre du chanoine Postelt (CG.R.156.1524). Le 3 janvier 1527, un mandat du chanoine Wangnon ordonne de payer à Maître Paul (de Songnies), succentor de Saint-Martin ce lui est dû pour avoir examiné les orgues (CG.R.158). Notons que ni Postelt ni Wangnon ne sont Cantor de l'église; cette dignité était alors occupée par Symon de Meffia (de 1523 à 1541) à qui succédera Gobbelin Coppen (1542-1554). C'est probablement en qualité de 'chanoines tournaires' qu'ils ont délivré ces ordres de payer.

Ouvrons une très brève parenthèse pour signaler l'apparition dans les comptes, en 1531, d'un Hubertus Naxhe senior, *thesaurarius* et d'un Hubertus Naxhe junior dont les fonctions ne sont pas précisées à ce moment (CG.R.163).

Mais voici qui nous intéresse davantage. Novembre 1537: *Item solvi Claudio Wangnon pro pellibus circa folles organorum necessariis ut patet per cedulam Panonis. 2 fl.* et *Solvi VIIa Decembri (1537) Wangnon ad bonum computum super reparationem organorum ut patet per cedulam Panonis. 3 fl.* Panonis était chanoine de la collégiale (CG.R.168.1537). Ce sont apparemment les premiers travaux connus de Claude Wangnon que l'on considère comme le premier facteur d'orgues liégeois. En mars 1538, le comptable indique *Solvi Lamberto bastionario pro lignis*

---

4 Sur la fin de sa vie, ce chanoine eut un fils naturel, Johannes Vaengon (sic). Il est encore mineur d'âge le 5.IV. 1544 quand le frère de notre défunt chanoine, Noël Wangnon, lui-même chanoine de la collégiale Notre-Dame de Tongres, est appelé à s'occuper des intérêts de cet enfant en qualité de curateur (AELg. *Officialité et mambournies*, 1544, R.29, f.116v).

necessariis circa organa ut patet per cedulam Cantoris. 24 fl. L'importance de la somme fait penser à la construction d'une charpente de grandes dimensions. Le 7 juin 1538: *Solvi Petro (Kysten) organistae pro plumbo per eum pro organo deliberato* précédé d'un paiement *pro despositione organorum nostrorum* (en mai). Enfin, en juin 1538, réparations aux orgues où intervient *Mgr. Nicolas Vandeijt* (sic)[5].

Il y a lieu de rapprocher ces événement d'un passage du testament du chanoine Ludovicus Yerna: *Item lego fabricae ecclesiae St. Martini crementa anni mei gratiae in subsidium reparationis organorum et non alias, sed volo quod immediate applicentur predicta crementa et citius quo fierit poterit* (S.M.R.84.1537 f.7v).

Les orgues jouaient certainement un rôle important dans les grandes cérémonies de la collégiale Saint-Martin car, depuis 1501 au moins, nous relevons des paiements aux 20 à 35 chantres et 6 à 18 duodeni – de Saint-Martin, de Saint-Jean et de Saint-Paul – qui participent aux grandes fêtes, notamment aux Vêpres de la Saint-Martin et de la Saint-Kiliani[6]. Parmi les enfants qui participent aux exécutions de 1538 sous la direction du maître de chant Johannes Melchior, relevons le nom de Johannes Mangon qui deviendra plus tard (1572-1578) maître de chant du Dom d'Aix-la-Chapelle.

Il semble pourtant que les travaux que nous venons de signaler n'ont pas donné entière satisfaction car on peut lire, dans les comptes de fin décembre 1538 (CG.R.169): *Solvi pro vino servitorum magistro organorum qui visitavit locum ad ponenda organa de mandato Dominorum.*

Il faut savoir que la reconstruction du gros oeuvre de la nef de la collégiale a été terminée en avril 1538 par Paul de Richelle, mais il reste encore beaucoup à faire pour qu'elle soit totalement achevée. Nous pensons que le Chapitre de Saint-Martin, tout enfiévré par la reconstruction de l'église, a décidé de passer commande d'un nouvel instrument à Johannes Verrijt de Lira que nous allons voir intervenir en 1541. Mais avant d'y venir, signalons deux interventions d'un certain Henri Verrijt, le 6.XII.1538 et le 2.VI.1539. Certes, il n'est pas question d'orgues, mais de la réparation de chapes[7]. Néanmoins, en raison du contexte, on est tenté de rapprocher ce personnage du Henri Verrijt van Lier signalé par Maarten Vente vers 1516[8].

---

5 Il s'agit probablement de Claes Verrijt van Lier, fils de Johannes et de Spes Metsijs (voir Note g: Vente, *Proeve*, p.226). Il travaille aux orgues de l'église Saint-Nicolas, à Bruxelles, en janvier 1538 (Vente, p.54) puis à Saint-Jacques du Coudenberg, à Bruxelles, en 1541-1542 (Vente, p.49).

6 Le 28 juin 1282, les collégiales Saint-Paul, Saint-Jean l'Evangéliste et Saint-Martin avaient établi entre elles une confraternité. En ce qui nous concerne, au XVIᵉ siècle, cela se traduit par la réunion des maîtrises des trois collégiales lors de la célébration des grandes fêtes.

7 *Solvi* VIA *decembris Henrico de Lÿra pro reparatione capparum ecclesiae nostrae 29 fl. 15a.6 a.*
Solvi 2a Junii (1539) Henrico de Lyra qui reparavit unam cappam et apposuit materialia (... mot illisible) per cedulam Borman patet 18 flor.brabant; faciunt 53½ fl. (leodiens.) (CG.R.169.1538).

8 'Jan Verrijt wijlen Hendrikss. (voir note g: Vente, *Proeve*, nr.325, p.223).

Le 20 mai 1541, le Chapitre de Saint-Martin examine la lettre écrite par *Johannes de Lira factorem organorum ecclesiae nostrae* où il annonce que l'orgue qui lui a été commandé sera achevé aux environs de la Saint-Jean; il s'enquiert du lieu où il faudra le placer. Les chanoines sont fort embarrassés car l'église est totalement détruite entre la tour et le lieu prévu pour installer l'orgue. Ils se proposent d'écrire à Jan Verrijt en lui offrant trois solutions: *1* faire déposer l'orgue 'ici' aux frais du Chapitre, *2* ou bien envoyer un ouvrier expert pour indiquer l'endroit le plus convenable et *3* ou enfin le conserver chez lui jusqu'à l'année prochaine *salvo suo vivo* jusqu'à achèvement du lieu où il doit être placé définitivement (CCa.R.48.20.V.1541).

Une semaine plus tard, le 27.V.1541, un autre recès des Conclusions capitulaires nous apprend que Dnus R.Borman soumet à ses confrères le texte de la lettre qu'il écrit *ad Magistrum Jo.Lira burgimagistrum ibidem et confectorem organorum nostrorum* en accord avec le Doyen et les chanoines Til.Proen et Martinus. Il y rappelle d'abord l'état de la nef de l'église, détruite à l'endroit prévu pour placer l'orgue et la nécessité de trouver un endroit 'plus commode' où il puisse être déposé. Il invite Mre Johannes à s'en occuper personnellement avec les serviteurs de l'église 'ou autrement' jusqu'à ce que les chanoines prennent une décision définitive. La teneur de la lettre est approuvée et on décide de la faire porter par un certain Roland, qui se rend ce jour même à Malines et qui recevra 10 sous brabant de dédommagement pour effectuer en plus les deux grandes lieues qui séparent Malines de Lierre.

La rédaction emberlificotée de ces recès, la durée de la discussion – deux jours: *eodem die et crastino* – les précautions prises pour rédiger la lettre, le ton prudent des chanoines, tout trahit leur embarras. Nous ne possédons pas le contrat, mais on sait que les clauses de ces conventions sont toujours draconiennes. D'autre part, Johannes de Lira est un facteur d'orgues réputé. Puisqu'il présente son travail dans les délais convenus, il faudra bien le payer, même si l'instrument doit rester muet! C'est probablement pour pouvoir s'en servir malgré tout que, des trois solutions primitivement envisagées, il ne subsiste dans la lettre envoyée le 27 mai que l'invitation à Mre Johannes à venir installer les orgues avec le concours des serviteurs des Seigneurs Chanoines 'ou autrement'. Visiblement, cette concession n'est là que pour ménager la susceptibilité de l'organier, l'autre solution étant beaucoup moins onéreuse pour le Chapitre de Saint-Martin.

L'instrument paraît avoir été installé de façon provisoire car, le 12 février 1542, Claude Wangnon (de Liège), fournit du cuir et répare les soufflets de l'orgue (CG.R.170, f.2v). Peu après, l'organiste (P.Kysten) est payé pour avoir livré un pupitre à l'usage des nouvelles orgues (CG.R.170, f°4). Il semblerait donc que l'installation de l'instrument fourni par Johannes Verrijt a été parachevée, au moins pour des détails extérieurs, par Claude Wangnon.

L'assemblage des notes réunies par MM. Yernaux, Vente, Félix, Forgeur et moi-même sur les Wangnon nous permet de donner un aperçu – encore très fragmentaire – de leur activité[9].

Claude Wangnon était un fils naturel de Johannes Wangnon, chanoine de Saint-Martin, décédé en 1541, dont il a été question plus haut. Cette filiation est nettement établie lors de la signature du contrat de mariage de Claude Wangnon, le 3 mars 1531: *Ung traicté de mariage faict entre Glade, fys de maistre Jehan Wangnon canoine de Saint Martin et entre Marguerit, fille de Henri de Soye de Cheval* (AElg. Grand greffe. Convenances et Testaments. R.31, 1530-1534, F.145). Le chanoine Wangnon donne à son fils 'Glade' 300 fl.bbt. qui font 900 fl. de Liège en plus de ses vêtements et de tout ce qui lui appartient dans la maison *a conditions que ledi Glade ne pouldra jamais plus riens demandé, sinon che que plairait audi maistre Jean de luy a donner.*

Marguerite, la jeune épouse, est bien dotée elle aussi. Il semble que sa mère Eve ait épousé en secondes noces un certain Renier de Relinghen (ou Ruelinghen), absent lors de la passation du contrat. Les témoins sont Martin Postelt, chanoine de Saint-Martin, Gilles de Pas, 'mairmier' et Hennechon Fontaine, sergent. L'acte est enregistré par devant les Echevins de Liège.

On comprend pourquoi et grâce à qui Claude Wangnon a été appelé à intervenir à la collégiale Saint-Martin où nous l'avons vu travailler aux orgues en novembre et décembre 1537. Malheureusement, il semble que Marguerite soit décédée peu après son mariage car, le 2 juin 1538, Claude Wangnon fait relief du métier des charpentiers à la suite de son remariage avec Aiken, fille de Collard d'Aest (renseignement fourni par M. Félix).

Enumérons brièvement les événements postérieurs.

1539: Claude Wangnon reçoit 5 fl. pour avoir réparé les soufflets des orgues de l'église Saint-Michel à Liège (Vente, *Proeve*, p.114).

Février 1542: paiement pour avoir travaillé aux soufflets des orgues qui avaient été fournies à Saint-Martin à Liège, par Johannes Verrijt van Lier en 1541 (à moins qu'il ne s'agisse d'une réparation à l'ancien instrument dont on ne parle plus dans les comptes).

1548: église Saint-Michel à Liège. Payé 1 philippus d'or (= 5 fl.8 a.) à Glade Wangnon en guise de salaire pour l'entretien des orgues (Vente, *Proeve*, bl.114).

1553: idem: 5 fl.15 a. (Vente). Notons que, vingt ans plus tard, c'est son fils Aert Wangnon qui reçoit 6 fl. pour ce travail.

---

9 Yernaux, J., 'Orgues et organiers du Pays mosan', in: *Bulletin de la Société des Bibliophiles liégeois.* T.xiv, Tongres, 1937, p.50.

Vente, M.A., *Proeve van een repertorium van de archivalia betrekking hebbende op het Nederlandse Orgel en zijn makers tot omstreeks 1630,* Bruxelles, 1956.

Felix, J.P., *Apport historique sur l'orgue de la collégiale Saint-Denis, à Liège*, Le Pré Frambay, 1978.

Forgeur, R., 'Orgues et jubés de Saint-Martin de Liège, in: *Bulletin de la Société royale Le Vieux Liège,* no.183, t.viii, Liège, 1973.

1553: 38 fl.bbt. à *Claudius* pour de nouvelles (?) orgues à Saint-Denis à Liège (Yernaux). En raison de la modicité de la somme payée, Yernaux suppose qu'il s'agissait d'un petit instrument.

1556 (19 février): le maître de fabrique et *Claudius orgnista* sont commis pour visiter l'orgue de Saint-Martin (à Liège) qui doit être réparé (SM.CCa.R.51).

Apparemment, Claude Wangnon doit être décédé entre 1556 et 1560, car il n'est mentionné nulle part après cette date tandis qu'au contraire son fils Arnold (Aert) reçoit différentes commandes à partir de là. Il n'est pas impossible que l'instrument fourni par Claude à la collégiale Saint-Denis en 1553 soit en réalité le premier essai d'Arnold. En effet, on remarquera, en dehors de ce travail, toutes les interventions de Claude connues jusqu'à ce jour ressortissent plutôt à l'art du menuisier qu'à celui de l'organier proprement dit[10].

Arnold ou Aert Wangnon restaure les orgues de Saint-Denis à Liège, en 1560 pour la somme de 38 fl.½. On sait qu'il a livré des tuyaux de plomb et de fer, accordé et changé les tuyaux (pour 5 fl.) et travaillé aux soufflets (Félix, op.cit., p.6). Il fournira d'ailleurs de nouveaux soufflets en février 1561 (Vente, *Proeve*, p.112). Sans doute ce travail a-t-il donné satisfaction car, le 19 décembre 1561, c'est le Chapitre de Saint-Martin qui confie à Aert Wangnon la réparation de ses orgues et par après leur entretien (CCa.R.52, f.57v, le 29.X.1563, et f.55, le 19.XII.1564, où il est décidé que Wangnon continuera ce travail jusqu'à révocation moyennant paiement d'une couronne par an).

Dès lors, Aert effectue divers travaux plus ou moins importants; 21.V.1567: fourniture d'un orgue à l'abbaye de Neufmoustier (Huy) pour 200 fl. avec promesse de l'entretenir 'sa vie durant' (Vente, *Proeve*, p.131-132); entretien des orgues de Saint-Michel à Liège de 1573 à 1579 au moins (Vente, *proeve*, p.114); travaux à l'orgue de Notre-Dame de Huy (Vente, *Proeve*, p.99) le 16.VIII.1575; de même à celui de Onze-Lieve-Vrouw van Maastricht (Vente, *Proeve*, p.213, le 23.IX.1581). L'importance de la somme payée – 81 fl. sur la somme restant due! – peut faire croire à la livraison d'un nouvel instrument.

Dans l'entretemps, Mre.Aert Wangnon avait épousé damoiselle Anne Linse. Le 27 juillet 1580, ils rédigent leur testament en commun (AElg. Greffe Harenne. Testaments. R.60, 1580-1583, fs. 25-26v). Ils craignent de succomber à l'épidémie de peste, celle-là même qui avait fait périr tant de monde à Aix-la-Chapelle en 1578. Le 28 août 1580, Arnold Wangnon exhibe le testament de feue son épouse. Bien que chaque article commence par *la*

---

10 'Jusqu'en 1560, la comptabilité de Saint-Denis relate de menus paiements relatifs à son orgue: tantôt pour des pièces de bois ou de fer, tantôt pour des peaux de cheval et d'âne destinées à recouvrir l'instrument' (Felix, *op.cit.*, p.5).

11 Quitin, J., 'A propos des Hubertus Naich de Liège et d'un tableau de la Galleria Pitti à Florence', in: *Revue belge de Musicologie*, vol.XI, 1957, fasc.3-4, p.134-140.

testaresse Anne de une même volonté que son mari, il appert que c'est surtout Anne qui dicte les conditions, soit qu'elle se soit sentie très mal, soit qu'une bonne part de la fortune était son apport. Il est surtout question des enfants et de la façon de répartir les biens du ménage au cas où Aert se remarierait et aurait d'autres enfants légitimes. Anne prévoit aussi que son mari veuf *demeure avec sa choisine* (= cousine) *Marye, fille Jacquemin Vorrout et fille damoiselle Jehenne Lince*. En outre, elle veut que Marye et son époux (si elle se marie) soient *mambours et tuteurs de ces enfants et de leurs biens*. Cet acte est le dernier document que nous connaissons au sujet de Arnold Wangnon.

Mais revenons à Saint-Martin où l'organiste Hubertus Naxhe remplace Pierre Kysten depuis le 6.X1562 (CCa.R.52).

Le 21 octobre 1588, Maître Jean de Neve, organiste du prince-évêque, vient tenir les orgues de Saint-Martin à la demande des chanoines qui ont congédié leur organiste Hubert Naich (CCa.R.54, f.70). Celui-ci s'était présenté spontanément au Chapitre de Saint-Denis pour tenir les nouvelles orgues qu'on y construisait, prenant prétexte de ses gages trop restreints à Saint-Martin. Mais il s'était arrangé pour être payé des deux côtés, alors que les orgues de Saint-Denis n'étaient pas encore achevées. Cette conduite indigne les chanoines des deux églises et Hubert Naich est congédié partout. A Saint-Denis, l'instrument achevé en 1589 par Nicolas Niehoff sera joué par Renerus Salmier de 1589 à 1598[12]. A Saint-Martin, malgré leur colère, les chanoines réengageront Naich comme organiste de 1592 au moins à 1597. Il est alors remplacé par Gilles Gosswin qui sera encore cité en 1618.

Avant de terminer, signalons, à partir de 1553, plusieurs mentions, dans les Conclusions capitulaires de Saint-Martin, de Maître Gérard Overbroeck ou Overbroquel, organiste de Notre-Dame de Huy. Il ne s'agit pas du tout d'orgues, mais d'une rente due à Maître Gérard par le Chapitre de Saint-Martin. Celui-ci cherche à la racheter en remboursant à Me.Gérard un capital de 400 fl[13].

On sait combien la quête de documents d'archives peut rendre de services aux chercheurs. C'est pourquoi, en toute modestie, nous avons réuni ces quelques notes relatives aux orgues de Saint-Martin, à Liège, en espérant qu'elles pourront être utiles à l'un ou l'autre confrère spécialiste de ces questions.

---

12 Felix, *op.cit.*, p.42-43; et Quitin, J., 'Deux musiciens liégeois du 16e siècle, Renier et Claude Salmier' in: *Bulletin de la Société liégeoise de Musicologie*, Liège, no.22, 1978, p.15-18.
13 Cf. AELg-SM-CCA, R.54, mars 1553, 20.VII.1553, 11 et 18.I.1554, 9.III1556, 3.III.1557, ensuite sa veuve le 21.I.1564, 9.XI.1565.

Henricus Liberti, organist van de Onze-Lieve-Vrouwe-Kerk te Antwerpen (1628-1669)

Rudolf Rasch

Onder de talrijke door Anthonie van Dyck geschilderde portretten bevindt zich er één van een musicus, dat van de organist Henricus Liberti. Opvallend is dat er van dit schilderij een vrij groot aantal exemplaren bestaat, die géén van alle gesigneerd of gedateerd zijn en waarbij niet uit te maken valt, welke exemplaren van de hand van de meester zelf, dan wel in zijn werkplaats of elders gekopieerd zijn. In het huidige bestand van Europese musea zijn zes Liberti-portretten te vinden:

1 München, Alte Pinakothek, nr.375.[1]
2 Amsterdam, Rijksmuseum, nr.C312.[2]

Cust: Lionel Cust, *Anthony van Dyck*, London: Bell, 1900.
Glück: Gustav Glück, *Van Dyck. Des Meisters Gemälde,* Stuttgart/Berlin: Deutsche Verlagsanstalt, 1909, 2.Aufl., 1931.
Lugt: Frits Lugt, *Répertoire des catalogues de ventes publiques,* troisième période 1861-1900, La Haye: Nijhoff, 1964.
Moes: E.W.Moes, *Iconographia batava,* Amsterdam: Muller, 1905.
Appendix: Appendix ad Graduale romanum, diverse edities-in-octavo, Amsterdam, 1751-1791.
Alb.Thijm: J.A.en L.J.Alberdingk Thijm, *Oude en Nieuwere kerstliederen,* Amsterdam: C.L.v.Langehuysen, 1852.
ALL: Aldernieuwste Leyssem-liedeken, diverse uitgaven vanaf ca.1660 te Antwerpen, in de 18e eeuw onder de titel *Kers-nacht.*
Gent: Gent, Kon.Vl.Academie, handschrift: Nicolaus Aengwarda, *Geestelijke Liedekens,* 1757.
Haarlem: Haarlem, Bissch.Mus., *handschrift 30 en 38.*
Jennyn: Philippus Jennyn, *Gheestelycken Wakenden Staf,* Brugghe: L. vanden Kerchove, 1651.
MG: Missen en Gezangen, diverse uitgaven, Utrecht, 1745-1803.
Neuss: Neuss, Inst.Mus.Volkskunde, hs.ll: Wettener Liederhandschrift, zie Walter Schepping, *Die Wettener Liederhandschrift,* Köln: Gerig, 1978.
ONL: Oude en Nieuwe Lof-sangen, talrijke uitgaven, Amsterdam, ca.1675 tot ca.1800.

1 *Alte Pinakothek. München. Kurzes Verzeichnis der Bilder*, Amtliche Ausgabe, 2.verm.Auf., München: Hirmer, 1958. nr.375, p.33, Abb.150. Het schilderij werd in 1698 verworven door Max Emanuel, keurvorst van Beieren en gouverneur der Spaanse Nederlanden, van Gisbert van Ceulen, te Antwerpen. Ook afgebeeld in Glück, 1909, p.257 (Abb.) en p.507 (Erläuterungen), en 1931, p.330 (Abb.) en p.555 (Erläuterungen).
2 Matías Dáz Padrón, *Museo del Prado. Catálogo de pinturas. 1. Escuela flamenca siglo XVII,* Madrid: Prado, 1975, Texto nr.1490, p.111, Láminas p.77.

3 Madrid, Museo del Prado, nr.1490.[3]
4 Knole, Sevenoaks, Kent, coll.Lord Sackville, nr.275.[4]
5 Musée d'Arras, Cat.1907, nr.147.[5]
6 Potsdam, Sanssouci, Neuer Palais, Cat.1930, nr.40.[6]

Aan deze lijst kunnen nog twee exemplaren uit voormalige bestanden worden toegevoegd:

7 Douai, Musée de la Chartreuse, kopie door Gysbrecht Thys, in de Tweede Wereldoorlog verloren gegaan.[7]
8 Londen, coll.Duke of Grafton, geveild in 1923.[8]

---

3 *Alle schilderijen van het Rijksmuseum te Amsterdam,* Amsterdam: Rijksmuseum, 1976. Nr.C312, p.210, met afbeelding. Het schilderij is sinds 1885 in bruikleen van de stad Amsterdam, die het geschonken had gekregen door de erfgenamen van de douarière van W.baron Roëll, geboren C.C.Hodshon. De schilderijenverzameling van de douarière was geveild op 25 april 1872 (catalogus: Lugt 33137). Het portret van Liberti is nr.7 in de catalogus,waarvan een Nederlandse en een Franse versie bestaat. In deze catalogi is het schilderij afgebeeld door een gravure van Joannes Adrianus Boland, en voorzien van de volgende toelichting: 'De Jonge Toonzetter (Luberti, organist te Groningen). In deze schoone schilderij, heeft de beroemde van Dyck ons het nec plus ultra der verheven macht van zijn palet gegeven. Voorwaar, in dit uitnemende stuk spreidt de grote meester zijn heerlijke gave van teekening, gevoegd bij eene groote uitvoerigheid, op eene waardige wijze ten toon. Zie de deftige houding, dat hoofd, die handen, – bewonder de costuums-behandeling – kortom dat edel geheel – en geef toe, dat dit verheven schoone werk waardig is, eene eereplaats te bekleeden in een vorstelijke galerij, als een heerlijk gedenkstuk van dit onverge-lijkelijk talent'. In de exemplaren in bezit van het Rijksmuseum zijn verkoopsprijzen bij-geschreven. Het Franse exemplaar meldt '*f*18000', het Nederlandse '*f*19800' (= *f*18000 plus 10%) met als koper 'Roos'. Roos was de veilinghouder, waarschijnlijk is het schilderij niet verkocht (terwijl de veilinghouder probeerde door mee te dingen een hogere prijs te verkrijgen?). Mogelijk is dit het scchilderij dat op 24 januari 1865 te Rotterdam verkocht is uit de verzameling van G.J.Verburgh (catalogus: Lugt 28229). Het schilderij is nr.5 in de catalogus en bracht *f*50,– op.
4 Meegedeeld door H.Sackville West, Knole Estates, brief van 28 augustus 1979. Het schilderij wordt vermeld door Glück 1909, p.507, 1931, p.555 en Cust, 1900, p.257.
5 Meegedeeld door Mlle.F.Maison, Musée d'Arras. Het schilderij is niet tentoongesteld. Het wordt vermeld in de *Catalogue du Musée d'Arras,* 1880, nr.247 en *Catalogue 1907,* nr.147. Niet in H.Oursel, *Guide du Musée d'Arras,* 1966.
6 Meegedeeld door G.Bartoschek, Sanssouci. Het schilderij wordt vermeld in E.Henschel-Simon, *Die Gemälde und Skulpturen in der Bildergalerie von Sanssouci,* Berlin, 1930, nr.40; en G.Eckardt, *Die Gemälde in der Bildergalerie von Sanssouci,* Postdam, 1975, Anhang p.91. Reeds beschreven in M.Oësterreich, *Description de la Gallerie et du Cabinet du Roi à Sans-souci,* Potsdam, 1764, nr.104 (p.93) en in de tweede druk, *Description des tableaux de la Galerie Royale et du Cabinet de Sans-souci,* Postdam, 1771, nr.158, p.127-128.
7 Meegedeeld door J.Guillouet, Musée de la Chartreuse. Het schilderij wordt vermeld in Moes, 1905, nr.4491-8 en *Allegemein Lexicon der bildenden Künstler 33,* p.124.
8 Dit schilderij is vroeger in bezit geweest van Karel I van Engeland, en van de graaf van Arlington (1977). Op tentoonstellingen geëxposeerd in 1843, 1886-1887 en 1900, en tenslotte verkocht bij Christie's op 13 juli 1923. In de catalogus is het schilderij nr.144 (p.31) en voorzien van een afbeelding.

HENRICVS LIBERTI.
GROENINGENSIS CATHED. ECCLESIÆ ANTVERP. ORGANISTA.

Afbeelding 1.
Gravure door Petrus de Jode naar Antony van Dycks portret van Henricus Liberti. Uit: *Le cabinet des plus beaux portraits* (zie ook noot 14).

De vermelding van een exemplaar in de Gemäldegalerie te Wenen door L.Cust (1900) berust waarschijnlijk op een vergissing.[9] Het aantal aantoonbare exemplaren of kopieën van dit schilderij – dat zeker een goed schilderij is, hoewel niet van opmerkelijke kwaliteit – is opvallend groot. Een verklaring hiervoor kan ik op dit moment niet geven.

Het portret wordt gedateerd rond 1630. Het geeft Liberti staande weer leunende op het voetstuk van een pilaar, zichtbaar vanaf de bovenbenen, het gezicht à trois quarts. Het laat ons Liberti zien als een blozende, gezette jongeman, met blond krullend haar. Om zijn schouder is een drievoudige erekegen gehangen. In zijn hand houdt hij een blaadje met daarop een vierstemmige canon op de woorden *Ars longa bita brevis*.

muziekfragment 1

Ars   lon - - ga   ars   ars lon-ga vi - ta bre-vis

Er zijn ook enkele tekeningen van Van Dyck bekend, die als voorstudie voor het schilderij gediend kunnen hebben:

a Stockholm, Nationalmuseum, Inv.1978/1863[10];
b London, British Museum, L.B.25.[11]
In de literatuur wordt nog vermeld:
c London, coll.Duke of Buccleugh, 1905.[12]

Tenslotte is er naar het schilderij een gravure vervaardigd door Petrus de Jode (zie afbeelding 1) met het onderschrift 'Henricus Liberti, Groeningensis,

---

9 Meegedeeld door K.Schütz, Kunstheistorisches Museum, Wien. Cust, 1900, p.256-257 geeft: 'Vienna, Imperial Gallery'. Mogelijk een verwarring met Berlin-Sanssouci.
10 Het Stockholmse Nationalmuseum verwierf de tekening, 324 x 248 mm, met zwart krijt, een kopie, in 1866. Vroegere bezitters waren onder meer P.Crozat te Parijs (1665-1740) en graaf C.G.Tessin (1695-1770) te Stockholm. Het onderschrift, in latere hand, luidt: 'Henri Liberti Organist de l'Eglise Cath.le d'Anvers / A. van Dyck'. Zie Horst Vey, *Die Zeichnungen Anton van Dycks,* Brüssel: Arcade, 1962, Text, nr.184, p.253-255, Abb.226.
11 Het British Museum verwierf de tekening op 14 juni 1855, 252 x 192 mm, kopie. Zie Arthur M.Hind, *Catalogue of drawings by Dutch en Flemish artists preserved in the department of prints and drawings in the British Museum. Vol. II: Drawings by Rubens, Van Dyck and other artists of the Flemish school of the XVII century,* London: Trustees British Museum, 1923, nr.31, p.60-61. Afgebeeld in Maurice Delacre, *Le dessin dans l'oeuvre de Van Dyck,* Bruxelles: Palais des Académies, 1934 (Academie royale de Belgique, Classe des Beaux-Arts, *Memoires,* collection in-4°. deuxième série, tome 3), p.13.
12 Vermeld door Moes, 1905, nr.4491-1.

Cathed.Ecclesiae Antverp.Organista'.[13] Deze gravure is opgenomen in verschillende verzameluitgaven, die in de 17de en 18de eeuw gemaakt zijn van
gravures naar portretten van Van Dyck, met name in *Le cabinet des plus beaux
portraits par Antoine van Dyck* (Antwerpen, rond 1700)[14] en *Iconographie ou vies des
hommes... avec les portraits par Antoine van Dyck* (Amsterdam/Leipzig, 1759).[15]
Interessant is dat de gravure in deze uitgaven begeleid wordt door een levensbericht. Gravure en levensbericht zijn als illustratie bij dit artikel opgenomen
(respectievelijk afbeelding 1 en afbeelding 2). Dit levensbericht kan als volgt
samengevat worden. Liberti was afkomstig uit Groningen, waar hij kort voor
1600 uit welgestelde ouders geboren werd. In zijn jeugd bleek een bijzondere
muzikale begaafdheid, zodat zijn ouders hem bij een muziekmeester in de leer
deden om hem clavecimbel te leren spelen. Nadat hij hierin voldoende vaar-
digheid had verkregen, reisde hij verschillende steden in Holland af om zijn
talenten te beproeven. Tenslotte kwam hij in Antwerpen, waar hij zich zo veel
mogelijk in de kerken op de orgels liet horen. Speciaal wist hij de aandacht op
zich te vestigen tijdens een viering van het feest van Portioncula (2 augustus) in
de kerk van de Minderbroeders. Hij wordt vervolgens dikwijls uitgenodigd om
in kerkelijke diensten en op huiselijke concerten te spelen. Tenslotte wordt hij
aangenomen als organist van de kathedraal. Deze informatie is weinig precies,
maar nergens in strijd met gegevens die uit andere, archivalische bronnen
bekend zijn.

De oudste gedocumenteerde biografische gegevens zijn afkomstig uit de
archieven van de kathedraal te Antwerpen.[16] Op 18 maart 1626 werd Liberti
benoemd tot plaatsvervangend organist, naast hoofdorganist John Bull. Op 30
maart 1627 wordt hem toegestaan om voor een periode van twee jaar het kleine

---

13 Zie Marie Mauquoy-Hendrickx, *L'iconographie d'Antoine van Dyck. Catalogue raisonné,* Bruxelles:
Palais des Académies, 1956 (Academie royale de Belgique, Classe des Beaux-Arts, *Mémoires,*
collection in-8°, deuxième série, tome 9), nr.172, p.335-336, met afbeelding. Ook afgebeeld in
E.Vander Straeten, *La musique aux Pays-Bas avant le xixe siècle,* tome IV, Bruxelles: C.Muquardt,
1878, t.o. p.279.
14 *Le cabinet des plus beaux portraits de plusieurs princes et princesses, des hommes illustres, fameux peintres,
sculpteurs, architectes, amateurs de la peinture & autres fait par le fameux Antoine van Dyck,* Anvers: Henry &
Corneille Verdussen, zonder jaartal, ca.1700. Zie Mauquoy-Hendrickx (noot 13), p.64-66.
Gebruikt werd het exemplaar in de Universiteitsbibliotheek te Amsterdam. Liberti's portret is de
voorlaatste gravure van het tweede deel.
15 *Iconographie ou vies des hommes illustres du xvii. siècle écrits par M.V.°°. Avec les portraits peint par le
fameux Antoine van Dyck et gravées sous sa direction. Tome premier, contenant les vies des princes, ducs, comtes,
géneraux, etc. Tome second, Contenant les vies des peintres, sculpteurs, graveurs, architects et autres artists,*
Amsterdam & Leipzig, Arkstee & Merkus, 1759. Zie Mauquoy-Hendrickx (noot 13), p.72-74.
16 Thurston Dart, 'Calendar of the life of John Bull', in: John Bull, *Keyboard Music,* Vol.I, ed.by
J.Steele & F.Cameron, 2nd ed., London: Stainer & Bell, 1967 (Musica Britannica 14), p.xxi-xxvi.

HENRI LIBERTI
ORGANISTE DE L'EGLISE
CATHEDRALE D'ANVERS.
&c. &c.

HEnri Liberti fils de bon bourgeois de la ville de Groningue & capitale d'une Province de ce nom, naquit vers l'an mil six cent. Les jeux & les inclinations de son enfance annoncerent ses talents. Il aimoit dès lors tout ce qu'on appelle instrument de musique, & ne paroissoit jamais plus content que lorsqu'il se trouvoit en possession de quelques-uns: avec lesquels il tâchoit selon son petit pouvoir d'exécuter ce qu'il avoit entendu. Cette passion se fortifia avec l'âge & laissa si peu douter de sa destination, que ses parents lui donnerent un maître pour apprendre à jouer du clavecin. Il fit des progrès rapides dans cet art, auquel la nature sembloit l'avoir destiné, & devint dans la suite très habile. Sa patrie ne lui offrant point l'espérance de tirer grand avantage de son savoir, il résolut de voyager. Après avoir parcouru quelques villes de la Hollande, il arriva à Anvers sans recommandation & sans autre secours que celui de ses talents. Il chercha l'occasion de les faire valoir. Dans ce dessein il visitoit les églises alternativement les jours des grandes fêtes, & alloit prendre place au Jubé tant qu'il lui étoit possible. Se trouvant de bonne heure au Jubé des fréres mineurs un deuxiéme d'Août, qu'on célebre chez eux la fête de la portioncule avec une pompeuse solemnité & un concours extraordinaire de peuple, il entra en conversation avec l'organiste de ce convent & s'étant fait connoître pour ce qu'il étoit, il demanda la permission de pouvoir jouer à la sortie de l'office divin. Il obtint ce qu'il souhaitoit & le service fini il commença à jouer d'une maniere qui plut & étonna les musiciens que la dévotion ou la solemnité de la fête y avoit rassemblés. Leur surprise excita leur curiosité. Quelques-uns monterent au Jubé voulant connoître celui qui l'occasionnoit.

Dès lors il n'eut point besoin de protecteur, son art lui valut plus que n'auroient fait les meilleures recommandations, son nom vola chez tous les amateurs de la musique & on ne parla plus que de l'organiste nouvellement arrivé. Plusieurs personnes de distinction voulant se procurer la satisfaction de l'entendre à loisir, l'invitoient à venir manger chez elles & après le repas le prioient de leur accorder cette grace dans quelque église voisine qu'ils faisoient tenir ouverte à ce sujet. Plus on l'entendoit jouer, plus on avoit envie de l'entendre. Il ravissoit par son jeu savant, sa belle exécution & la beauté de ses chants. Au bout de quelques semaines, il se vit suivi comme les plus habiles prédicateurs. On s'informoit dans qu'elle église il devoit aller jouer le dimanche suivant, de crainte de le manquer. Les chapitres, les curés & les communautés religieuses l'invitoient à cet effet dans leurs églises, parceque le concours du peuple ne manquoit point de le suivre. Il fut reconnu pour le plus habile organiste qu'il y eut alors à Anvers & pour l'y retenir chacun lui témoignoit la joie qu'il ressentiroit de pouvoir le posséder en l'attachant à son église.

Ces politesses jointes à l'empressement qu'on avoit pour l'entendre, le flatterent d'un établissement honorable dans la suite; il s'y arréta en attendant que quelque orgue vînt à vaquer. Entre tems il se prêtoit aux désirs des amateurs de la musique & alloit jouer du clavecin dans les plus beaux concerts qui se donnoient dans la ville. Il est aisé de déviner que ses peines étoient bien payées. Ce fut dans ces assemblées qu'il contracta amitié avec le chevalier Antoine van Dyck, & celui-ci ne négligea rien pour faire valoir les talents de son ami, louant par tout sa rare capacité. L'orgue de la cathédrale étant venue à vaquer, tout le chapitre s'est réuni pour la vocation de Liberti. Il l'accepta & conserva cette place jusqu'à la fin de sa vie. Il n'étoit point de ces esprits fantasques & quinteux, comme on en trouve assez souvent dans ceux qui possédent son art: mais il a toujours été honnête, complaisant envers un chacun, enjoué & uniforme dans sa conduite.

K k 2   A D A M

Afbeelding 2. Het levensbericht door De Jodes gravure (zie afbeelding 1) begeleid in het *Cabinet*.

orgel in de kathedraal te bespelen en John Bull, die veel ziek was, eventueel volledig te vervangen. In het desbetreffende document wordt vermeld, dat hij reeds tien jaar aan de kathedraal verbonden was. John Bull overleed op 12 of 13 maart 1628. Vlak daarna, op 17 maart 1628, wordt Liberti benoemd tot de vaste organist van de kathedraal. Deze functie zou hij behouden tot aan zijn dood, meer dan veertig jaar later op 3 augustus 1669.[17] Zijn salaris bedroeg aanvankelijk *f* 100 per jaar, hetgeen later, vanaf 1650, verhoogd is tot *f* 114.[18] In 1630 wordt hij om onbekende redenen gefêteerd door de zangers en muzikanten van de kathedraal; de kerkrekeningen vermelden speciale uitgaven voor wijn.[19] Misschien is er een relatie tussen deze gebeurtenis en het schilderij van Van Dyck, waar Liberti immers met een erreketen wordt afgebeeld?

Bovengenoemd levensbericht is de grondslag geweest voor het artikel 'Liberti' in Gerber's *Lexicon der Tonkünstler*.[20] Gerber's artikel heeft er weer toe geleid dat J.G.Albrechtsberger Liberti opnam in zijn lijst van orgelvirtuozen.[21] Over Liberti's orgelspel zijn wij, behalve door het levensbericht, niet geïnformeerd. Ook zijn geen orgelcomposities van zijn hand bekend. Wel heeft hij een aantal vocale composities geschreven, die deels volledig, deels onvolledig en deels helemaal niet bewaard gebleven zijn, en een aantal instrumentale ensemblecomposities, die geheel verloren zijn gegaan.

C.F.Becker vermeldt in zijn *Tonwerke* (1847) het volgende werk:[22] 'H.Libert.Cantiones sacrae et suavissimae cum vocibus quatuor et quinque compositae. Antverpiae, apud P.Phalesium. 1621. Quart.' Het kan zijn, dat we hier met een werk van Henricus Liberti te doen hebben. Het jaartal is echter erg vroeg en een bundel van Liberti uit 1632 wordt *Opus 1* genoemd. Overigens is van deze Cantiones verder niets bekend.

In 1632 verscheen bij de erfgenamen van Petrus Phalesius te Antwerpen een bundel vijfstemmige instrumentale werken onder de titel *Paduanes et Galliardes*. Deze bundel wordt door de bibliografen herhaaldelijk genoemd, maar er is

---

17 Zie E.vander Straeten (noot 13), p.275, Rekeningen van de O.L.V.Kerk te Antwerpen.

18 Antwerpen, Stads-archief, Kerken, 227, *Extractum ex actis Capituli Ecclesiae Cathedralis Antverpiensis,* 3 augustus 1669.

19 Willy Dehennin, 'Bronnen voor de geschiedenis van het muziekleven te Antwerpen', in: *Revue belge de musicologie 7,* 1954, 19-40, p.36.

20 Ludwig Gerber, *Historisch-Biographisches Lexicon der Tonkünstler. Ersther Theil,* Leipzig: Breitkopf, 1790-1792, p.804-805.

21 J.G.Albrechtsberger, *Sämmtliche Schriften über Generalbass, Harmonie-Lehre, und Tonsetzkunst,* Wien: Haslinger, 1837, p.147.

22 C.F.Becker, *Die Tonwerke des XVI. und XVII. Jahrhunderts.* Leipzig: Fleischer, 1847, p.106.

geen enkel exemplaar van bewaard gebleven.[23] De catalogus van de muziek-bibliotheek van Jan IV van Portugal (Lissabon, 1649) geeft een wat uitge-breidere, verportugeeste titel: *Paduanas, Galiardes, Courantes, a 5.juntas algunas Sinfonias, & Motettes, a 6 & 8.M. Henrico Libert Groenning. obra 1*. De bundel bevatte dus ook enkele vocale composities, tenzij met motetten hier instrumentale bewerkingen daarvan bedoeld zijn.

Zijn verdere composities zijn gedrukt en uitgegeven in verzamelbundels. We kunnen er een vijftal noemen, alle uitgegeven door de erfgenamen van Petrus Phalesius te Antwerpen. In de eerste plaats komt het *Pratum musicum* uit 1634.[24] Deze bundel is een herdruk van het *Secondo libro di concerti ecclesiastici* van Joannes Baptista Ala da Monza (Milaan, 1621), voorzien van enkele toege-voegde stukken door Guilielmus Messaus, Henricus Liberti en Jacobus Molet. Twee motetten zijn van Liberti's hand:

33 Miserere mei Deus (A4),
34 O beata virgo Maria (A4).

Miserere mei is een bewerking van Psalm 50. De compositie valt uiteen in twintig korte gedeelten, die voor wisselend stemmental (van één tot vier, in allerlei combinaties) geschreven zijn. Sommige fragmenten zijn in een faux-boudon-zetting geschreven. *O beata virgo Maria* is een motet in traditionele vierstemmige polyfone stijl.

Tevens moeten composities van Liberti te vinden zijn in het *Fasciculus missarum* uit 1640, waarvan nu geen exemplaar meer bekend is.[25] De reeds eerder genoemde Portugese catalogus uit 1649 vermeldt deze bundel met de toevoeging 'Henr.Lib. & outros.'

De overige bekende composities van Henricus Liberti zijn *cantiones natalitiae*, meerstemmige kerstliederen op Latijnse en Nederlandse tekst. Drie bundels met cantiones natalitiae bevatten composities van Liberti, te weten de

---

23 A.Goovaerts, *Histoire et bibliographie de la typographie musicale dans les Pays-Bas*, Bruxelles, 1881, nr.615; *Bouwsteenen III*, 1881, p.20; J.C.M.van Riemsdijk, *Het stads-muziekcollegie te Utrecht*, Utrecht: Beijers, 1881, p.82; *Primeira parte do index da livraria de musica de ... Ioao o IV*, Lisboa, 1649 (herdruk Oporto, 1874), p.513.

24 *Pratum musicum variis cantionum sacrarum flosculis consitum unius II. III. et IV. Vocum cum basso continuo. Quarum aliae decerptae ex libro secundo Sacrarum Cantionum Joannis Baptistae Ala da Monza, Aliae nunquam antehac ullibi locorum editae*, Antverpiae, Apud Haeredes Petri Phalesii, 1634 (Cantus, Altus, Bassus en Bassus continuus in Gaesdonck, Coll. Augustinum).

25 *Fasciculus missarum diversorm auctorum concinendarum tribus, quatuor, et quinque vocibus concertantibus, cum b. continuo*, Antverpiae, Apud haeredes Petri Phalesii, 1640. Titelbladzijde in A.I.M.Kat, *De geschiedenis der kerkmuziek in de Nederlanden sedert de Hervorming*, Hilversum: Gooi en Sticht, 1939, p.173. Zie ook *Index ... Joao o IV* (noot 23), p.140.

Laudes vespertinae van 1648, de ongedateerde verzamelbundel onder de titel *Cantiones natalitiae* (vermoedelijk rond 1645) en de *Cantiones natalitiae* van 1651. Er zijn redenen aan te geven om aan te nemen dat de *Laudes vespertinae* van 1648 een herdruk zijn van een identieke uitgave van rond 1635.[26] Ze bevatten twee cantiones natalitiae van Liberti:

40 Quem arcta stringit fascia (A4),
41 Plaude laetabunda tellus (A4).

Beide zijn het eenvoudige vierstemmige zettingen met bassus continuus met de liedmelodie in de cantus en voorzien van een strofische tekst.

In de ongedateerde *Cantiones natalitiae* (rond 1645?)[27] is Liberti de enige genoemde componist. Zes van de zestien stukken in deze bundel worden aan hem toegeschreven. Het zijn:

1 Maria suyver maeght (A1, A4),
10 O coridon siet hier den stal (A?),
12 Canite psallite currite (A4, A1),
13 Ninali canite Angeli (A4, A1,1,2),
14 Nato Deo gloria solemnis (A1, A6),
15 Venite simul ò Pastores (A1, A8).

Deze composities zijn wat gevarieerder van aard, vooral door de afwisseling van vocale soli en tutti, dan de twee cantiones uit de *Laudes*. Van de ongedateerde bundel is echter slechts het *Praecentus-stemboek* en het *Bassus-continuus-stemboek* bewaard gebleven, zodat een volledige kennisname van de composities onmogelijk is. De bewaard gebleven stemboeken zijn echter de belangrijkste en in een enkel geval is ook materiaal uit concordante bronnen beschikbaar.

Maria suyver maeght is een zogenaamde reprisecompositie. Elke strofe wordt eerst in een eenvoudige zetting voor praecentus (=solo-cantus) en bassus continuus gebracht, vervolgens door vierstemmig koor herhaald.[28]

Een uitermate aantrekkelijke compositie is *O Coridon siet hier den stal* (zie

---

26 *Laudes vespertinae B.Mariae Virgnis. Item Hymnus venerabilis Sacramenti. IIII. V & VI. Vocum. Quibus noviter adjectae sunt Cantiones Natalitiae. A praestantissimis Auctoribus M.Andrea Pevernagio, aliisque compositae, cum basso continuo ad organum*, Antverpiae: Apud haeredes Petri Phalesii, 1648. (Tenor in Amsterdam, Toonkunst-Bibl., Bassus continuus in Haarlem, Bissch.-Mus., Cantus, Altus en Tenor in Gaesdonck, Coll. Augustinum).

27 *Cantiones natalitiae quatuor, quinque, et plurium, cum vocum, Tum instrumentorum,* zonder plaats en jaartal, vermoedelijk Antwerpen: erfgenamen Phalesius, ca.1645. Praecentus in Brussel, Kon.Bibl., Bassus continuus in Haarlem, Bissch.Mus. en 's-Gravenhage, Gemeentemuseum.

28 De concordanties in deze en de volgende voetnoten maken geen aanspraak op volledigheid. *Maria*: tekst in ALL en ONL, met melodie in Gent, p.11. Moderne uitgave Alb.Thijm, nr.52.

Afbeelding 3.
O Coridon siet hier den stal van Henricus Liberti, gezet voor zang en bassus continuus.

afbeelding 3). Het is een strofisch lied in dialoogvorm. Elke strofe bevat zes regels, die per tweetal door Tyter, Coridon (herders die de stal bezoeken) en Maria gezonden moeten worden. In het *Praecentus-stemboek* is slechts de tekst voor Coridon afgedrukt (wel de volledige muziek), hetgeen erop wijst, dat de regelparen steeds door andere zangers gezonden werden.[29]

Zowel *Maria suyver maeght* als *O Coridon* zijn als éénstemmig lied (niet als meerstemmige compositie) in tal van handschriften en gedrukte liedboeken van de tweede helft van de 17de eeuw en de 18de eeuw overgenomen, doorgaans zonder vermelding van de componist. Beide liederen zijn, naar deze secundaire bronnen, te vinden in een aantal moderne bewerkingen.

Canite psallite is een compositie die bestaat uit een vierstemmig beginrefrein, met een strofisch couplet voor één solostem en bassis continuus *(Ovium multa millia).*[30]

Ninali cantite angeli heeft een gelijksoortige opbouw: een vierstemmig refrein, dat een drietal strofen omlijst. Hier echter zijn de strofen doorgecomponeerd: de eerste *(Dulcus cunae)* voor cantus solus, de tweede *(Quis è nobis)* voor tenor solus, de derde *(Intus Deum)* A2: altus & bassus. Van dit stuk is echter alleen de bassus continuus bewaard gebleven, en – in concordante bron – de melodie van de eerste strofe.[31] Boven het stuk staat 'Ad cunas pueri Jesuli', hetgeen een relatie met het kindje-wiegen doet vermoeden.

Nato Deo gloria solemnis is als compositie analoog aan *Maria suyver maeght* opgebouwd. Een drietal strofen wordt eerst éénstemmig, dan zesstemmig gepresenteerd. Gezien het vrij grote aantal 17de en 18de eeuwse concordanties moet de compositie als lied vrij populair geweest zijn.[32]

Venite simul ò Pastores geeft weer een andere variant van de solo-koor-schrijfwijze te zien. Er zijn drie strofen. Elke strofe valt uiteen in drie gedeelten, die steeds eerst als solo en vervolgens achtstemmig gebracht worden. De achtstemmige gedeelten zijn echter geen ongewijzigde meerstemmige reprises van de sologedeelten, maar uitgebreidere bewerkingen. Bij afwezigheid van stemmenmateriaal is niet te zeggen hoe deze bewerking geweest is.

De *Cantiones natalitiae* van 1651[33] bevatten eveneens zes werken van

---

29 *O Coridon:* tekst in ALL en ONL, met melodie in Brussel, Kon.Bibl.4858, p.15 (ook met bas), Neuss, p.6 en Gent, p.26. Moderne uitgaven: Alb.Thijm, nr.16, Fl.van Duyse, *Het oude Nederlandsche Lied,* Den Haag: Nijhoff, 1903-1907, nr.493.

30 *Canite:* Jennyn, p.2 (melodie en bas van de strofe met andere tekst).

31 *Ninali:* Jennyn, p.70 (melodie en bas van eerste strofe met andere tekst).

32 *Nato Deo:* tekst in ONL, uitgaven vanaf ca.1740, met melodie in MG, nr.76, Appendix, p.46, Haarlem 30, p.2, Haarlem 38, p.63. Cantus, Altus en Bassus met andere tekst in Brussel, Gesù, handschrift: J.v.Sambeeck, *De Nederlandtsche Tortelduyve suchtende naer haer gayke (1650),* p.258-259.

33 *Cantiones natalitiae quatuor, quinque, et plurium vocum.* 1651. Bassus continuus in Haarlem, Bissch.Mus., Altus in 's-Gravenhage, Gemeentemuseum.

Henricus Liberti. Het zijn:

4 O Herders van den ... (A4),
10 Agiles Pastores agite (A5),
11 Festum diem hodie (A5),
12 Amo te benigne Jesu (A5),
15 Komt herders aen,
16 Ave Jesu Deus magne (A5).

Van deze druk zijn slechts altus en bassus continuus bewaard gebleven. Door middel van concordanties zijn echter *Festum diem*[34], *Amo te*[35] en *Ave Jesu*[36] min of meer volledig te reconstrueren. De eerste vier genoemde nummers zijn homofone strofische liedbewerkingen met de melodie in de hoogste stem. *Ave Jesu* is een strofisch lied, waarvan elke strofe in twee gedeelten uiteenvalt, die eerst solo en vervolgens vierstemmig gezongen worden. De aantrekkelijke melodie heeft gezorgd voor een vrij grote verspreiding van dit lied in de 17de en 18de eeuwse verzamelingen.

Komt herders aen is het enige cantio natalitia van Liberti, waarin ook instrumentale partijen voorkomen. Het stuk is geschreven voor drie vocale en drie instrumentale stemmen, waarvan echter alleen de bassus continuus en de altus bewaard zijn. Deze compositie is niet strofisch, maar bestaat uit drie opvolgende delen, achtereenvolgens voor cantus solus, A5 *(Den soeten nacht)* en A6 *(Hy mindt het veldt)*.

Henricus Liberti moet gerekend worden tot de vrij grote groep van 17de eeuwse Zuidnederlandse componisten van geestelijke muziek van tweede garnituur. Deze componisten waren als zangmeester of als organist verbonden aan de talrijke kerken in de kleinere en grotere Vlaamse en Waalse steden. Ze hadden de beschikking over een klein aantal zangers, koorknapen en instrumentalisten (voornamelijk violisten, cornettisten en fagottisten) en zorgden ervoor, dat er een vrij wijde traditie van meerstemmige kerkmuziek in de nieuwe Italiaanse concerterende traditie ontstond. Ze zijn verantwoordelijk voor een tamelijk uitgebreid repertoire van missen, motetten en cantiones – voor het overgrote deel gedrukt te Antwerpen bij Petrus Phalesius en zijn erfgenamen – dat heden-ten-dage nog weinig bekendheid geniet.

---

34 *Festum diem:* tekst en melodie in: Haarlem 30, p.22, Haarlem 38, p.67, Neuss p.7.
35 *Amo te:* tekst met melodie in MG, nr.82, Appendix, p.37, Haarlem 30, p.1, Haarlem 38, p.61, Leiden, Univ.Bibl., Ltk.381-1, p.37 en 381-2, p.83, Neuss, p.5, Gent, p.40.
36 *Ave Jesu:* tekst en melodie in: MG nr.16 en nr.81, Haarlem 38, p.72-73, Neuss p.16 en Gent p.23.

Die Orgeln des Klosters Grafschaft

Rudolf Reuter

Das 1702 von Erzbischof Anno II von Köln gestiftete Kloster Grafschaft, heute im Stadtgebiet von Schmallenberg gelegen, war nach Corvey (|815|) und Abdinghof in Paderborn (1016) die älteste Benediktinerabtei Westfalens. Die Nachrichten über das von Anfang an mit reichen Besitzungen und 12 abhängigen Pfarreien im weiten Umkreis ausgestattete Kloster informieren erstmalig im 17.Jahrhundert über einen Orgelbau für die nach einer Feuersbrunst (1270) errichtete zweite Klosterkirche. Auch über die allgemeine Kirchenmusikpflege, die in Grafschaft seit der Gründung ohne Zweifel vorrangig betrieben wurde, geben die spärlichen Quellen nur wenig Auskunft. 1549-1550 wurde ein neues Clavichord für eineinhalb Rtl., 1623 aus Köln ein gleiches Instrument für vier Rtl. erworben, 1625 wurde zu drei vorhandenen Glocken drei weitere gegossen. Der Name des Erbauers der Orgel von 1633 ist nicht überliefert, erwähnt ist nur Meister Diederich Schrieners aus Warstein, der 'die structur an das new orgellwerck gemacht' hatte.[1] Erst aus dem 19.Jahrhundert liegen Beschreibungen dieses in der katholischen Pfarrkirche zu Reiste (Hochsauerlandkreis) zum Teil erhaltenen Instrumentes vor.

Für die 1738 begonnene, 1747 eingeweihte dritte Klosterkirche, 'die größte und schönste Kirche im Herzogthum Westfalen', konnte die einmanualige Orgel des 17.Jahrhunderts mit 10 Registern nicht mehr genügen. Während sonst für Bau nd Ausstattung der neuen Kirche fast ausschließlich westfälische Künstler und Handwerker aus Erwitte, Rüthen, Geseke, Schmallenberg, Warstein, Münster und Paderborn beschäftigt wurden, wandte man sich wegen einer neunen großen Westorgel und einer Chororgel an den Hoforgelbauer Johann Philipp Seuffert in Würzburg.[2] Wie die Verbindung mit Seuffert zustandekam, ist unbekannt. Vielleicht war er vom Benediktinerkloster Banz, wo er kurz zuvor gebaut hatte, empfohlen worden. Bis zum Sommer 1747 stellte Seuffert die Orgel auf der Westempore auf, außerdem eine Chororgel von 9 Registern oberhalb des neuen Chorgestühls, das für 60 Konventualen

---

1 Staatsarchiv Münster, *Grafschaft Akten*, nr. 21-22, Bd. 3 und 8.
2 R. Reuter, *Orgeln in Westfalen*, Kassel, 1965, S. 67 ff. Zu Seuffert: R. Reuter, MGG, Artikel *Seuffert*, Bd. 12, S. 592. *Riemann-Lexikon*, Ergänzungsband, Artikel *Seuffert*. Dort weitere Literatur.

ausreichte. Aus Gründen der Symmetrie wurde gegenüber der Chororgel ein stummer Orgelprospekt errichtet. Vermutlich auf Vorschlag Seufferts baute der Würzburger Tischler und Bildhauer Kilian Koch das Gehäuse der Hauptorgel.

Anlaß für diese Studie ist die besondere Rolle, die beide Orgeln, die von 1633 und das große Instrument von 1747 im westfälischen Orgelbau spielen. Die Orgel des 17. Jahrhunderts wurde um 1850 zur Ausgangsbasis eines der interessantesten westfälischen Orgelbauten dieser Zeit. Zum Orgelbau in Reiste, in den das Pfeifenwerk der älteren Grafschafter Orgel fast vollständig einbezogen wurde, liegt von der Hand des maßgeblich beteiligten Lehrers und Organisten Johann Friedrich Nolte umfagreiches Material vor, das einen guten Einblick in die Arbeiten der Planung und Ausführung gibt.[3] Über die Urgestalt der Orgel von 1633, die sicher nicht die erste, vielleicht auch nicht die einzige damalige Orgel des Klosters war, gibt es nur die bereits erwähnte zeitgenössische Notiz sowie zwei knappe Beschreibungen des 19. Jahrhunderts. Das Instrument von 1633 war 'um das Jahr 1740 aus der Abteikirche zu Grafschaft alt nach Reiste gekommen', stand zunächst in der alten Kirche und wurde, als diese baufällig wurde 1836 von Eberhard Kraft in die Notkirche versetzt. 1829 kam Johann Friedrich Nolte als Lehrer, Küster und Organist nach Reiste. Er hatte im Lehrerseminar in Büren, wo bis zu 10 Musikunterrichtsstunden im Lehrplan standen, eine sehr gute musikalische Ausbildung erfahren. Durch den damaligen Pfarrer in Reiste, der bis 1804 Professor und Organist im Attendorner Franziskanerkloster gewesen war, empfing er weitere Anregungen. Seit 1845 bemühte sich Nolte um eine größere und bessere Orgel für die neu zu erbauende Pfarrkirche, die dann schließlich 1853 vollendet wurde. 1849 begann er mit seiner Orgelchronik[4], die er bis zu seinem Tod 1874 ergänzte. Allein etwa 30 der insgesamt 120 eng beschriebenen Seiten dieser Handschrift beschäftigen sich mit den Problemen einer neuen Orgel, die Noltes zentrales Anliegen war. Nach dem Wunsch Noltes sollten in dieser Orgel möglichst viele 'gute alte Register' verwendet werden.

Bis 1852 wurden von den Orgelbauern Barkhoff in Wiedenbrück, Anton Fischer in Beckum, Ibach in Barmen, Kersting in Münster, Rieschick in Brilon und Schulze in Paulinzella Angebote eingeholt. Kersting, der 'gute Orgeln für schwache Nerven' baute, bot mit 17 Registern das kleinste Instrument an, Ibach mit 29 Registern das größte. Laut Vertrag vom 11. Oktober 1852 baute Anton Fischer aus Beckum eine Orgel mit 29 Registern, von denen zunächst

---

3 R. Reuter, *Orgeln in Westfalen*, S. 67 ff., S. 73. Ders., 'Die Orgelchronik des Johann Friedrich Nolte', in: *KmJb 47*, S. 137 ff. H. Hülsmeyer, *Musikpflege in Südwestfalen. Chrysologus Heimes und Johann Friedrich Nolte*, Kassel, 1969.
4 R. Reuter, *Orgelchronik*, S. 138 f.

nur 24 ausgebaut wurden. Das frühere Angebot Fischers, der zunächst nur neue Pfeifen verwenden wollte, wurde abgelehnt. In der bis 1854 fertiggestellten Orgel mit 24 Registern standen 12 'gute alte Register', davon 8 aus der alten Orgel aus Grafschaft und 4 'alt gekaufte Register', zu denen beim weiteren Ausbau noch eine alte zweifache Sesquialtera kam. Die Herkunft dieser Register war bisher nicht zu ermitteln.

Die von der Gemeinde bezahlte Orgel stand zunächst in einem sehr primitiven Gehäuse. 1857 wurde für ein neues Orgelgehäuse gesammelt, das 1858 in Münster in Auftrag gegeben wurde. Dieses neugotische Gehäuse war in den letzten Jahrzehnten wegen Baufälligkeit immer mehr demontiert worden, ein Emporenumbau in den sechziger Jahren unseres Jahrhunderts bewirkte weitere Veränderungen. Leider erwies sich das erst beim Abbau der Orgel Zum Vorschein gekommene ältere Gehäuse, auf das man 1858 den neuen Prospekt aufgenagelt hatte, als so minderwertige und primitive Arbeit, daß es nicht erhalten werden konnte. Nach Maßgabe der erhaltenen Prospekt-pfeifen von 1633 wurde ein zeitloses schlichtes Gehäuse geschaffen, in dem Windladen und Pfeifenwerk von 1633 und 1854 ihren angemessenen Platz finden. Wie die nachfolgende Aufstellung zeigt, stehen in der Orgel auf den historischen Laden heute 12 Register aus dem 17. und 18.Jahrhundert, 11 weitere von 1854 und nur 6 Register aus neuester Zeit, die seit der Restaurierung 1973 durch die Werkstatt Franz Breil in Dorsten auf den bis dahin unbesetzten Leerschleifen stehen oder anstelle jüngerer Ergänzungen eingebaut wurden.

In der Beschreibung Noltes bedeutet 'alt' die Herkunft aus der Orgel von 1633. Als 'alt gekauft' bezeichnet er ältere Register unbekannter Herkunft.

Beschreibung Noltes 1862			*Abweichender Befund 1950*	*Zustand seit 1973*		
HAUPTWERK				HAUPTWERK		
Schleiflade C-g'''				Schleiflade C-g'''		
1 Principal	8'	1854	1917 entfernt	Principal	8'	1633
2 Bourdon	16'	1854		Bourdon	16'	1854
3 Gedackt	8'	alt		Gedackt	8'	1633
4 Gemshorn	8'	1854		Gemshorn	8'	1854
5 Viola da gamba	8'	1854		Viola da gamba	8'	1854
6 Octav	4'	alt		Octav	4'	1633
7 Rohrflöte	4'	alt		Rohrflöte	4'	1633
8 Quinte	2⅔'	alt		Quinte	2⅔'	1633
9 Octav	2'	alt		Octav	2'	1633
10 Mixtur V-IV	2'	alt	Mixtur IV	Mixtur V-IV	2'	1633
11 Zimbel II	1'	alt gekauft		Zimbel II	1'	alt
12 - leer -			Sesquialtera II, alt	Sesquialtera II		alt
13 Trompete	8'	alt	Trompete um 1900	Trompete	8'	1973

POSITIV				POSITIV		
Schleiflade C-g'''				Schleiflade C–g'''		
14 Hohlflöte	8'	1854		Hohlflöte	8'	1854
15 Flauto traverso	8'	1854		Flauto traverso	8'	1854
16 Salicional	8'	1854		Salicional	8'	1854
17 Octav	4'	alt gekauft		Octav	4'	alt
18 Duiflöte	4'	1854		Duiflöte	4'	1854
19 Octav	2'	alt gekauft		Octav	2'	alt
20 - leer -			Aeoline um 1900	Zimbel III	½'	1973
21 Vox humana	8'	alt gekauft		Vox humana	8'	alt
PEDAL				PEDAL		
Schleiflade C-c'				Schleiflade C-f'		
22 Violonbaß	16'	1854		Violonbaß	16'	1854
23 Subbaß	16'	1854		Subbaß	16'	1854
24 Principalbaß	8'	alt		Principalbaß	8'	1973
25 - leer -			Cello 8' um 1900	Gedacktbaß	8'	1973
26 Octavbaß	4'	1854	Octavbaß 4'	Octavbaß	4'	z.T.alt
27 - leer -				Hintersatz IV	2'	1973
28 Posaune	16'	1854		Posaune	16'	1854
29 - leer -				Trompete	8'	1973
2 Koppeln				3 Koppeln		

Während diese ältere Grafschafter Orgel wenigstens in wesentlichen Bestandteilen erhalten blieb, ging die Orgal von 1747, die 1811 an die evangelische Kirchengemeinde in Frankenberg an der Eder verkauft worden war, nach einer flüchtigen Wiederherstellung 1956 bei einem Orgelbau 1970 endgültig verloren. Daß man noch im 18. Jahrhundert einen außerwestfälischen Meister zu einem repräsentativen Orgelbau in Westfalen aufforderte, ist schon ungewöhnlich. Einen besonderen Rang erhält die jüngere der bekannten Grafschafter Orgeln durch die Tatsache, das sie das größte Instrument des angesehenen Würzburger Hoforgelbauers Seuffert war, das in den Musiklexika nach 1800 einen beinahe legendären Ruf genoß.[5] Sie war überdies als süddeutsche Orgel auf norddeutschem Boden zweifellos eine Ausnahmeerscheinung. Man kennt von Johann Philipp Seuffert bisher nur vier zweimanualige Instrumente unter den rund 200 Orgeln, von denen der biographische Abriß von der Hand seines Sohnes Franz Ignaz Seuffert spricht.[6] Während die übrigen größeren Orgeln Seufferts bis auf zwei Prospekte längst untergegangen sind, blieb seine Grafschafter Orgel mit wesentlichem Bestand bis 1970

---

5 Mit z.T. übertriebenen Größenangaben wird die Orgel erwähnt bei Gerber, NTL, 1814, Schilling, 1838, Mendel-Reissmann, 1878.
6 UB Würzburg, Ms. Mch F 636, fol. 549ff.

erhalten, allerdings ohne Prospekt. Die zeitgenössischen Quellen und vor allem die erhaltenen Beschreibungen seit 1770 informieren ziemlich genau über ihre klangliche und architektonische Gestalt. Um einen Eindruck der nach seiner eigenen Überzeugung bedeutendsten Orgel Johann Philipp Seufferts zu geben, sollen hier Quellen und Beschreibungen vorgestellt und in Verbindung mit einer Bestandsaufnahme von 1958 ausgewertet werden.

Die *Monumenta Monasterii Grafschaft*[7] berichten über den Orgelbau:

'(1745) 9na Junij. Dm̅s König Statuarius cum duobus adjutoribus resumspit operam suam statuariam pro stallis, altariolo medio ante chorum et cathedra et continuavit usque ad 26tam Augusti inclusive, anno sequenti laborem resumpturus.

10ma Septembris. Cum Dn̅o Jō̅e Philippo Seuffert, organario aulico Herbipolense contractus initus; vigore cujus ipsi promissi sunt bis mille ducenti imperiales hoc conditione: ut ipse omnia materialia solvat, et fistulae primores omnes, quae in conspectum intuentium cadunt, sint ex stanno anglico, caeterae omnes ex eodem stanno et una parte mixturae plumbi etc. Ipse vero se obligavit, totum organum sive totum genus machinae organicae cum omnibus appertinentiis Francofurtum usque suis sumptibus et periculo sistere, unde nostris sumptibus usque huc vehendum. Si itaque cubiculum organicum una cum domuncula organica, laboribus statuariis et scriniariis hic adhuc solvatur, non dubito quin tota structura hujus operis organici ad 4000 imperialium sumptus se extendat. Finis docebit.

1745. 22da Decembris. Contractus cum Jō̅e Kiliano Koch scriniario et cive Wirtzburgensi ratione domunculae organicae, ut vocant das gehäuß pro novo organo in ecclesia nostra initus, vigore cujus eidem magistro scriniario pro toto opere, statuis et ornamentis statuariis promissi sunt 440 imperiales sub hac conditione et clausula: ut ipse totum opus hujus domunculae cum omnibus appertinentiis Francofurtum usque suis sumptibus et periculo sistat, unde nostris sumptibus usque huc vehendum: et tempore erectionis ejusdem domunculae ipsi promissa est libera mensa. Si huic summae 440 imperialium alteram summan 2200 imperialium organario Herbipolensi ex contractu debitam adjicias, totum opus machinae organicae de facto jam constat in paratis 2640 imperialibus, non computatis sumptibus vecturae et cubiculi organici, quod sequenti anno hic in monasterio aedificabitur. Sed omnia pro Deo, qui de necessariis in tempore opportuno providebit.

(1747) 11ma Aprilis. Organarius aulicus Herbipolensis cum quatuor adjutoribus coepit erigere organum majus, ejusdem erectionis labores cum suis continuavit usque ad 24tam Julii inclusive, qua die complete erectum est

---

7 Staatsarchiv Münster, Ms VII 5744, fol. 173ff.

organum pretiosum. Sed cubiculum organicum necdum complete erectum.'

Weitere zeigenössische Nachrichten enthalten die Baurechnungen des Klosters.[8]

1745 erhielt der 'Schreinermeister von Würtzburg für die fracht eines models unseres neuen Orgells 10 Rtl. 18 Sg.' Im gleichen Jahr erhielt Kilian Koch eine Abschlahszahlung von 200 Rtl. für das Gehäuse, der Restbetrag von 200 Rtl. wurde 1747 gezahlt.

1746 wurden für Fuhrlohn und Fracht 64 und 49 Rtl. gezahlt,
1747 noch einmal 70 Rtl.

Der Hoforgelbauer Seuffert erhielt folgende Zahlungen:
1745 am 11. September 600, 1746 am 20. April wieder 600,
1747 am 5. Juni 508, am 23. Juli 512 und schließlich am 17. Oktober 1748 die Restsumme von 380 Rtl. Am 23. Juli 1747 empfing 'des Orgelmachers Sohn pro discretione' 6 Rtl. und am 17. Oktober 1748 noch einmal 3 Rtl. 12 Sg.

Am 13. September 1752 erhielt der Statuarius König aus Münster 'pro illuminatione organi' 290 Rtl. Am 9. Juli 1757 empfing der 'Orgelmacher von Würtzburg' – diesmal vermutlich der Sohn Franz Ignaz, der in diesem Jahr in Westfalen nachgewiesen ist[9] – für 'Aushebung und Reparatur der beiden Orgeln' 45 Rtl.

Genaue Aufzeichnungen des Registerbestandes finden sich in den beiden Dispositionssammlungen des Johann Christian Kleine, von 1770 und 1796, die mein Schüler Franz Gerhard Bullmann aufgefunden und veröffentlicht hat.[10] In diesen beiden Sammlungen ist die Disposition der Hauptorgel dreimal, einmal vor dem Umbau durch Christian Kleine im Jahre 1792 und zweimal danach, aufgezeichnet. Die beiden Dispositionsaufzeichnungen der Chororgel in beiden Sammlungen sind inhaltlich identisch.

Die Überholung der Orgel durch Kleine 1792, bei der vier Register Seufferts durch neu Register ersetzt wurden, ist auch in der Orgelchronik des Lehrers Johann Friedrich Nolte aus Reiste um 1850 recht ausführlich – wenn auch nicht immer ganz deutlich – beschrieben. Der erst 1809 geborene Nolte hat die Grafschafter Orgel mit Sicherheit nicht gekannt. Sein als *Copia* überschriebener Bericht über den Orgelbau von 1747 und den Umbau 1792, geht nicht auf die Beschreibungen des Orgelbauers Kleine zurück, sondern auf eine bisher nicht ermittelte Quelle, vielleicht auf Unterlagen des letzten Klosterorganisten in

---

8 Staatsarchiv Münster, *Grafschaft Akten*, nr. 21-22, Bd. 17.
9 Franz Ignaz war 1757 in Eslohe und vermutlich auch in Kirchveischede tätig. Vgl. *Orgeln in Westfalen*, S.8, S.65 und S.82.
10 F.G. Bullmann, 'Die rheinischen Orgelbauer Kleine-Roetzel-Nohl', in: *Schriften zur Musik*, Bd.7, München, 1874, S. 12ff. und S. 84ff.

Grafschaft, Odilo Girsch, der später Pfarrer in Kirchrarbach und Dorlar war und 1847 in Kirchrarbach starb.[11] Nolte, der seit 1829 als Lehrer in Reiste nur wenige Kilometer vom Wohnsitz des Odilo Girsch lebte, hat ihn wahrscheinlich gekannt. Noltes 8 Seiten umfassender Bericht kann hier nur im Auszug wiedergegeben werden.

'Noch einige Bemerkungen über vorgenannte Orgeln/: auszüglich:/ Die Orgeln verfertigte im J. 1747 Philipp Seuffert. Beide, die große von 36 und die kleine von 9 Registern mußte besagter Seufert/: Hoforgelbauer zu Würzburg:/ auf seine Kosten in Würzburg anfertigen und nach Frankfurt führen lassen. Die Abtei zahlte für die große in specie 2320 Rtl. und für die kleine 700 Rtl. Die größern 16füßigen Pfeifen (Principal 16′) wurden aus gutem Zinn hier gemacht. Der Meister war vor dieser Zeit geschickt und hatte das Unglück, daß man ihm bei Anfertigung der Orgeln nicht Zeit genug ließe.

Notwendigerweise mußte nach kurzer Zeit das große Werk mangelhaft werden, wie es auch ward. 1757 durchstimmte Ignaz Seufert, Sohn des Phl. Seufert die Werke, ließ aber die obwaltenden Fehler ungebessert. Nach 20 Jahren fingen die schweren Stimmen, z.B. Posaune 16′ pp an zu sinken, welches eine leidige Folge der Übereilung in der ersten Aufführung war. Die Bälge, deren 8 dreifältige waren, waren ebenfalls unbrauchbar geworden und das ganze Werk konnte kaum mehr gespielt werden. Die ungünstigen Zeiten ließen zur Zeit keine Reparatur zu. Endlich 1792 wurde mit J. Klein aus Frankenhausen im Herzogthum Bergen, welcher gerade in Attendorn eine Orgel gebaut hatte, ein Contract zur Reparatur der Orgel abgeschlossen. Diesem nach wurden die Werke ganz ausgenommen, und so wie neu wieder aufgestellt.'

Außer den Dispositionsaufzeichnungen, die an anderer Stelle behandelt werden, bietet die Sammlung Kleine von 1796 noch folgende allgemeine Beschreibung.[12]

'Das Werk steht im Kammerton. Vier Bälge 10′ lang, 5′ breit. Das Positiv hat eigene Spielventile zum Pedal: also klingen die gezogenen Stimmen des Positivs im Pedal zugleich mit. Dieses Werk hat ein prächtiges Aussehen, ist nach modernem Geschmack schön dekorirt. Das Manual ist in der Mitte, das Pedal zu beiden Seiten des Manuals, die Pedal Octav stehet auch im Gesicht. Das Positiv stehet hinterm Manual und präsentiert nicht ins Gesicht. Das Werk hat eine prächtige runde volle Intonazion, was das Flötwerk betrifft, die metallene Stimmen haben sehr feines Metall. Die Schnar-werke sind aber sehr schlecht, daher zu verwundern, das der Orgelbauer so stark im Flötwerk und gegentheils so schwach im Schnar-werk war. Anno 1747 ist dieses prächtige

---

11 F.A. Groeteken, *Geschichte der Pfarreien des Dekanatesy Wormbach* I o.O., 1928, S. 63, S. 217ff.
12 F.G. Bullmann, a.a.O. S. 99f.

Werk von N. Seiffart Hof-Orgelbauern in Würzburg verfertigt worden. Anno 1792 wurden anstatt der 8 doppelfältigen Bälgen von 7' lang vier neue Bälge von 10' lang 5' breit gelegt, die Fleut Amour, Fleut a bec, Trompet und Voxhumana neu gesezt und das ganze Werk revidirt und alles Wandelbare verbessert, durch den orgelbauer Kleine aus Frekhausen.'

Über die 'kleine Orgel über dem einen Seit-Altar in selbiger Abtei-Kirche' berichtet Kleine noch: 'Steht im Kornet-Ton. Zwei Bälge 7' lang, 3½' breit. Das zwar kleine, doch saubere Werkchen hat ebenfals der Hof-Orgelbauer Seiffart in Würzburg 1747 gesezt. Über dem anderen Seitaltar ist ebenfals ein blindes Werkchen gesezt, welches dem gegenüber stehenden Werkchen gleich figurirt und der Kirche ein schön egales Aussehen gibt.'

Genaue Auskunft über die große Orgel gibt ebenfalls die *Beschreibung des prächtigen Orgelwerks in der Benediktiner Kirche zu Kloster Grafschaft* des Präzeptors Schmidtmann aus Frankenberg[13], der nach einer Besichtigung der damals noch in der Grafschafter Kirche stehenden Orgel unter dem 12. August 1810 das Folgende berichtet.

'1. Der Bau oder die Bühne, auf welchem die würkliche Orgel stehet ist 36 Fuß breit, 22 Fuß tief und wird von 8 kegelförmig gearbeiteten prächtigen Säulen mit antiken Füßen getragen, dieser Bau ist dem Orgelwerk angemessen gar schön.

2. Die Orgel selbst ist vortrefflich, sie nimmt einen Raum von 32 Fuß breit und 14 Fuß tief ein, gewährt mit ihren schönen vergoldeten Figuren und Verzierungen ein Ansehen zur Bewunderung, und ihr wahrer Wert muß billig über 2000 Reichsthaler angeschlagen werden, indem nur 3½ Register von Holz, zwei von englischem Zinn, alle übrigen aber von gutem Metall, wie man aus der nachstehenden Disposition ersehen wird, gearbeitet sind. Es würde also dieses Werk von solcher Güte und Materialien anjetzo kaum um den doppelten Preis neu gemacht werden können.

3. Sie besteht ferner aus zwei Klavieren von 4 Oktaven von C bis c''' und einem Pedal, welches aber nur etwas über eine Oktave hat.

4. Sie hat ferner vier Blasbälge, wovon jeder 10 Fuß lang, 5 Fuß breit und noch in gutem Stande ist, welche dem ganzen Werk gehörigen völligen Wind geben.

5. Besteht die Orgel aus 37 klingenden Stimmen und drei Nebenzügen, welche folgende Disposition haben (es folgt die Disposition).

---

13 Archiv der ev. Kirchengemeinde Frankenberg/Eder. E. Gutbier, *Zur Geschichte der Kirchenmusik in Frankenberg/Eder*, Kassel, o.J., S. 6f.

6. Hat die Orgel überhaupt eine vorteilhafte Einrichtung, die Kunstladen sind geteilt, die vom Manual in zwei Teile, ebenso auch die vom Positiv, welches hinten steht, in zwei Teile, und die vom Pedal, welches zu beiden Seiten steht, in 4 Teile abgeteilt.

Da nun der imposante Prospekt dieses sehr schönen Werkes in unserer Kirche nicht nur eine große Zierde für dieselbe sein, sondern auch der prachtvolle majestätische Ton desselben jeden Zuhörer zur Andacht erwecken und dieselbe befördern helfen würde, so wird er ganz gewiß ebenso der Wunsch eines jeden biederen Bürgers sein, dieses Orgelwerk bald in unserer Kirche ze sehen und zu hören, wie es dan sehnlichste Verlangen ist des Präzeptor J.H. Schmidtmann'

In der *Beschreibung von dem bis in das 87te Jahr seines Alters alt erlebten Hoforgelbaumeister Joh. Philipp Seuffert, weltberühmten Meister im Orgalbau,* die dessen Sohn Franz Ignaz um 1801 verfaßte[14], heißt es nach der Erwähnung der Orgelbauten in Ebrach und Banz, 'wo er alsdann weit und breit in andere Landschaften beschrieben worden als nacher Westfahlen, wo er eine neue Orgel von 36 Registern 32 Fuß Thon in der Prälatur Grafschaft genannt ohnweit Attendorn gelegen, erbauet.'[15] Als erstes der 'vorzüglichsten Werke' Seufferts nennt J.B. von Siebold 1807[16] 'eine große Orgel, welche er in ein Benediktinerkloster nach Westfalen verfertigte, ein Werk von 36 Registern, 4 Claviers und einem 32füssigen Subbaß von englischem Zinn, welche Pfeifen wegen der Schwere garnicht transportiert werden konnten, sondern erst in besagtem Kloster gegossen werden mußten.'

Ernst Ludwig Gerber stützt sich in seinem Artikel *Seuffert und seine Söhne*[17] auf den Bericht von Siebolds, geringfügig abweichend spricht er von einer Orgel 'im Benediktinerkloster in Westphalen von 36 Stimmen für 4 Manuale, mit 32füssigem Prinzipale von englischem Zinn im Pedale.'

Der letzte Organist des Klosters Grafschaft, Pater Odilo Girsch, berichtet in seiner *Chronik*[18] im Februar 1804 in bitteren Worten über die Aufhebung des Klosters und im November 1811 über die endgültige Ausräumung der Klosterkirche: 'So wurde auch die schönste Kirche im Lande, die Abteikirche

---

14 S. Ammerkung 6.
15 Die ursprüngliche Tonhöhenbezeichnung 16' wurde nachträglich in 32' geändert.
16 *Neue Fränkische Chronik*, Jg. 2, Würzburg, 1807, S. 703.
17 E.L. Gerber, NTL, Bd. 4, Leipzig, 1814, S. 189ff.
18 Archiv der kath. Kirchengemeinde Kirchrahrbach, *Chronik des Odilo Girsch*, 1777-1829.

zu Grafschaft inwendig vollends zerstört. Die kleine Orgel[19], die Nebenaltäre, die Stühle und Beichtstühle nebst den Chorstühlen, Glocken, Gegitter, Bilder waren schon um eine Kleinigkeit veräußert. Es kam nun auch die Reihe an die prächtige große Orgel und Altar, erstere wurde nach Frankenberg um 2905 Florin, letztere aber nach Attendorn um 200 Florin verkauft und abgebrochen. Somit wurde das schöne Gotteshaus ein Greuel der Verwüstung.'

Nach der Aufhebung des Klosters 1804 hatten sich Attendorn, Brilon, Frankenberg und die katholische Kirche in Darmstadt um die große Grafschafter Orgel bemüht.[20] Für 1613 Rtl. konnte Frankenberg die Orgel erwerben. Am 18. Oktober 1812 wurde das Instrument in der Liebfrauenkirche feierlich eingeweiht. Dem Umbau führte die damals von Johann Dietrich Kuhlmann geführte Werkstatt Heeren in Gottsbüren aus. Die Orgel stand zunächst im Chor, später in einem einfachen neugotischen Gehäuse auf der Westempore. Bei der Überarbeitung 1956 erhielt das Instrument einen neuen Pfeifenprospekt, der mit geringen Änderungen beim Orgelneubau 1970 beibehalten wurde.

Die hier erwähnten, überwiegend nur auszüglich wiedergegebenen Quellen, eine Bestandsaufnahme von 1958 und der Vergleich mit anderen Orgeln Seufferts erlauben auch heute, nach endgültiger Vernichtung der größten Orgel des Würzburger Meisters, eine ziemlich genaue Vorstellung dieses Instrumentes. Ingesamt liegen sechs Aufzeichnungen der Disposition bis einschließlich 1810 vor, eine von der Überarbeitung durch Kleine 1792 und zwei unmittelbar nach 1792 in den beiden Dispositionssammlungen Kleines[21], eine Kopie vor zwei Aufzeichnungen um 1792, die den Zustand vor und nach dem Unbau darstellen bei Nolte[22] und die Beschreibung des Frankenberger Schulmeisters von 1810. Die knappe älteste Beschreibung bei Kleine läßt sich aus seinen späteren Aufzeichnungen und den Berichten über

---

19 Über den Verkauf der kleinen Orgel vgl. Reuter, *Chronik Nolte*, S. 149. Nach Kleine lautete die Disposition der Chororgel:

1 Principal	4′	Prospekt, engl. Zinn	
2 Gedac	8′	Holz	
3 Gedac	8′	Metall, ab f°	
4 Spitzfleut	8′	Metall	
5 Quinte	3′	Metall	
6 Octave	2′	Metall	
7 Flageolet	2′	Metall	2 Bälge 7′ lang, 3½′ breit
8 Mixtur III	1′	Metall	steht im Kornet-Ton.
9 Cimbel II	½′	Metall	

20 Staatsarchiv Münster, Grhzgtm. Hessen II B, Nr. 150. Staatsarchiv Darmstadt, *Repertorium der Acta Westfalica*.

21 Bullmann, a.a.O., S. 24, S. 42, S. 99f.

22 J.F. Nolte, *Orgelchronik*, Ms. in Reiste in Privatbesitz, Teil III, S. 52-59.

dem Umbau ergänzen. Der Klaviaturumfang in den Manualen ergibt sich aus den historischen Laden, der des Pedals betrug vermutlich nach Seuffertscher Praxis nur 14 Töne, was die Beschreibung von 1810 zu bestätigen scheint: 'welches aber nur etwas über eine Oktave hat.' Im Gegensatz zur Chororgel war die Westorgel im Kammerton gestimmt, wie Kleine schreibt.[23] Nach dem Bericht Kleines bestand für das Positiv eine ständig wirkende Ventilkoppel zum Pedal, außerdem war noch eine Pedalkoppel zum Hauptwerk und eine Manualkoppel vorhanden. Ob Seuffert hier einen freistehenden Spieltisch baute wie in Ebrach, läßt sich bisher nicht nachweisen.

Aus den 1958 noch erhaltenen Windladen der Manuale ließ sich die etwas ungewöhnliche Aufstellung der Register auf den Laden und außerdem die Pfeifenstellung des Hauptwerksprospektes rekonstruieren. Vom figürlichen und ornamentalen Schmuck des Prospektes waren 1958 noch vier musizierende Engel und das große Grafschafter Wappen erhalten, auf einem älteren Foto ist ein etwa lebensgroßer König David nachgewiesen.[24]

DIE DISPOSITION

Seit der Auffindung der Dispositionssammlungen Kleine steht die Originaldisposition außer Frage. Sie wird hier nach der älteren Beschreibung Kleines mit der der Hauptorgel von Ebrach verglichen.[25] Ergänzungen aus späteren Aufzeichnungen stehen in Klammern.

Hauptorgel Grafschaft 1747				*Hauptorgel Ebrach 1743*		
HAUPTWERK (C.D.-c''')				HAUPTWERK		
1 Principal von englischem Zinn	8'			1 Principal weiter Mensur	8'	
2 Bourdon von Holz	16'					
3 Coppel	8'			2 Quintatön	8'	
4 Violdigamba	8'					
5 Fleute	8'			3 Flauto	8'	
6 Piffaro oder Unda maris	8'			4 Piffaro	8'	
7 Octav	4'			5 Octava	4'	
8 Gemshorn	4'			6 Gemshorn	4'	
9 Fleut traver	8' et 4'			7 Flute traversiere	8' und 4'	
10 Quinta	3'			8 Quinta	3'	
11 Octav	2'			9 Super Octava	2'	
12 Sexquialter	3 Chor	(1⅓')		10 Cornet vierfach		
13 Mixtur	4 Chor	(1½')		11 Mixtura sechsfach	2'	
14 Cimbel	3 Chor	(1')		12 Cymbel dreyfach von		
15 Trompett	8'			Gamben-Intonation		

---

23 Bullmann, a.a.O., S. 99f.

24 Das von Herrn Dr. Dieter Großmann, Marburg, freundlicherweise überlassen Foto zeigt die Orgel im Zustand vor 1956. Vor der Mitte des einfachen neugotischen Gehäuses steht der harfespielende David, links ist einer der musizierenden Engel sichtbar.

25 Johann Ulrich Sponsel, *Orgelhistorie*, Nürnberg, 1771. Neudruck: Kassel, 1931, S. 20f.

POSITIV (C.D-c''')

1	Principal	8'
2	Gedact von Holz	8'
3	Violdigamba	8'
4	Salcional	8'
5	Quintadena	8'
6	Octav	4'
7	Fugara	4'
8	Gedact	4'
9	Quintfleut	3'
10	Flageolet	2'
11	Quinta	1½'
12	Mixtur 4 Chor	(1')
13	Vox humana ist eine Flötenstimme, im Discant doppelt	8'

PEDAL

1	Principal Baß von Zinn	16'
2	Subbaß von Holz	16'
3	Octav von Zinn (Prospekt)	8'
4	Quinta	6'
5	Mixtur 6 Chor	(2')
6	Bassetto	2'
7	Posaune (Metall)	16'
	(Clavier-Koppel)	
	(Pedal-Koppel)	
	Calcanten Glöcklein)	
	8 Bälge (7' lang)	

OBERWERK

1	Principal enger Mensur	8'
2	Copula oder große Hohlflöt	8'
3	Viola da gamba	8'
4	Salcional	8'
5	Piffaro	8'
6	Octav	4'
7	Fugara	4'
8	Nassat	3'
9	Flageolet	2'
10	Super Octava	2'
11	Quinta	1½'
12	Mixtura fünffach	2'

PEDAL

1	Principal Baß, ins Gesicht	16'
2	Violon Baß, von Holz	16'
3	Octav Baß	8'
4	Viola da gamba Baß	8'
5	Quint Baß	6'
6	Super Octav Baß	4'
7	Mixtur Baß sechsfach	
8	Posaune von Holz	16'
	8 Bälge, 8' lang, 4' breit	

DIE ANORDNUNG DER REGISTER AUF DEN WINDLADEN

Die originale Registerstellung ergibt sich aus den Beschreibungen Noltes, den zweimal aufgezeichneten Veränderungen durch Kleine 1792 in dessen Dispositionssammlungen und aus dem Befund der originalen Manualladen 1958. Nolte gibt zweimal die Reihenfolge der Register auf den Windladen an und erwähnt zum Teil auch die Veränderungen von 1792. Für das Hauptwerk wurde folgende Ordnung der Register ermittelt (beginnend am Spund).

Letzter Zustand, eigener Befund 1958			*Zustand vor 1792 nach Nolte, Änderungen 1792 in Klammern*			*Zustand 1747 Disposition nach Kleine*	
1	Principal	8'	Principal	8'		Principal	8'
2	Bordun	16'	Bourdon	16'		Bourdon	16'
3	Cymbel	III	Cimbal	III		Cimbel	III
4	Mixtur	IV	Mixtur	IV		Mixtur	IV
5	Sesquialter	III	Sexqualter	III		Sexqualter	III
6	Octav	2'	Octave	2'		Octav	2'
7	Quinte	2⅔'	Quinta	3'		Quinta	3'
8	Viola da gamba	8'	Viola di Gamba	8'		Violdigamba	8'
9	Octav	4'	Octave	4'		Octav	4'

10 Violine	II	Violin	4'	Fleut Traver	8' et 4'
11 Spitzflöte	8'	Spitzflaute	8'	Fleute	8'
12 Flötey d'amour	8'	Piffaro	8'	Piffaro	8'
13 Nachthorn	2'	Gemshorn	4' (Flaute Amour 8' D)	Gemshorn	4'
14 Gedackt	8'	Gedact	8'	Coppell	8'
15 Trompete	8'	Trompet	8' B + D	Trompett	8'

Christian Kleine baute 1792 zwei neue Register in das Hauptwerk ein, Trompete 8' anstelle der vorhandenen Trompete und eine hölzerne 'Fleut Amour 8'', nach Nolte ein Diskantregister, dessen Baß mit dem Gedackt 8' kombiniert war. Für eine voll ausgebaute Holzflöte 8' hätte der Platz des Gemshorn nicht ausgereicht. Das alte Register 'Fleut Traver 8' et 4'' wurde in 'Violine zweifach 4'' umbenannt. Das 1958 unter diesem Namen, angeblich dem Original nachgebaute Register bestand großenteils aus neuen Pfeifen, es repetierte in zwei Etappen von der 4'- zur 8'-Lage. Das Register Coppel 8' wurde seit 1792 als Gedact bezeichnet. Nachthorn 2' war eine Zutat aus neuester Zeit, vermutlich wurde beim Einbau dieses Registers 1956 die Flûte d'amour noch einmal versetzt, das Register Piffaro, das nach Nolte entsprechend Seuffertscher Praxis erst bei f° begann, entfiel, der Baß der Holzflöte wurde der Spitzflöte entnommen. Für die Register des Positivs wurde folgende originale Ordnung ermittelt.

	1958		vor 1792		Änderungen 1792	1747	
1	Krummhorn	8'	Principal	8'		Principal	8'
2	Mixtur	IV	Mixtur	IV		Mixtur	IV
3	Quinte	1⅓'	Quinta	1½'		Quinta	1½'
4	Gedackt	4'	Gedact	4'		Gedact	4'
5	Octav	4'	Octav'	4'		Octav	4'
6	Quintade	8'	Quintana	8'		Quintadena	8'
7	Sifflöte	1'	Viola di gamba	8'		Violdigamba	8'
8	Salicional	8'	Salcionale	8'		Salicional	8'
9	Traversflöte	4'	Gedact Quinta	3'	(Flaut: traver 4')	Quintfleut	3'
10	Gemshorn	8'	Vox humana	8'	(Lamento 8')	Vox humana	8'
11	Flageolet	2'	Fugara	4'	(Flageolet 2')	Fugara	4'
12	Sanftgedackt	8'	Flageolet	2'	(Gedact 8')	Flageolet	2'
13	Praestant	8'	Gedact	8'	(Vox humana 8')	Gedact	8'

1792 stellte Kleine an die Stelle des Gedackt 8', an die Außenseite der Lade, eine neue Zungenstimme Vox humana 8'. Gedackt 8' und Flageolet 2' wurden aufgerückt, Fugara 4' entfiel. Die alte Vox humana Seufferts, eine ab f° doppelte Schwebungsstimme, wurde zunächst unter dem Namen 'Lamento' beibehalten; erst später kam in die gleiche Position ein Gemshorn 8', vermutlich aus den konischen Baßpfeifen der Vox humana Seufferts und dem Schwebungsregister Piffaro im Hauptwerk, das in konischer Bauweise auf f° begann. An die Stelle der 1792 entfernten Quintflöte 3' setzte Kleine eine 'Fleut a Bec 4'', die bei Nolte und Schmidtmann als Traversflöte bezeichnet wird. Erst in neuester Zeit hat man den Principal 8' von der Spundseite an die gegenüberliegende Ladenseite versetzt, um für einen neuen Pfeifenprospekt ein günstiges Bild zu erzielen. Erst damals wurde die Zungenstimme über das Spielventil gestellt.

Das Pedal, dessen Laden 1958 nicht mehr erhalten waren, stand auf vier Laden, die paarweise auf beiden Seiten des Hauptwerkes in folgender Ordnung standen.

I. *Lade* (geteilt in C- und D-Lade)			II. *Lade* (Geteilt in C- und D-Lade)	
1 Principal Baß	16′ Prospekt		3 Octav Baß	8′ Prospekt
2 Subbaß	16′		4 Quinta	6′
			5 Mixtur	VI
			6 Bassetto	2′
			7 Posaune	16′

Auf den beiden Pedalladen stehen die Register wie gewohnt in abfallender Größenordnung hinter dem jeweiligen Prospektregister. Zungenstimmen, die bei Seuffert in der Regel nur im Pedal auftreten, werden wegen der besseren Zugänglichkeit hinter den Labialregistern aufgestellt. In beiden Manualwerken herrscht ein anderes Aufstellungsprinzip vor, das in Süddeutschland noch bis zum Ende des 18. Jahrhunderts anzutreffen ist: Mixturen und hohe Prinzipalstimmen stehen in nächster Nähe des Prospektes, entweder unmittelbar hinter dem Prospektprinzipal, der über dem Ventil steht oder hinter einem zweiten großen Register. Bei der auch für Seuffert ungewöhnlichen Anhäufung von Registern in 8′-Lage innerhalb der Grafschafter Disposition fällt noch besonders ins Auge, daß auch auf dem rückwärtigen Teil der Lade keine Aufstellung nach der Registergröße erfolgt. Durch den mehrfachen Wechsel zwischen kleineren und größeren Registern wurde weitgehend die benachbarte Aufstellung von Registern im Einklang vermieden. Im Hauptwerk stehen nur die beiden zueinander schwebend gestimmten Register Flöte 8′ und Piffaro 8′ nebeneinander, im Positiv mit seinem absolut und vor allem relativ noch höheren Anteil an labialen 8′-Registern ist das Prinzip einer Trennung der im Einklang stehenden Pfeifen weniger konsequent angewendet. Seufferts Begründung für diese Art der Anordnung der Register dürfte etwa der Empfehlung entsprechen, die Dom Bedos im I. Teil[26] im Anschluß an die Erläuterung der 'regle générale' für die Aufstellung der Register auf der Lade unter Ziffer 414 mitteilt: 'Il convient de séparer ces unissons ou de les éloigner un peu l'un de l'autre, en posant entre deux un autre Jeu, quoique plus petit. On doit le pratiquer ainsi pour éviter que les deux unissons ne s'éteignent mutuellement, en sorte que deux Jeux parlants ensemble, ne font pas plus d'effet qu'un.'

---

26 Dom Bedos de Celles, *L'Art du Facteur d'Orgues*, Bd. I, 1766, S. 130.

DIE PROSPEKTGESTALTUNG

Der u.a. von Schmidtmann gerühmte Prospekt ging um Laufe des 19. Jahrhunderts verloren. 1958 waren von den sechs bei Groeteken erwähnten[27] noch vier fast lebensgroße musizierende Engel erhalten, außerdem das prachtvolle große Grafschafter Wappen.[28] Ein gleichfalls bei Groeteken aufgeführter, lebensgroßer König David als Harfenspieler, der die Mitte des Gehäuses bekrönte, ist noch im Foto nachweisbar.[29] Nach den Beschreibungen bildete das Hauptwerk die Mitte des breiten Prospektes, die Pfeifenstellung im Hauptwerk war 1958 noch an der in C- und D-Seite geteilten Hauptwerkslade ablesbar: in der Mitte des fünfteiligen Hauptwerks-Prospektus stand ein Rundturm von 7 großen Pfeifen, die nächstkleineren bildeten mit je einem Spitzturm von 9 Pfeifen die äußere Begrenzung des Hauptwerkes, zwischen Rundturm und Spitzturm stand auf beiden Seiten je ein Flachfeld mit den zum Mittelturm abfallenden kleinsten Pfeifen des Principal 8′. Ordnungen dieser Art finden sich in vielen fränkischen Orgeln, nicht nur bei Seuffert. Eine Rücksicht auf ein Westfenster – wie in Banz – oder auf eine große Rosette – wie in Ebrach – war in Grafschaft nicht notwendig. Die Westwand der Kirche, an die sich die Konventsgebäude unmittelbar anschlossen, hatte keine Lichtöffnung. Für den Pedal-Prospekt zu beiden Seiten des Hauptwerkes waren nach den Quellen die Prinzipalregister 8′ und 16′ vorgesehen. Auch wenn der Pedalumfang – wie man nach der Beschreibung Schmidtmanns annehmen möchte – nur 14 Töne umfaßte, standen für den Pedal-Prospekt insgesamt 28 Pfeifen zur Verfügung. Eine Aufstellung wie in Ebrach mit drei Harfenfeldern auf jeder Seite ist auch für das Grafschafter Pedal denkbar. Bei der Breite der Grafschafter Kirche, die die in Ebrach noch übertraf, konnte Seuffert kaum mit je zwei Harfenfeldern auskommen. Man muß sich für Grafschaft wohl einen auf beiden Seiten dreiteiligen Pedal-Prospekt vorstellen, in dem sich je zwei kleinere Harfenfelder an ein Feld von 16′-Höhe anlehnen. Der harfespielende David stand auf dem Mittelturm des Hauptwerkes, die sechs großen Engel waren vermutlich ähnlich wie in Ebrach auf die S-förmigen Obergesimse der Harfenfelder des Pedals verteilt. Das große Grafschafter Wappen hat entweder zusätzlich die Mittelachse betont, möglich wäre aber auch, daß wie in Ebrach zwei Wappen den Pedal-Prospekt krönten. Das Positiv stand – wie mehrfach bezeugt – nicht sichtbar hinter dem Hauptwerk. Die Pfeifen verliefen auf der geteilten Lade in Ganztonreihen. Es ist denkbar, daß Seuffert wie in Ebrach einen freistehenden Spieltisch gebaut hat. Da aber diese Einrichtung in keiner

---

27 Groeteken, *Die Benediktinerabtei Grafschaft*, o.O., 1957, S. 40.
28 Reuter, *Orgeln in Westfalen*, Abb. 217 und 218.
29 S. Anmerkung 24.

der Beschreibungen erwähnt wurde, ist wohl eher zu vermuten, daß die in Westfalen damals noch nicht allgemein bekannte Neuerung in Grafschaft nicht zur Anwendung kam.

NACHRICHTEN ÜBER DAS KLANGBILD

Die 'prächtige, runde und volle Intonation', der 'hinreißende Ton' oder der 'prachtvolle majestätische Klang' der Orgel werden mehrfach gelobt. Nolte liefert zu jedem der 28 Manualregister aus der Zeit nach 1792 ein Klangbeschreibung, die häufig nur allgemeine Angaben bietet. So werden alle Mixturen schlicht als 'Verstärkungsstimmen' bezeichnet, andere Register nur als 'Begleitungsstimmen' charakterisiert. Einige aufschlußreiche Angaben werden hier zitiert.

Viola di Gamba 8′ in zwei Zügen 'ahmt die Viola di gamba oder Krummgeige sehr natürlich nach.'

Violin 2 Chor 4′ 'ist Viol di gambenmensur, ahmt die Violine ziemlich nach.'Spitzflaute 8′ 'ist eine stille Stimme weicher Figur, oben etwa die Hälfte enger als am Labio.'

Piffaro aus 8′ 'ist auch konischer Figur, fängt im ungestrichenen f an. Zur Spitzflaut gezogen wird sie angenehm und traurig, weil Piffaro etwa höher als Spitzflaute stimmt uns also wellenförmige Wirkung thut.'

Fleut d'Amour 8′ 'ahmt die wirkliche Flöte d'Amour ziemlich nach.'

Quintadina 8′: 'diese ist eine gedeckte Stimme, gibt 2 Töne an, nemlich den Grundton und die Quinte.'

Salcional 8′: 'diese ist eine sehr sanfte, stille Stimme, für sich allein das piano oder Echo vorzustellen. In Begleitung des Sanft Gedact und Lamento wird sie angenehm.'

Lamento 8′: 'ihre tiefen Töne sind konischer Figur von sanfter, stiller, hoher Intonation, im ungestrichenen f wird sie zweifach und die Pfeifen sind zilindrischer Mensur. Weil eine Pfeife höher stimmt als die andere, so macht es wellenförmige Wirkung gleich der Piffaro, aber stiller und kann gleich wie Salcional piano oder Echo vorgestellt werden, welches sehr beweglich klingt.'

Flageolet 2′ 'ist eine weit mensurirte offene Flöte, klingt mit Sanft Gedact nicht übel.'

Sanft Gedact 8′ 'klingt stiller und sanfter als Manual-Gedact weil sie enger mensurirt ist.'

Vox humana 8′ 'wird entweder mit Sanft Gedact und Flauttraver, oder mit Viola de Gamba und Sanft Gedact oder mit Quintaden und Klein Gedact begleitet, da sie dann das Singbare der Menschenstimme einigermaßen nachahmt.'

Soweit die Aussagen der Quellen und Befunde über die größte Orgel des Würzburger Meisters Johann Philipp Seuffert, über ihren klanglichen Aufbau und ihr architektonisches Konzept. Die Westorgel des Klosters Grafschaft war bis zu ihrer Vernichtung 1970 der gewichtigste Repräsentant einer wesentlichen Epoche mainfränkischen Orgelbaus und zugleich das einzige bedeutende Denkmal süddeutscher Orgelkunst auf norddeutschem Boden.

L'orgue du jubé de la cathédrale de Strasbourg (1660-1681)

Marc Schaefer

Depuis le 14e siècle la cathédrale de Strasbourg possédait deux orgues: d'une part le grand orgue à l'emplacement actuel, au mur haut de la deuxième travée occidentale, côté nord, et d'autre part un petit orgue ou orgue de choeur, dont la mention la plus ancienne remonte à 1363.[1] Plusieurs instruments se sont succédés. Notre intérêt se porte ici sur un petit orgue qui ne connut qu'une existence éphémère, de 1660 à 1681, à la fin de la période pendant laquelle la cathédrale était affectée au culte luthérien. Il était l'oeuvre de Matthias Tretzscher et se trouvait sur le jubé. Sa présence est attestée par des documents d'archives et des témoignages iconographiques.

Le jubé, érigé vers 1250, séparait la nef gothique du choeur liturgique roman. Il était situé dans la première travée orientale de la nef et était adossé aux piliers de croisée. Une arcature de sept travées voûtées soutenait une tribune à cinq mètres du sol.[2] Plusieurs gravures du 17e siècle, par exemple celle d'Isaac Brunn (1630), nous en montrent la silhouette fine et séduisante, de style gothique. Un groupe de statues ayant fait partie de son décor sculpté est conservé au Musée de l'Oeuvre Notre-Dame à Strasbourg.[3]

La chronique strasbourgeoise de Jacques Trausch nous apprend qu'en 1660 un orgue fut placé sur ce jubé. Sans citer le nom du facteur d'orgues, elle indique la date du 12 avril marquant l'achèvement des travaux. 'Neu Orgel im Münster aufgericht. 1660. Den 12 April um 11 Uhr vormittag ist die neu Orgel

---

1 Hans Reinhardt, 'Petit historique des orgues de la cathédrale, 1260-1714', in: *Bulletin de la Société des Amis de la Cathédrale de Strasbourg,* XI, 1974, p.57-68.
2 Otto Schmitt, 'Zum Strassburger Lettner', in: *Oberrheinische Kunst,* II, 1926/1927, p.62-66.
Hans Reinhardt, 'Le jubé de la cathédrale de Strasbourg et ses origines rémoises', in: *Bulletin de la Société des Amis de la Cathédrale de Strasbourg,* 2e série, nr.6., 1951, p.19-28.
Robert Will, 'Le jubé de la cathédrale de Strasbourg. Nouvelles données sur son décor sculpté', in: *Bulletin de la Société des Amis de la Cathédrale de Strasbourg,* X, 1972, p.57-68.
Roger Lehni, *La Cathédrale de Strasbourg,* Colmar-Ingersheim, 1978, p.34-35.
3 Victor Beyer, 'La sculpture', in: *La Cathédrale de Strasbourg,* Strasbourg, Publitotal, 1973, p.243-245.

Illustration 1.
Cathédrale de Strasbourg, l'orgue du jubé. Extrait d'un dessin de J.J.Arhardt, 1673. Albertina, Wien.

auf dem Lettner, da sie jetzt steht, gesetzt, und die grosse Orgel reparirt, und den 22 ejus[dem] auf den Ostertag zum ersten mal widerum geschlagen worden, als sie schon 171 Jahr daselbst gestanden'.[4]

Dans une même phrase le chroniqueur parle à la fois de l'orgue du jubé et de celui de la nef, ce qui n'a pas manqué de donner lieu à des confusions. Ainsi Grandidier[5] indique la date du 22 avril pour la mise en service du petit orgue, alors qu'il s'agit de la remise en service du grand orgue. En outre il est clair que le petit orgue était placé non pas 'sous' l'ambon, mais 'sur' le jubé. 'En 1660, le 12 avril, V[ieux] S[tyle] fut posée sous l'ambon une petite orgue, dont on joua pour la première fois le 22 suivant jour de Pâques. Elle fut également transportée en 1681 au temple-neuf. Elle y resta jusqu'au 25 juin 1702 N[ouveau] S[tyle], [lors]qu'on plaça dans ce temple la belle orgue, qu'on y voit encore aujourd'hui'.[6]

---

4 L.Dacheux, 'La Chronique strasbourgeoise de Jacques Trausch', in: *Bulletin de la Société pour la Conservation des Monuments Historiques d'Alsace,* 2e série, xv, 1890, p.53, no.2755.

5 Grandidier, Philippe-André, *Essais historiques et topographiques sur l'église cathédrale de Strasbourg,* Strasbourg, 1782, p.137-138.

6 Nous verrons plus loin que la fin de cette citation contient encore deux indications erronnées.

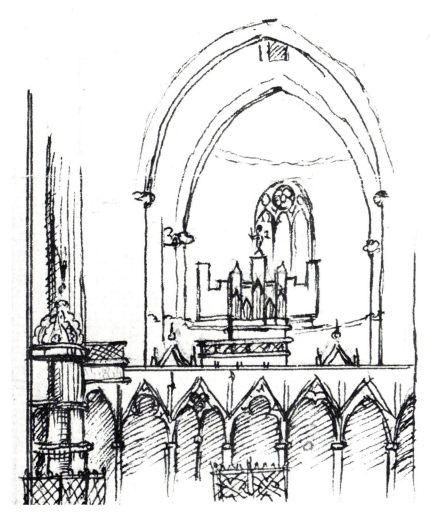

Illustration 2.
Cathédrale de Strasbourg, l'orgue du jubé. Extrait d'un dessin de J.J.Arhardt, entre 1660 et 1673.
Universitätsbibliothek, Göttingen.

Dans quel but cet orgue fut-il construit? Dans une lettre adressée par les administrateurs de l'Oeuvre Notre-Dame au Chapitre de la cathédrale nous lisons ce qui suit: '(...) zu Vermehrung des Gottesdienstes vndt Ahnrichtung vollständigerer Music ein kleines Orgelwerck auff den Lettner erwenhten Chors setzen vndt bauen lassen (...)'[7]

D'autre part un rapport concernant une collecte au profit du nouvel orgue complète ces motivations: 'Collect wegen der kleinen Orgel 1660. (...) alss das kleinere auf dem Letner stehende Orgellwerck in das Münster allhier gebracht, und zu der Music gespielet worden, hat man unschwer abgenommen und ermessen, wie solches nicht allein die grose mit schwerem Kosten reparirt und verbösserte Orgel zu conserviren und zu verschonen sehr nutzlich; sondern auch zu Vermehrung des Gottesdiensts, soviel solcher in lobender Music beruht, der Kirchen sehr zierlich und wohlanständig seie'.[8]

Le nom du facteur d'orgues est indiqué dans le manuscrit du médecin strasbourgeois Jean-Georges Heckler (Heckheler) consacré à la cathédrale de Strasbourg. Rédigé en 1736 et s'appuyant sur des notices écrites par le pasteur Israel Mürschel vers 1660, cet important manuscrit – aujourd'hui perdu, depuis l'incendie de la Bibliothèque de la Ville de Strasbourg en 1870 – contenait entre autre une description détaillée des principales curiosités de la cathédrale. Par bonheur Louis Schneegans, archiviste de la ville (1812-1858) en avait pris des notes abondantes, conservées dans l'actuelle Bibliothèque Municipale de Strasbourg.[9]

Après avoir décrit en détail la restauration de l'orgue de la nef par Matthias Tretzscher en 1658-1660, Heckler ajoute: 'Eben in diessem 1658. 1659 u. 1660sten Jahr ist auch die kleine Orgel von Herren Mathaeo Trötschern verfertiget und auff den Lettner gesetzet, hernachmahls aber bey Übergab der Statt ahne Franckreich in A° 1681 von dar hinweg und in die newe Kirch transferiret worden'.[10]

Matthias Tretzscher (1626-1686)[11], originaire de Lichtenstadt en Bohême, élève de Jacob Schedlich et de David Schedlich (dont les relations avec Hans

---

7 Archives Municipales de Strasbourg (A.M.S.), Série II, 26-16.

8 A.M.S., Archives du Temple-Neuf, fasc.82.

9 Robert Will, op.cit., p.57-58, a expliqué la genèse de ces manuscrits.

10 Louis Schneegans, Notes sur l'Art en Alsace. Bibliothèque Municipale de Strasbourg, ms.237, fol.254. Voir Marc Schaefer, 'Le grand orgue de la cathérale de Strasbourg au 17e siècle. Notes et documents', in: Bulletin de la Société des Amis de la Cathédrale de Strasbourg, XIV (1980).

11 Il ne peut donc avoir réparé le grand orgue de la cathédrale en 1624, comme l'écrit J.F.Lobstein, Beiträge zur Geschichte der Musik im Elsass, Strasbourg, 1840, p.25, repris par M.Vogeleis, Quellen und Bausteine zu einer Geschichte der Musik und des Theathers im Elsass 500-1800, Strasbourg, 1911, p.482.

Leo Hassler sont connues)[12], s'établit à Kulmbach en 1654. Avant sa venue à Strasbourg il avait travaillé à Bayreuth, Heilsbronn, Weissenstadt, Wunsiedel, Kulmbach et Cronach.[13] A Strasbourg il était secondé par son élève Tobias Dressel (1635-1717), originaire de Falkenstein en Saxe.[14]

Quelles furent les caractéristiques de cet orgue de jubé? Nous possédons un devis de réparation accompagné d'un état descriptif de la tuyauterie, susceptible de livrer quelques renseignements. En effet, dès 1668 une réparation importante était jugée nécessaire. Le devis n'est pas signé, mais les comptes de l'Oeuvre Notre-Dame permettent d'affirmer qu'il s'agissait de Johann Jacob Baldner, qui d'ailleurs assurait l'entretien de l'orgue de la nef avant et après l'intervention de Tretzscher. L'activité de Baldner (1606-1683) établi à Strasbourg, consistait principalement en réparations, en Alsace et en particulier à Strasbourg. Il travaillait en collaboration avec son gendre Heinrich Hochwaldt Reichert, originaire de Pologne. L'orgue de Bouxwiller (Bas-Rhin), construit en 1668 pour l'église protestante, transféré en 1777 à l'église catholique, reste le seul témoin de l'activité de Baldner.

Voici le devis de réparation, intitulé 'wegen Reparirung der kleinen Orgel im Münster 1668'.

'Auff Begehren der Herren Kirchen Pfleger in dem Munster zu berichten, wass für Fehler sich bey dem kleinen Werck daselbsten befindet, sage ich alss ein Orgelmacher wie folget

1. dass zwar dass Pfeiffenwerck an ihm selbsten gut und auss dem Fundament gemacht aber die Windlad weilen sie nicht auss gesetz wann man dass Coppelregister darzu zihet in dem Wind falsch, und dahero die Register nicht zusammen stimmen, sodann die Plassbelck weilen sie nicht Falten genung nicht genugsamen Windt geben kennen. Daher kombt dass zwen Calcanten genungsamb zu tretten haben und unbestendigen Windt verursachen tuht

2. dass die Scheren viel zu schwach dergestaldt, dass die Ventil nit genungsamb sperren kennen

3. dass viel Pfeiffen von den Ratten zerbissen, so durch alle Register theils neu zu machen theils zu repariren sein werden

12 E.F.Schmidt, 'Hans Leo Hassler und seine Brüder', in: *Zeitschrift des historischen Vereins für Schwaben,* vol.54, Augsburg, 1941, p.149ss.

13 H.Hofner, article dans *M.G.G.;* Matthias Tretzscher, 'Ein Kulmbacher Orgelbauer der Barockzeit', in: *Ars Organi,* 23, 1964, p.655-678. Il y a lieu de corriger des orthographes fantaisistes: 'Troetslern', chez Grandidier, *op.cit.,* p.283, et 'Troestler', chez Lobstein, *op.cit.,* p.25, repris par J.Gass, *Les orgues de la cathédrale de Strasbourg à travers les siècles,* Strasbourg, 1936, p.14.

14 H.Hofner, 'Die Tretzscherschüler aus der Kulmbacher Orgelbauwerkstatt', in: *Ars Organi,* 28, 1966, p.949ss.

4. dass die Windlad herausgenommen und sambt den Venttilen neu beledert auch die Ventil selbsten neu uffzurichten sein werden, weilen zu besorgen dass die Ratten so recht in die Windladt alss auch in die Canel Nester gemacht haben möchten auss welchen der Unraht nach u. nach von dem Wind in die Ventil geblasen und hernacher zu den Heilen Ursach geben worden

5. dass dass gantze Werck muss uberstimmet werden
Wan nun dieses Werck uff einen Bestandt gefertiget werden solte, wie ich es mit der Hilffe Gottes ausszurichten getraue, auch desswegen Wehrschafft zu tragen erbietig, so ist dass folgende du werck zu richten

1. dass die von den Ratten zerbissene und mangelnde Pfeiffen deren fast in ieden Register 12. oder mehr sindt neu gemacht oder doch neuuffgesetz werden müssen

2. muss die alte Windlad hinweggethan, und eine neue so auss gesetz ist, gefertiget werden

3. missen neue und sterkere Scheren gemacht werden welche besser sperren und dass Heilen der Pfeiffen abwenden

4. missen anstadt der itzigen 6 Plassbelk weilen sie nicht genung Wind fangen kennen vier neue Plassbelk gefertiget werden, mit welchen ein Calcant genugsam sey wan schon dass gantze Werck vellig zusammen gezogen wird uberflüssigen Windt kan geben werden

5. muss dass gantze werck neu zusammen gestimmet, und alles also gefertiget werden, dass kein Register dem andern den Wind nehmen kan dergestaldt dass jedes allein gebraucht oder zu andern gezogen werden kan
Und mit dieser Ausfertigung verdienet ein Orgelmacher redlich .... 140 fl
Wan aber die alte Windlad gelassen werden solte welches zwar wohl sein kan, aber ist dabey zu wissen dass dass Coppel Register nimmermehr zu den andern Werck nett zu stimmen, so wird der Verdienst gesetzet uff . . . . . . 100 fl
Zum Fall aber dass alte Werk wie es jetzo ist, in Windlad, Ventilen, Scheren, Pfeiffen und Plassbelken, allein zu repariren und ausszubessern dabey ich aber keinen Bestandt versprechen kan so erfordere ich . . . . 60 fl

Examination

der kleinern Orgel im Münster uff dem Lettner.
   g″ in der Copul hat obenauff ein Loch
b″ h″ c‴ die seindt vernagt.
   Octav
f′ b″ h″ c‴ seindt auch vernagt.
   Gedeckht von Holtz
c‴ in der hiltzern Copul
   Super Octav

B. undt C. seindt verbissen.

8. schuhig Principal
in diessem Register manglen kein Pfeiffen.

4 Schüehig Octav
in diesem Register ist kein Mangel.

in der 5.
h' mangelt.
a' cs'' ds'' fs'' a'' b'' h'' c''' mangeln.

in der Cimbel
f' g' a' b' h' c' manglen'.[15]

Il s'agissait donc d'un orgue de huit pieds, comportant au moins huit jeux, mais probablement plus, car il n'est pas certain que l'énumération soit exhaustive. On verra plus loin que l'orgue avait une Pédale. L'étendue allait en tous cas de C à c''', probablement 48 notes sans Cs, étendue qui fut celle de l'orgue de la nef à l'issue des travaux de Tretzscher en 1660. Les soufflets, au nombre de 6, étaient actionnés par deux souffleurs.

Les comptes de l'Oeuvre Notre-Dame conservent la trace de deux réparations effectuées par Baldner: en 1668-1669 et en 1675-1676.

'Item Herren Hannss Jacob Baldner dem Orgelmacher von der kleinen Orgel im Münster vff dem Lettner widerumb zue repariren, bedingter massen vermög Zedels bezahlt, thut   22 lb 10 s d
Item Niclaus Geörger dem Calcanten als derselbe dem Orgelmacher 24.Tag geholffen, die Blassbälg tretten vnnd andres Arbeith verricht, tags 3 s 4 d zu Lohn geben, thut zusammen   4 lb d'[16]

'Item Hannss Jacob Baldner, vnd Heinrich Hochwald Reichard, beeden Orgelmachern, ist vermög aufgesetzten Accords von der kleinen Orgel im Münster zu repariren, beneben zween Ohmen Wein in baarem Geld bezahlt worden, den 3.Augusti, 1676   67 lb 10 s d
Item den Calcanten, welche den Orgelmachern eilff Tag beym Stimmen geholffen, vndt ihren Dienst verricht, à 3 s 4 d dess Tags, geben

1 lb 16 s 8 d'[17]

Le petit orgue de la cathédrale est mentionné dans un rapport de 1678 relatif à la pratique musicale dans les églises de Strasbourg.[18]

'Bericht was bey der Music zu observiren. (...)

---

15 A.M.S., Archives du Temple-Neuf, fasc.82.
16 A.M.S., U.F.W., 43, 1668-1669, fol.66a.
17 A.M.S., U.F.W., 43, 1675-1676, fol.59a.
18 A.M.S., Archives du Temple-Neuf, fasc.82.

Die Compositionen, wird Herr Meyerhoffer[19] ersucht, so einzurichten, wie sie sonderlich zu Erweckung rechter Devotion u. Andacht diensam seynd, nemblichen pathetisch u. gravitetischen nicht mit zu vielen Coloraturen, noch auch weltlichen Arien gleichlautenden Manieren: Sodann sie zimmlich vollstimmig seyen, nach Gelegenheit hiesiger Musicorum; vnd insonderheit, dass sie nicht zu lang gemacht werden, weilen doch gewiss ein sonderbahres Artificium bey der Music, dass der Auditor nicht cum sacietate, sondern cum appetitu & desiderio plura audiendi, dimittirt werde. Herr Walliser seel.[20] hat in seinen Compositionen das *prepon* soviel die Länge betrifft, wohl observirt; könte also, weilen es einerley Melodien, wohl immitirt werden. (...)

Die kleine Orgel in dem Münster, als ein sehr gut u. liebliches Werck, solle auch alle Sonntag die grosse in den Ambt: u. die kleine Orgel in der Abend-Predigt; den andern Sonntag die kleine Orgel in der Ampt- u. die grosse Orgel in der Abend-Predigt geschlagen, u. darbey musicirt werden, vnd wann bey der kleinen Orgel nur dieses observirt wird, dass zu dem Choral, u. sonderlichen alle scharffe Register beneben dem Pedal[21] gebraucht werden, so kan das Dissoniren gar wohl verhüetet werden. Das Regal[22] ist auch, wann es die Gelegenheit geben mag, zu gebrauchen. (...)

Signatum den 18.Marty 1678.   Zu Beobachtung der Music Deputirte
                                                              Dominicus Dietrich
                                                              Franciscus Reisseissen.'

En 1681 Louis XIV rendit la cathédrale aux catholiques. Le 3 octobre les protestants la quittèrent, et à compter du 10 décembre ils célébrèrent les cultes au Temple-Neuf, l'ancienne église des Dominicains. Les protestants emportèrent l'orgue du jubé et le placèrent au Temple-Neuf.[23] L'affirmation de Vogeleis[24], reprise par Gass[25], selon laquelle Louis XIV, à son entrée à la cathédrale de Strasbourg, le 23 octobre 1681, aurait été salué par le jeu de deux orgues, repose sur une source hypothétique.

L'année suivante, en 1682, l'évêque Guillaume Egon de Furstenberg commença d'importants travaux de transformation et de réaménagement du

---

19 Georg Christoph Meyerhoffer était maître de chapelle à la cathédrale de Strasbourg de 1669 à 1683.
20 Christoph Thomas Walliser (1568-1648), maître de chapelle à la cathédrale de 1606 à 1648, fut un des personnages les plus importants du monde musical à Strasbourg durant la première moitié du 17e siècle. Voir l'article d'Ursula Klein dans *M.G.G.*
21 La pédale est expressément mentionnée.
22 L'usage du régale était courant dans les églises de Strasbourg.
23 Cf.les textes de Heckler et de Grandidier ci-dessus.
24 *Op.cit.*, p.548.
25 *Op.cit.*, p.14-15.

choeur de la cathédrale. L'architecte de la cathédrale, Hans Georg Heckler, le père de l'auteur du manuscrit cité, fut chargé de démolir le jubé, ainsi que la chapelle de la Vierge datant de 1316.[26] Ainsi disparurent deux monuments d'une importance liturgique, esthétique, architecturale et historique certaine.

Dans une lettre du 1 août 1682 à Guntzer, conseiller et syndic du roi et directeur de la chancellerie à Strasbourg, Heckler signale d'ailleurs que les réparations du jubé, endommagé précédemment à cause de l'orgue – peut-être au moment du démontage – auraient coûté plus de 200 florins[27]; '(...) vndt hette man über 200 fl anwendten müssen, den Lettner so wegen der Orgel verbrochen wordten, wieder machen zu lassen'.

Après son transfert au Temple-neuf, l'orgue de Tretzscher fut réparé et transformé par Frantz Freundt, de Rottenburg am Neckar, en 1683-1684. Fils du facteur d'orgues Johannes Freundt de Passau, Frantz Freundt reçut le droit de bourgeoisie à Rottenburg am Neckar le 9 janvier 1670.[28]

Le devis, daté du 29 octobre 1683, nous donne quelques précisions sur l'instrument, mais sans nous renseigner en détail sur sa composition. Freundt fait allusion à un travail exécuté précédemment par le gendre du facteur d'orgues décédé, c'est-à-dire H.H.Reichert, qui avait entaillé les tuyaux de bois des jeux de Pédale, à savoir Soubasse 16′ et Octave 8′. Ces jeux n'avaient pas de tirants, selon une pratique assez courante en Alsace à la fin du 17e et au début du 18e siècle. A ces deux jeux existants, Freundt ajoute une Mixture VI basée sur le 4′. En ce qui concerne l'étendue des claviers – qui sont au nombre de deux – et du pédalier, le devis nous pose une énigme. En effet le calcul donne 213 tuyaux pour la Mixture, au lieu de 288. Mais, le texte n'étant pas de la main du facteur d'orgues, des doutes sont permis quant à l'exactitude des chiffres 25 et 46. Si l'on admet 24 notes pour la Pédale, et 48 notes pour les claviers manuels, le chiffre 288, indiqué pour la Mixture, est exact.

Voici le devis de Frantz Freundt.

'Kundt unndt zu wissen, dass auff zu Endt bestimte Zeit, von denen Reichs-frey hoch edel gebohrnen, gestrengen, auch wohl-edlen, vesten, fürsichtig, hochweyssen undt hochgelehrten H.Herren Vorstehern vndt verordtneten Pflegern der Prediger Kirchen, die Reparation vndt Verbesserung dess Orgelwercks selbiger Kirchen, Herrn Frantz Freundt, Burgern vndt Orgel-machern zu Rotenburg an dem Necar, auff volgendte Weiss vnndt Con-

26 'Accord du 30 septembre 1682', in: *Bulletin de la Société des Amis de la Cathédrale de Strasbourg,* 2e Série, No.3, 1935, p.101-102.

27 A.M.S., Série ɪɪ, 47b, 64-23. Je remercie M.Robert Will, Strasbourg, de m'avoir communiqué cette référence.

28 Renseignement obligeamment communiqué par M. Dieter Manz, Rottenburg am Neckar.

ditiones ist verdinget vndt respective von demselben auffgenommen worden, als

1. Erstlich soll der Orgelmacher zu dem Pedal eine newe Windtladt von gutem dürren eychenen Holtz verfertigen, vnndt darauff setzen den Subbass von 16.Fuess, die Octav von acht Fuessen, bestehendt in 25.in 16.Fuess, vndt 25.in 8.Fuess sprechenden Pfeiffen, mit einer sechsfachen Mixtur, in welcher die gröste unterste Pfeiff, als das C von 4.Fuessen ist, doch also, undt dergestallt, dass solche Mixtur von Metall, sowohl Manual als Pedaliter zu gebrauchen, als in dem Pedal sechs, in dem Manual aber 3.fach, durch undt durch, von dem grossen C biss in das c''' durch 46.Claves unndt also diesse Mixtur von 288 Pfeiffen von Metall bestehe.

2. Zum andern, dieweil das untere Clavier nur ein Register von 8.Fuess hatt, soll der Orgelmacher die Octav in dem Pedal auch in das Manual dess unteren Claviers richten, dass solches Register mit 25.Pfeiffen complirt undt das gantze Clavier mit 46.höltzenen Pfeiffen zu gebrauchen seye, undt alss das Werck vier Register von 8.Fuess habe, nemblich das ober Clavier zwey, unndt das untere zwey.

3. Drittens, dieweil das Werck bissher in dem Pedal keine Registerzüg gehabt, als sollen sowohl zu dem Subbass von 16.Fuessen, als zu der Octav von 8.Fuess, undt zu der Mixtur Registerzüg gemacht werden, damit mann selbige (wann vielleicht eine Pfeiff heulen sollte) könnte abziehen, undt zu der Mixtur auch absonderlich, ein gebrochen oder blindt Clavier, solche abzuziehen, verfertigen.

4. Vierdtens, dieweil die Pedalpfeiffen von Holtz, in der letzten Stimmung von dess Orgelmachers seel. Dochtermann dem Schreiner schändlich sindt zerschnitten undt zerstimpelt worden, soll in dem Pedal ein newe von 16.Fuess, undt eine von 8.Fuess von Holtz gemacht, undt die anderen Pfeiffen so fortgerucket werden, damit diesse Stimpeley wider corrigirt werde.

5. Fünfftens, soll der Orgelmacher noch zween newe Blassbälg verfertigen, undt selbige neben den vier ietzigen Blassbälgen, von ihrem ietzigen Ort, in das Nebenschörlein verlegen, die vier alte (wo es vonnöten) allenthalben neben der Windtladt wider aussbessern, mit newen guten Canälen versehen, damit der Windt allenthalben recht gefasset werde.

6. Sechstens, solle der Orgelmacher alle anietzo in dem Werck sich befindende schadhaffte Pfeiffen wider aussbessern, recht intoniren, damit selbige hernach mit den newen recht gestimmet, unndt das gantze Werck, sowohl manualiter, als pedaliter wohl perfectionirt seye.

7. Siebendts, soll das Clavier, welches obgemeldter Schreiner, dess vorigen Orgelmachers seel. Dochtermann, wider alles Zusprechen, so weit hinein-

gesetzet, wider, wie es anfangs war, heraussgerucket, damit der Organist desto leichter zu demselben möge kommen, unndt einer grossen Beschwerlichkeit überhaben werde.

8. Damit die Reparation desto mehr befördert werde, sollen dem Schreiner die Windtladt, Blassbälg Bretter, unndt Fallten zu denselben, wie auch das Holtz zu den Pfeiffen, ausszuarbeiten verdinget werden, wie solches der Orgelmacher angeben wirdt, damit der Orgelmacher unterdessen die Mixtur, so von Metall seyn soll, könne verfertigen, massen dann auch der Orgelmacher entzwischen sich aller andern Arbeit gäntzlich enthalten, undt nicht das geringste (es möge auch seyn, was es wolle) annehmen, biss dass diesse Arbeit zu Endte gebracht, das Werck zur völligen Perfection gelanget, undt denen verordtneten Herren Pflegern gelieffert seye.

9. Neundtens sollen dem Orgelmacher alle Materialien, wie er gefordert unndt hier verzeichnet seyn, als 1.Bley, ein Centner, 2.Zinn, halb Centner, 3.viertzig Stuck Schaffell, 4.Leder 3 lb. 5.Pergament 3. lb. 6.Leym 15. lb. 7.Drath 2 lb. 8.Wissmat ½ lb. 9.drey doppelte undt zwey einfache eychene Dielen, 10.fünff doppelte Dannene Dielen zu denen Blassbälgbrettern, 11.dreyssig einfache Dannene Dielen zu den höltzenen Pfeiffen, 12.Nägel, soviel der Orgelmacher brauchen wirdt, 13.6.Bücher alt Papier, ohne seinen Uncosten überlieffert werden.

10. Zehendts, solle dem Orgelmacher hingegen, für alle bissher ermelte undt zu diesser Reparation behörige Arbeit, an baarem Geldt, ein hundert undt siebentzig Gulden, ieden derselben zu funffzehen Batzen gerechnet, an Früchten vier Frtl. als 2.Frtl.Wtz. undt 2.Frtl.R., an Wein sechs Ohmen, an Holtz ein Clafter, vndt dann wochentlich ein lb Liechter gegeben werden, vndt daran zum Angeldt, viertzig Thaler, ane dem Übrigen aber in wehrendter Zeit, in welcher an diessem Werck gearbeitet wirdt, nach undt nach viertzig Gulden, die restirende siebentzig Gulden aber, wann das Werck gäntzlich verfertiget, undt in seine Perfection gebracht, bezahlet werden, und solle dess Schlossers Arbeit, undt die zu dem Stimmen nöthige Calcanten, dem Orgelmacher nichts angehen, sondern von denen Herrn Pflegern â part undt absonderlich bezahlet werden.

11. Zum eilfften soll Herr Frantz Freundt, als Beständer diesses Wercks, gegen Empfang obgedachter Materialien, Geldter, Früchten, Wein, Holtzes unndt Liechter, vorbemeldte Arbeit, auff Weiss unndt Mass, wie umbständlich hierinn beschrieben, zu verfertigen undt zu lieffern schuldig seyn, auch auff Jahr undt Tag wegen dess gantzen Wercks auffrecht undt redliche Wehrschafft, (bey pfandtbaarer Verbindtung aller seiner Güter) zu tragen, versprechen undt halten.

Urkundtlich seyndt diesser Geding Zedul, zwey gleichlauttendte verfertiget, undt von wohl ehrenbesagten Herrn Pflegern, wie auch Herren Frantz

Freundt, als Orgelmachern eygenhändtig unterschrieben, so geschehen in Strassburg den 29. 8bris. Anno 1683.

> Josias Städel der Ältere im Nahmen der Kirchenpfleger.
> Frantz Freundt Burger und Orgelmacher zu Rothburg'.

A l'issue des travaux, Freundt demanda une gratification, motivée par un hiver particulièrement rude, et un surcroît de travail. Il obtint 5 thl. pour lui-même ainsi que 2 thl. pour son ouvrier.

Voici le texte, non daté, de sa requête.[29]

'Hochedelgeborne gestrenge hoch und wohl weise gnädige Herren.
Ewer Gnaden geruhen gnädig zu vernehmen, was gestalten, nachdeme die von Ew. Gnaden mihr verdingte Orgel zun Predigern nunmehro dergestalt verbessert, und in solchen Stand gebracht, dass jederman und wer darauff sich verstehet, völliges Genüge darab haben würd, indeme nicht allein des fast unerhörten Winters sambt andern Ungemachen, sondern auch der nunmehro erfahren gröseren Mühe und Sorgfalt, auch vieler Versaumnuss mich im geringsten nicht versehen, hierdurch in grosen Verlust und Schaden gesetzt worden; wie solches Ewer Gnaden wann Sie das Werk, und die Zeiten betrachten wollen, verhoffentlich selbsten erwegen werden; ob nun wohl an Ewer Gnaden vermög meines Verding Zeduls, weiters nichts alss was solcher aussweiset, zu fordern; jedennoch weilen Ewer Gnaden eines mühseeligen und treuen Arbeiters Verlust nicht begehren, ein solcher aber bey mihr anitzo sich einfindet; alss gelebe der ungezweifelten Hoffnung, Ewer Gnaden werden in Betrachtung solches, diesen Verlust durch ein guthwilliges Recompens mihr einigermassen zu versüessen, sich gnädigst gefallen lassen, welche Gnade dann nebst Anbietung meiner paratesten Diensten und Gehorsamb, mit gröstem Danck, und zu beglickter Regirung des Allgewaltigen Seegen von Hertzen wünschend, in tieffster Dehmuth erkennen und rühmen werde.
Ewer Gnaden

> unterthäniger Arbeiter
> Frantz Freundt von Rotenburg am Necker
> Orgelmacher.

Ahn Euwer Genaden mein freündtliches Bidten dem Gesellen vmb ein Trinckhgelt'.

Une dernière réparation est signalée en 1699, sans que le nom du facteur d'orgues soit mentionné.[30] Selon Lobstein[31] on aurait augmenté le nombre de jeux. Toujours est-il qu'en 1700 l'orgue de Tretzscher comptait 14 jeux, selon

---

29 A.M.S., Archives du Temple-Neuf, fasc.82.
30 Friedrich Wilhelm Edel, *Die Neue=Kirche in Strassburg,* Strasbourg, 1825, p.35.
31 J.F.Lobstein, *op.cit.*, p.44.

l'indication donnée par Friderich Ring dans son devis de construction d'un nouvel orgue pour le Temple-Neuf.[32] Ring[33], chez qui André Silbermann travailla un certain temps, supprima l'orgue de Tretzscher en 1700. Le buffet de Ring, augmenté d'un Positif de dos par C.Legros en 1702, se trouve depuis 1749 en l'église catholique de Ribeauvillé (Haut-Rhin).[34]

Le texte de Grandidier ci-dessus contient donc encore deux erreurs: d'une part, l'orgue de Tretzscher disparut en 1700, et non en 1702; d'autre part, au moment de la rédaction de ses *Essais,* en 1782, ce n'était plus l'orgue de 1702 qui se trouvait au Temple-Neuf, mais celui construit par Jean André Silbermann en 1749.

Quels furent les organistes appelés à jouer le petit orgue de Tretzscher? Depuis sa construction jusqu'à sa disparition il fut joué par Georg Christoph Lauttensackh sen. et jun.[35] Georg Christoph Lauttensackh sen., originaire d'Altdorf-bei-Nürnberg, siège d'une Université célèbre, fut organiste de la cathédrale de Strasbourg de 1652 à 1681.[36] Parallèlement au transfert de l'orgue au Temple-Neuf, il devint organiste du Temple-Neuf, poste qu'il occupa jusqu'à sa mort en 1792.[37] Son fils, Georg Christoph Lauttensackh jun., lui succéda dans cette fonction.[38]

Deux documents iconographiques nous montrent la silhouette de l'orgue du jubé de la cathédrale. Ce sont des dessins de l'intérieur de la nef, avec vue vers le choeur, dûs à la plume de Johann Jakob Arhardt (1613-1674), architecte de la ville de Strasbourg, auteur de précieuses vues de Strasbourg et de la cathédrale.[39]

1 Wien, Graphische Sammlung Albertina. No d'inventaire 9653 (ancien No3694). Format 455 x 350 mm. Signature: Johann Jacob Arhardt ad Vivum Delineavit Anno 1673.[40]

2 Göttingen, Niedersächsische Staats- und Universitätsbibliothek, Cod.

32 Marc Schaefer, 'Les anciennes orgues Silbermann du Temple-Neuf à Strasbourg', in: *La Musique en Alsace, hier et aujourd'hui,* Strasbourg, Istra, 1970, p.96-98.

33 Jörg-Dieter Hummel, *Friderich Ring, der vergessene Instrumentenbauer aus dem Elsass und sein Clavicymbal von 1700,* mit Beiträgen von Marc Schaefer, Martin Scholz..., Augsburg, 1976.

34 Marc Schaefer, *op.cit.,* p.98-109.

35 Eugène Wagner, *Urkundliches über die Organisten, Kantoren und Kapellmeister sowie die Orgel und Musikpflege am Strassburger Münster 1524-1681,* A.M.S., ms.

36 Les indications de Lobstein, *op.cit.,* p.27 et de Vogeleis, *op.cit.,* p.523, sont à corriger.

37 A.M.S., D173, fol.35a.

38 A.M.S., D173, fol.85b.

39 Otto Schmitt, 'Johann Jakob Arhardt und das Strassburger Münster', in: *Elsass-Lothringisches Jahrbuch,* VII, 1928, p.126-137. Hans Rott, *Kunst und Künstler am Baden-Durlacher Hof,* Karlsruhe, 1917. Otto Schmitt, *Gotische Skulpturen des Strassburger Münsters,* Frankfurt a/M, 1924, vol.1, p.9.

40 Je remercie Mme.M.L.Schuppanz, de l'Albertina à Vienne, d'avoir bien voulu m'accorder le droit de reproduction.

Ms. Uffenbach No 3, fol. 11^r.[41] Ce dessin, non daté, est à considérer comme une étude préliminaire, en tant que vue de l'intérieur de la nef. Format 410 x 300 mm. La vue des bas-côtés se trouve sur deux feuilles collées de part et d'autre du dessin central. Au bas de la feuille de droite se trouve annexée la vue du jubé et de l'orgue, que nous reproduisons. Le format de ce feuillet est de 105 x 83 mm. Les volets de l'orgue sont bien visibles, et ne peuvent être confondus avec le rétable de 1501 qu'on voit sur la gravure de Brunn, derrière le jubé.

Il est encore question de l'orgue du jubé dans un projet de réédition de l'ouvrage d'O. Schad concernant la cathédrale.[42] Dans un rapport adressé au graveur chargé de réaliser les illustrations, l'auteur – peut-être I.Mürschel – remarque qui l'orgue du jubé a été oublié sur une gravure. Le graveur est invité à réparer cette omission. 'Errata. Die Kupfer des neuen Munster Büchleins. ... Denn Lettner betreffendt ist wercklich übersehen... dass die Orgel nicht auff denselben gesezet worden, so doch schon fertig oder im Werckh gewesen'.[43]

Notons pour terminer qu'il existe encore de nos jours un orgue de jubé à Strasbourg, en l'église protestante Saint-Pierre-le-Jeune. Cependant cet orgue, construit par Jean André Silbermann en 1780, se trouvait à l'origine sur une tribune contre le mur ouest de l'église, et nu fut placé sur le jubé (datant lui aussi du 13e siècle) que lors de la restauration de l'église en 1897-1900.[44]

---

41 Je remercie Mme.Christiane Vild-Block, Strasbourg, et M.Fridtjof Zschokke, Bâle, qui m'ont communiqué cette référence, ainsi que le Dr.Haenel, Göttingen, qui a bien voulu m'accorder le droit de reproduction.

42 Oseas Schadaeus, *Summum Argentoratensium Templum,* Strasbourg, 1617. Cf.Robert Will, *op.cit.,* p.57.

43 Otto Schmitt, 'Ein unvollendetes Strassburger 'Münsterbüchlein' aus dem 17.Jahrhundert', in: *Elsass-Lothringisches Jahrbuch,* IX, 1930, p.228-253.

44 Marc Schaefer, 'L'orgue de l'église Saint-Pierre-le-Jeune à Strasbourg', in: *Johann Sebastian Bach. Das Orgelwerck,* Helmut Walcha, Deutsche Grammophon.

Priamel e Ricercare

Herman Strategier

Ein Laie als Orgeldenkmalpfleger

Axel Unnerbäck

Versuch eines Inventars über in Schweden erhaltene ältere Orgeln, die vor der Mitte des 19.Jahrhunderts gebaut worden sind ist der anspruchslose Titel eines ebenso anspruchslosen Heftes, das im Jahre 1946 von der Kgl.Akademie für Literatur, Geschichte und Kulturdenkmäler in Stockholm herausgegeben wurde.[1] Die einfache maschinschriftliche Vervielfältigung enthält ein Verzeichnis aller in Schweden erhaltenen Orgeln vor 1850 mit Angaben über jetzige und ursprüngliche Disposition, Baujahr und spätere Eingriffe. Die Bedeutung, die diese Arbeit für die Pflege des schwedischen Orgelbestandes hat, kann kaum überschätzt werden. Dieses Orgelinventar, das nach gewissen Ergänzungen 1965 im Druck erschien[2], ist auch heute noch ein unentbehrliches Nachschlagewerk für Organisten, Orgelbauer, Orgelsachverständige und nicht zuletzt für Denkmalpflegebehörden.

Mit dieser Schrift begründete der Arzt und Orgelforscher *Einar Erici* sein bedeutendes Lebenswerk, das er neben seinem eigentlichen Beruf als Arzt ausführte.

Seinem Inventar folgten eine Reihe von Vorlesungen, wissenschaftlichen und populären Schriften, sowie direkte Eingriffe in eine Reihe kontroverser Orgelfragen. Es dürfte keine Übertreibung sein zu behaupten, daß es zum großen Teil das Verdienst des Laien Einar Ericis ist, daß in Schweden nicht weniger als etwa 200 Orgeln aus der klassischen Zeit (vor der Mitte des 19.Jahrhunderts) erhalten geblieben sind, daß die Restaurierungsmethoden den modernen Grundsätzen folgten und daß die alten Orgeln nicht nur zu

---

Die Darstellung gründet sich teils auf literarische Quellen (siehe die Bibliographie in *Erici Orgelinventarium*, 1965, und die Angaben unten), teils auf persönliche Auskünfte von Dr.Erici während der Jahre 1959-1965.

1 Erici, Einar, *Försök till Inventarium över bevarade äldre kyrkorglar i Sverige tillkomna före mitten av 1800-talet.* I I kyrkorna kvarstaende verk. II I museer o.dyl. förvarade äldre kyrkorglar. (III) Några orgelverk som särsk. i musikaliskt hänseende sta nära de äldre och äro tillkomna mell. 1850-1865. Sthlm, 1946, Stencil.29+2+3 s.

2 Erici, Einar, *Inventarium över bevarade äldre kyrkorglar i Sverige tillkomna före mitten av 1800-talet, några ock mellan aren 1850 och 1865 och ett par ännu senare, men dock stilistiskt sammanhörande med de äldre.* ('Orgelinventarium') Sthlm, 1965, 315 s.

Abbildung 1.
Einar Erici. Photo Valdemar Söderholm.

einer Angelegenheit für Spezialisten, sondern auch zu einem Anliegen der breiten Öffentlichkeit geworden sind.

ARZT, KUNSTHISTORIKER, PHOTOGRAPH UND MUSIKER

Einar Erici wurde am 31.Januar 1885 in Skärkind in Östergötland geboren, wo sein Vater Pfarrer war. Seine musikalische Begabung führte ihn früh zur Kirchenmusik und zur Orgel, die schon in seiner Jugend, zusammen mit dem Klavier, sein Lieblingsinstrument wurde. Sein eigener Wunsch war, Musiker oder möglicherweise Kunsthistoriker zu werden. Er fügte sich jedoch dem Wunsche seiner Mutter und studierte Medizin. Nach seiner ärzlichen Prüfung im Jahre 1912 arbeitete er einige Jahre als Facharzt für Hals-, Nasen- und Ohrenkrankheiten in verschiedenen Krankenhäusern, bevor er 1918 eine eigene Privatpraxis in Stockholm eröffnete, die er bis 1963 betrieb. Nach kurzer Krankheit starb er am 10.November 1965 in Stockholm im Alter von 80 Jahren.

Als Arzt war Einar erfolgreich und geschickt. Er hat Wichtiges geleistet, nicht zuletzt durch seine außerordentliche Genauigkeit bei operativen Eingriffen, die sehr gute Resultate zeitigten. Er richtete seine Aufmerksamkeit auch auf gewisse Spezialprobleme und führte z.B. eine wissenschaftliche Untersuchung über Gehörschädigungen bei Orchestermusikern durch.

Nach einigen Jahrzehnten als gefragter und gutbezahlter Privatarzt gab er seiner ärztlichen Tätigkeit in den Vierziger jahren einen eher philanthropischen Charakter. Er gab seine große Wohnung am 'Kungsträdgården' im Zentrum Stockholms auf und ließ sich in einer anspruchslosen Zweizimmerwohnung im Stadtteil Östermalm nieder. Jetzt, im Alter von mehr als 50 Jahren, widmete er sich systematisch den Aufgaben, die sein Lebenswerk auf dem Gebiete der Musik und der Orgelkunst werden sollten.

Bereits als junger Arzt hatte Erici Gelegenheit, sich im Kreise musikalisch begabter Kollegen seinen kunsthistorischen und künstlerischen Interessen zu widmen. Während seiner Zeit als Assistenz im Krankenhaus in Visby (1914-1915) nutzte er seine Freizeit aus, um sämtliche Kirchen auf Gotland systematisch zu photographieren. Seine Bilder dieser bemerkenswerten mittelalterlichen Kirchen stellen heute ein sehr wertvolles Dokumentations- und Forschungsmaterial dar. Er setzte diese Tätigkeit in verschiedenen Gegenden Mittelschwedens fort. Mit seiner einfachen Plattenkamera photographierte er auch Landschaften, Natur und Menschen. Seine Bilder von der altertümlichen Kulturlandschaft in Östergötland und seine Porträtstudien der alten Bauernbevölkerung besitzen oft großen künstlerischen Wert.

DIE KLANGSCHÖNHEIT EINER ALTEN ORGEL, EIN ENTSCHEIDENDES
ERLEBNIS

Einar Ericis Spezialinteresse für Orgeln begann verhältnismäßig spät. Er hat
selbst erzählt, wie er den entscheidenden Impuls erhielt: es war im Jahre 1931,
als er anläßlich der Beerdigung eines Angehörigen in der Dorfkirche in Hult
spielte und von der Klangschönheit der Nordström-Orgel der Kirche über-
wältigt wurde. Hierdurch wurde seine Einstellung zum Orgelklang, wie er im
Vorwort zum Orgelinventar von 1965 betont[3], endgültig und deutlich
festgelegt.

Die Studien der alten schwedischen Orgeln, die Erici danach anfing,
brachten ihn bald zu der Einsicht, daß es noch einen reichen Schatz von
Instrumenten aus klassischer Zeit gab. Es wurde ihm auch klar, daß die
Kenntnisse über diesen Orgelbestand mangelhaft und unvollständig waren,
daß wertvolle Orgeln fortlaufend durch Abbruch oder unsachverständige
Eingriffe beim Umbau zerstört wurden und daß ein umfassender und aktiver
Einsatz notwendig war, um die wertvollsten der alten Instrumente zu retten.

DIE SITUATION IN SCHWEDEN WÄHREND DER ZWANZIGER- UND DREISSIGER-
JAHRE

Einar Ericis Engagement in der Orgelfrage muß im Hinblick auf die in den
Zwanziger- und Dreißigerjahren in Schweden herrschende Situation betrachtet werden. Eine allgemeine Kenntnis von unserer älteren Orgelkultur hatte es
seit langem gegeben. Bereits 1773 hatte Abraham Hülphers in einer Abhand-
lung über Musik und Instrumente den schwedischen Orgelbau behandelt und
ein Verzeichnis über die Orgeln in Schweden mit Angaben über Baujahr,
Orgelbauer und Disposition vorgelegt.[4] In späteren Handbüchern findet man
auch historische Darstellungen vom Orgelbau des 19. Jahrhunderts.[5]

Der erste, der in jüngerer Zeit die Aufmerksamkeit auf den Wert der
erhaltenen alten Instrumente in Schweden richtete, war Albert Schweitzer. Auf
einer Reise durch Schweden (1922) stattete er u.a. der Orgel von P.Z.Strand

---

3 Dr. Erici hat davon auch in einer Bandaufnahme erzählt.
4 Hülphers, Abraham Abrahamsson, *Historisk Afhandling om Musik och Instrumenter särdeles om
Orgwerks Inrättningen i Allmänhet, jemte Kort Beskrifning öfwer Orgwerken i Sverige.* Västerås, 1773.
(Neudruck: Sthlm, 1969).
5 Lindberg, C.L., *Handbok om orgverket, dess historia, konstruktion och rätta vård ... Andra tillökta och
förbättrade upplagan.* Strängnäs, 1861, 106 s.
Norlind, N.P., *Orgelns allmänna historia.* (Hennerberg, C.F. och Norlind, N.P.: Handbok om orgeln.
I.) Sthlm, 1912, 188 s.

Abbildung 2.
Die Orgel in Hult Kirche, von Sven Nordström 1841 gebaut. Photo Einar Erici.

(1832) in der Pfarrkirche der Gemeinde St.Anna in Östergötland einen Besuch ab. In einem Brief bezeichnet er das Instrument als eine der schönsten älteren Orgeln in Schweden mit Stimmen von wunderbarem Wohlklang. Sie sollte, sagt er weiter, wie eine Geige von Stradivarius behandelt werden. Er machte auch einen konkreten Vorschlag, wie die Orgel restauriert und mit einem zweiten Manual versehen werden könnte.[6] Eine andere Orgel, die Schweitzers Aufmerksamkeit erweckte, war die Schiörlin-Orgel in der Kirche von Gammalkil aus dem Jahre 1806; hier gab er im Jahre 1927 ein Konzert.

Aber ein Allgemeininteresse für die alten Orgeln war noch nicht vorhanden, am allerwenigsten bei den Organisten. Als Albert Schweitzers Freunde in Gammalkil, Claes und Greta Lagerfelt auf dem Gutshof Duseborg, einige Jahre später einen Verein für die Erhaltung alter Kirchenorgeln im Bistum Linköping gründeten, war die Reaktion der dortigen Kirchenmusiker negativ. Auf ihrer Jahresversammlung 1932 warnten sie davor, daß ein solcher Verein 'durch eine Meinungsbildung den Gemeindemitgliedern die Auffassung beibringen könnte, daß ihre alten Orgeln so fein und vornehm seien, daß keine Änderungen oder Verbesserungen vorgenommen zu werden brauchten. Hierzu könnten die Mitglieder der Organistenvereinigung sich nicht verstehen, auch wenn sie die lobenswerte Absicht aus rein musealen, jedoch nicht so sehr aus musikalischen Gesichtspunkten anerkennten'.[7]

DIE DENKMALPFLEGE, DER ORGELRAT UND DIE ALTEN ORGELN

Durch die Bildung des Orgelrats (*Kyrkosangens Vänners Orgelråd*) im Jahre 1934 wurde die Orgelbewegung zu einer fest etablierten Institution in Schweden. Die Aufgabe des Orgelrats war, die alten Orgeln zu pflegen, dem alten Orgelbestand größere Rücksichtnahme zu erweisen und im Geiste der Orgelbewegung für eine Erneuerung der Disposition und klanglichen Gestaltung beu Um- und Neubauten zur wirken.[8] Der Orgelrat, der als Ratgeber der Gemeinden und Denkmalpflegebehörden tätig war, bestand aus drei Mitgliedern, Henry Weman, Domorganist in Uppsala, Waldemar Åhlén, Organist an der Jacobikirche in Stockholm, und Bertil Wester, Orgelforscher und Museumsbeamter.

---

6 Landesarchiv, Vadstena. Abschrift in ATA: *Einar Ericis Orgelhandlingar.* Die St. Anna-Orgel erlebte als Paradoxon ein ganz anderes Schicksal, als es sich Schweitzer vorgestellt hatte: nach drei Umbauten sind nur noch Teile des Pfeifenwerkes und Prospekt erhalten.

7 Referat in *Östgöta Correspondenten* (ÖC) 29 Dec.1932.

8 Weman, Henry, *Kyrkosångens Vänners Orgelråd. (Svenski Gudstjänstliv 49/50*, 1974-1975, s. 66-116). Eine wissenschaftliche Dissertation über die Orgelbewegung in Schweden ist derzeit in Arbeit von fil.lic. Göran Blomberg, Uppsala.

In einem 1930 veröffentlichten Artikel hatten Wester und Weman ihre prinzipiellen Gesichtspunkte hinsichtlich der Behandlung alter Orgeln dargelegt.[9] Wester bezeichnete sie als historische Dokumente und musikalische Kleinodien, die ohne Veränderungen erhalten bleiben sollten. Statt einer Modernisierung der alten Orgeln sollte man sie konservieren und neue Orgeln neben oder hinter den alten bauen. Weman seinerseits lehnte dies ab. Er befürchtete, daß die alten Orgeln zu stummen und toten Museumsstücken werden würden und hoffte, daß man technische Lösungen finden würde, Altes mit Neuem zu vereinen.

Bezeichnend ist, daß keiner der Autoren die Notwendigkeit einer Veränderung in Frage zu stellen schien, sondern es für selbstverständlich hielt, daß die alten, meistens einmanualigen Orgeln komplettiert werden müßten, um ihrem Zweck genügen zu können.

Sowohl Wester als auch Weman betonten die Notwendigkeit einer Bestandsaufnahme in der Absicht, die alten Orgeln im Zusammenhang mit aktuell werdenden Um- oder Neubauten durch Beschreibung und Vermessung zu dokumentieren. Eine solche Inventarisierung wurde auch in gewißem Ausmaße von Bertil Wester durchgeführt. Der Gedanke, eine systematische Erfassung aller Orgeln durchzuführen, um genaue Kenntnisse darüber zu erhalten welche von den älteren, wertvollen Instrumenten noch vorhanden wären, scheint jedoch nicht aufgekommen zu sein.

Nicht zuletzt in seiner Eigenschaft als ratgebende Instanz für die Denkmalpflegebehörden erhielt der Orgelrat einen bedeutenden Einfluß auf die Behandlung der alten Orgeln. Die Prinzipien änderten sich jedoch, und man kann in der Tätigkeit während der Dreißiger- und Vierzigerjahre den Dualismus erkennen, der in Westers und Wemans Artikel aus dem Jahre 1930 zum Ausdruck kam. In einigen Fällen wandte man das Prinzip an, eine neue Orgel zu bauen, die in der Regel hinter der alten aufgestellt wurde. Das Ergebnis war vielleicht, wie Weman befürchtet hatte, daß die alte Orgel unbenutzt blieb. Heute sind wir jedoch sehr dankbar, daß z.B. die Orgel in Bälinge von 1632 auf diese Weise einem Umbau entging. In den meisten anderen Fällen wandte man jedoch das gegenteilige Prinzip an, alte, einmanualige Instrumente mit einem zweiten Manual und Pedal zu versehen. In den Dreißiger- und Vierzigerjahren, vor der Renaissance der mechanischen Orgel, führte dies zu einer totalen Pneumatisierung, oft mit verheerenden Ergebnissen. Wenn die alte Windlade erhalten blieb, konnte die Orgel trotz schwerer Eingriffe noch als 'erhalten' betrachtet werden. In einigen Fällen jedoch hat man in den letzten Jahren Orgeln, die auf diese Weise umgebaut

9 *Wester, Bertil & Weman, Henry, Våra gamla kyrkliga orgelverk. Deras bevarande och konsevering.* I-II. (*Fornvännen 25*, 1930, s. 321-341).

worden waren, wiederherstellen können (z.B. die Schwan-Orgel in der Kirche von Börstil, 1933 angebaut und pneumatisiert, und 1979 in ihren ursprünglichen Stand zurückversetzt). Aber in vielen Fällen verschwanden auch die alten Windladen und Bälge und von der alten Orgel sind nur noch der Prospekt und einige einzelne Stimmen vorhanden. Noch in den ersten Jahren nach 1950 wurden solche Umbauten durchgeführt.

EIN LAIE GREIFT EIN, EINAR ERICIS BESTANDSAUFNAHME ALTER ORGELN

Für Einar Erici war es zur Gewißheit geworden, daß diese Entwicklung unterbrochen werden mußte, daß man die alten Orgeln nach ganz anderen Grundsätzen behandeln und daß man sich möglichst schnell konkrete Kenntnisse über Umfang und Qualität des erhaltenen Bestandes verschaffen mußte, um die Erhaltung der wertvollsten Orgeln für die Nachwelt zu ermöglichen.

Seine erste Maßnahme war, eine eigene systematische Inventarisierung der Orgeln des Landes vorzunehmen. Seine Methode bestand darin, nach vorhandenen Quellen (ältere Orgelliteratur, Organistenmatrikel, gewisse urkundliche Quellen, usw.) ein Verzeichnis erhaltener Orgeln aus der Zeit vor der Mitte des 19.Jahrhunderts aufzustellen. Danach besuchte er persönlich sämtliche Kirchen mit älteren Orgeln und machte Notizen über Disposition und andere wichtige Fakten. In den kirchlichen Archiven fertigte er Abschriften von Urkunden an, die die Orgeln betrafen (Verträge, Abnahmeprotokolle, Kirchenvorstandsprotokolle, Inventarverzeichnisse, usw.). Danach vervollständigte er diese Studien in den Landesarchiven, im Reichsarchiv und anderen Archiven.

1946 konnte er den ersten Versuch seines Inventars der Kgl.Akademie für Literatur, Geschichte und Kulturdenkmäler einreichen, die dieses in maschinschriftlicher Vervielfältigung herausgab. Das Inventar umfaßt alle erhaltenen Orgeln aus der Zeit vor 1850 unter Angabe der Orgelbauer, des Baujahrs, der ursprünglichen Disposition (wo diese belegt werden konnten), durchgeführte Änderungen sowie der jetzigen Disposition. Im Jahre 1956 wurde diese Arbeit in einer neuen, revidierten Auflage und 1965 in gedruckter Form herausgegeben, jetzt vervollständigt durch Angaben bis zum Jahre 1860 und versehen mit einem biographischen Register über Orgelbauer und einer Bibliographie.[10]

Durch Ericis Initiative lag also bereits 1946 ein so gut wie vollständiges Verzeichnis über den Orgelbestand des Landes aus klassischer Zeit vor. Aufgrund ihrer Übersichtlichkeit und Stringenz und wegen der konsequent durchgeführten Methode, nur die allerwichtigsten historischen und tech-

---

10 Siehe Anmerkungen 1 und 2.

nischen Angaben aufzunehmen, ist diese Arbeit noch jetzt nach 30 Jahren aktuell und brauchbar. In der geplanten Neuauflage sollen nur einige wenige Punkte vervollständigt werden, wobei es sich in der Hauptsache um Angaben über die Windversorgung handelt. Ende der Vierzigerjahre legte Erici auch ein vollständiges Verzeichnis der im Bistum Linköping vorhandenen Orgeln an, herausgegeben als maschinschriftliche Vervielfältigung (1952)[11] und – diesmal gemeinsam mit dem Organisten Waldemar Söderholm – über die Orgeln auf Gotland.[12] Er hat auch Verzeichnisse über Orgeln der spätromantischen Periode (ca.1860-ca.1900)[13] und über erhaltene ältere Orgelprospekte demontierte, noch vorhandene Orgeln angelegt.[14]

EINAR ERICI ALS ORGELFORSCHER

Ericis Anlage seiner Arbeit als systematisches Inventar des gesamten schwedischen Orgelbestandes und seine Methode, Tatsachen aus Archiven und älterer Literatur mit den von ihm selbst bei der Untersuchung jeder Orgel an Ort und Stelle eingesammelten Daten zusammenzustellen, führte dazu, daß die Kenntnisse über den schwedischen Orgelbestand und über schwedische Orgelbauer plötzlich stark zunahmen. Früher unbeachtete Zusammenhänge konnten klargelegt werden, und früher nahezu unbekannte bedeutende Orgelbauer erlangten Aufmerksamkeit. Das vorher unvollständige, teilweise nur fragmentarische Bild vom schwedischen Orgelbau konnte jetzt zu einem Totalbild zusammengefügt werden.

Durch diese Kombination von Orgeluntersuchungen *und* parallel durchgeführter Archivforschung unterscheidet sich Ericis Forschung von der Bertil Westers. Wester konzentrierte seine Untersuchungen auf die Instrumente als solche und auf die ältere Literatur, vor allem auf die von Hülphers, aber Archive hat er nur in seltenen Fällen benutzt.[15] Erici seinerseits hat nur selten eingehende Untersuchungen, Mensuraufnahmen, usw., einzelner Orgeln vorgenommen.

---

11 Erici Einar, *Orgelinventarium för Linköpings stift årsskiftet 1951-1952.*
12 ATA: SAOK:s orgelinventering. Visby stift.
13 Erici, Einar, *Förteckning över svenska kyrkorglar byggda tiden 1850-1880.* (Mskr. ATA.)
ATA= Kungl. Vitterhetsakademiens antikvariskt-topografiska arkiv, Stockholm.
14 Erici, Einar, *Försök till Förteckning över äldre orgelfasader (tillkomna före 1850) kvarstående framför nyare verk; i vissa fall även en del av det gamla pipverket använt.* Sthlm, 1946. Stencil.
15 Westers Dissertation *Gotisk resning i svenska orglar* (Sthlm, 1936) behandelt die Orgel vom klanglich-architektonischen Gesichtspunkt auf Grund einer Analyse der erhaltenen mittelalterlichen Orgelteile im Historischen Museum in Stockholm. In etwa 25 Aufsätzen hat er u.a. verschiedene Orgeln und Orgelbauwerkstätten behandelt. Nach seinem Tod 1976 gehört sein Archiv dem 'ATA'.

Um ein historisch korrektes Gesamtbild des schwedischen Orgelbaues zu erhalten, hat Erici seine Forschung nicht nur den erhaltenen Instrumenten gewidmet. In vielen Fällen hat er die gesamte Produktion eines Orgelbauers dokumentiert. Er hat aus verschiedenen urkundlichen Quellen Angaben über Orgelbauer, über Proben und Privilegiensysteme des 18.Jahrhunderts sowie über allgemeine Diskussionen im Zusammenhang mit Orgelfragen und Orgelmusik gewonnen.

Ericis Archivforschungen haben ein sehr umfassendes Auszugsmaterial geschaffen, das sich jetzt im Archiv der Kgl.Akademie für Literatur, Geschichte und Kulturdenkmäler in Stockholm (ATA) befindet.[16] Seine klare und teilweise systematisierte Aufstellung des Materials in Verbindung mit den von ihm selbst verfaßten Registern hat das Ergebnis seiner Arbeit leicht zugänglich und brauchbar gemacht, was auch seine Absicht war. Für die heutige Orgel-forschung und für Ermittlungen im Zusammenhang mit Restaurierungen und Umbauten sind Ericis Auszüge von unschätzbarem Wert.

BEWERTUNG UND AUSWAHL

Mit seiner zielbewußten Inventarisierung wollte Einar Erici eine zweckmäßige und zuverlässige Tatsachenunterlage für die Beurteilung von Orgelfragen schaffen. Vollkommen in Übereinstimmung mit dieser Absicht hat er die objektiven Sachangaben mit einer Bewertung der Orgeln kombiniert. Durch Randbemerkungen hat er angegeben, welche Orgeln nach seiner Ansicht von solch klanglichem Wert sind, daß sie erhalten werden sollten. Daß er bei seiner Beurteilung so betont vom klanglichen Aspekt ausging, dürfte mit dem Gegensatz zwischen der historisch-musealen und der praktisch-musikalischen Betrachtungsweise zusammenhängen, die bereits 1930 bei Wester und Weman zu erkennen war und die im Laufe der Jahre eine weitere Verschärfung erfahren zu haben scheint. Erici wollte die Orgel als ein lebendiges Instrument sehen und er wollte nicht als Vertreter der musealen Linie betrachtet werden. Er war sich jedoch darüber im klaren, daß eine Bewertung mit dem Ausgangspunkt vom klanglichen Wert einer Orgel subjektiv sein mußte. In Vorwort der Ausgabe von 1965 hebt er jedoch hervor, daß seine Beurteilungen im Laufe der Jahre die Unterstützung vieler Sachverständiger gefunden hätten.

Es ist deutlich, daß Ericis Arbeit ohne diese klare Bewertung nicht die Bedeutung erhalten hätte, die sie wirklich hat. Den Denkmalpflegebehörden

---

16 ATA: *Einar Ericis orgelhandlingar.*

wurden ihre Beurteilungen bedeutend erleichtert, ebenso den Orgelsachverständigen und Orgelbauern. Mit seiner Auswahl legte Erici realistische Prinzipien fest. Er vermied damit auch die Kritik, 'alles Alte erhalten zu wollen'.

Ericis Bewertungen haben ihre Aktualität nicht verloren. Heute ist jedoch das Ambitionsniveau höher als man es sich Mitte der Sechzigerjahre vorstellen konnte. Jetzt werden auch historisch-denkmalpflegerische Gründe akzeptiert. Wie Erici in seinem Vorwort 1965 vorhersagte, hat es sich weiter gezeigt, daß es auch in einer entstellten Orgel verborgene Klangqualitäten geben kann, die bei einer Restaurierung wieder an den Tag kommen können. Viele der Orgeln, die zu erhalten Erici für unrealistisch hielt, werden heute selbstverständlich als 'Denkmalorgeln' betrachtet.

AUFSÄTZE, VORTRÄGE, KONZERTE UND JUBILÄEN

Neben seiner Bestandsaufnahme und Forscherarbeit veröffentlichte Einar Erici zahlreiche Aufsätze über ältere Orgeln und Orgelbauer.[17] Diese Aufsätze, die oft auf von ihm bei Wiedereinweihungen und Orgelkonzerten gehaltenen Vorträgen fußten, hatten den Zweck, ein breites Publikum in populärer und leichtverständlicher Form mit Orgeln der klassischen schwedischen Orgelbaukunst bekannt zu machen. Erici war der Auffassung, daß die Orgel in hohem Maße ein Instrument des Volkes sei, und daß Kenntnisser und Verständnis seitens der Öffentlichkeit eine notwendige Voraussetzung für die Rettung alter Instrumente seien. In seinen Aufsätzen hat er allerdings auch wertvolle Forschungsergebnisse veröffentlicht. Insgesamt vermittelte seine Produktion (ca. 50 Titel) ein reich schattiertes und teilweise ganz neues Bild von Orgelgeschichte und Orgelkultur des Landes. Durch seine Entdeckung mehrerer Orgelbauer aus der Provinz, wie Sven Nordström, Nils Ahlstrand und Johannes Magnusson, hat er eine früher nahezu unbekannte, wertvolle Orgelkultur aus der ersten Hälfte des 19. Jahrhunderts ans Licht gebracht. Ebenso hat er den klar profilierten Orgelstil beleuchtet, der vom Kreis um den in Linköping tätigen Meister Jonas Wistenius vertreten wurde und der seinen Höhepunkt in Pehr Schiörlins origineller und qualitativ hochstehender Produktion Ende des 18. bzw. Anfang des 19. Jahrhunderts erreichte.

Einar Erici machte jedoch nicht nur durch Aufsätze und Zeitungsartikel Propaganda für die Orgel. Er regte auch die Gemeinden an, Konzerte und Musikandachten zu veranstalten. Wenn eine Orgel 100, 150 oder 200 Jahre alt wurde, konnte es Jubiläumsfeiern geben, denen Aufsätze in der Lokalpresse

---

17 Etwa 50 Aufsätze. Siehe Bibliographie im *Orgelinventarium* 1965.

vorangingen und bei denen Orgelkonzerte bedeutender Organisten und Vorträge von Dr. Erici stattfanden. Während des darauffolgende Festessens mit Festansprachen des Bischofs und der Ehrengäste trafen Telegramme von 'Schwesterorgeln' des Jubilars des Tages aus Gemeinden ein, die so glücklich waren, eine Orgel von Schiörlin, Nordström oder Ahlstrand in ihrer Kirche zu besitzen!

In seinen Bestrebungen, die alten Instrumente zu beleben, erhielt Erici wertvolle Unterstützung aus der jüngeren Organistengeneration, die den Wert der alten Orgeln und die Bedeutung von Ericis Bestreben einsah. Zu denen, die ihm getreu zur Seite standen, gehörten u.a. Gotthard Arnér und Alf Linder. Einer von Ericis engen Freunden, Finn Viderö, der bedeutendste Organist in der dänischen Orgelbewegung, gab während seiner häufigen Aufenthalte auf Ericis Wohnsitz auf dem Lande in Östergötland mehrere Konzerte auf den alten Orgeln der Gegend.

Durch dieses energische Bestreben, Interesse für alte Orgeln zu erregen, erreichte Erici eine breite Meinungsbildung in den Gemeinden, die oft dazu führte, daß das Interesse der Gemeindemitglieder für die alte Orgel über den Modernisierungseifer der Organisten siegte und daß eine bedrohte Orgel zu einem neuen, sinnvollen Leben erweckt werden konnte.

Ein wichtiger Bundesgenosse bei Ericis Bestrebunge die alten Orgeln beim Publikum beliebt zu machen, war der schwedische Rundfunk, der auf Ericis Initiative Ende der Vierzigerjahre begann, jeden Samstag in Zusammenhang mit dem Glockengeläute zum Abendgottesdienst um 18 Uhr Musik auf alten schwedischen Orgeln zu senden. Dieser Programmpunkt, den es noch heute gibt, ist einer der ältesten im schwedischen Rundfunk.

RETTUNGSAKTIONEN UND KONFLIKTE

Erici arbeitete die ganze Zeit bewußt unabhängig von Organisationen und Behörden. In vielen Fällen engagierte er sich jedoch für direkte Rettungsaktionen für eine bedrohte Orgel. Durch persönliche Kontakte mit Gemeinden, Orgelbauern und Behörden gelang es ihm oft, einen bevorstehenden Orgelumbau zu verhindern und eine Restaurierung zu erreichen. Sein Eingreifen in kontroverse Orgelfragen führte jedoch zu Konflikten, nicht zuletzt mit der älteren Generation orgelsachverständiger Organisten.

Durch Einar Ericis Tätigkeit zieht sich wie ein roter Faden die Kritik über die Art und Weise, wie der offizielle Orgelrat mit alten Orgeln umging. Dem Orgelrat seinerseits fiel es schwer zu akzeptieren, daß ein Nichtfachmann sich der grundlegenden Aufgaben annahm, die der Rat versäumt hatte, und dem es dann auch gelang, diese durchzuführen. Auch in Einzelfragen entstanden Konflikte, wenn Erici mit seinen größeren Sachkenntnissen eingreifen mußte. Die Beziehungen wurden kaum besser, als Erici es ablehnte, in den Orgelrat

Abbildung 3.
Einar Erici und Finn Viderø an der Orgel in Konungsund Kirche bei der Zentenarfeier der Orgel.
Photo Sture Persson.

gewählt zu werden. Noch in der 1976 von Henry Weman herausgegebenen Geschichte des Orgelrats sind diese Verhältnisse zu spüren: Einar Ericis Initiativen zugunsten der alten Orgeln werden nur ganz nebenbei erwähnt.[18] Mit dem Eintritt des Domorganisten Gotthard Arnér in den Orgelrat 1946

---

18 Weman, 1974-1975.

veränderte sich die Lage jedoch wesentlich; Arnér, der Ericis Orgelkenntnisse klar erkannte, vertrat in vielen Fällen im Orgelrat Ericis Linie in Erhaltungs- und Restaurierungsfragen.

Durch die Herausgabe von Ericis Orgelinventar wurden die Denkmal- pflegebehörden unabhängiger vom Orgelrat. Zwar überweis man bis Mitte der Sechzigerjahre, als das Zentralamt für Denkmalpflege eigene Sachverständige erhielt, anfallende Orgelangelegenheiten dem Orgelrat. Es kam aber immer öfter vor, daß man in Fragen, die alte Orgeln betrafen, auch Erici zu Rate zog. Im Jahre 1967, zwei Jahre nach Ericis Tod, beendete der Orgelrat seine Funktion nachdem Gotthard Arnér und Waldemar Åhlén ausgetreten waren, Åhlén aus Altersgründen und Arnér aufgrund eines Konfliktes, der im Zusammenhang mit seiner Stellungnahme für die Erhaltung der Orgel in der Kirche von Börstil in Uppland entstand.

DIE RESTAURIERUNGSPRINZIPEN

Einar Erici bekam auch entscheidenden Einfluß auf die Prinzipien für die Pflege und die Restaurierung alter Orgeln. Bereits als er sein Inventar begann, war er sich darüber im klaren, daß man mit den üblichen Restaurierungs- und Umbauprinzipien die alten Orgeln nicht nur in technischer, sondern auch in klanglicher Hinsicht oft zerstörte.

Erici hat in vielen Zusammenhängen erklärt, daß die musikalische Seite, der Klang der Orgel, das Wesentlichste sein müsse. 'Eine Orgel *muß* schön klingen' ist sein Motto in dem Orgelinventar von 1965. Er zitiert hier seinen persönlichen Freund Albert Schweitzer bei dessen Besuch auf Duseborg 1949.[19]

Ericis oben zitierte Ansicht ließ sich mit der Auffassung vereinbaren, daß die alten Orgeln als lebendige Instrumente erhalten werden müssen und daß sie ein Vorbild für den modernen Orgelbau sein solten. In dieser Hinsicht war Erici also der gleichen Auffassung, wie sie von Weman 1930 vertreten wurde. Erici war sich jedoch klar darüber, daß die klanglichen Eigenschaften einer Orgel nicht erhalten werden konnten, wenn man nicht die *ganze* Orgel erhielt, ohne technische Modernisierung oder Anbau. Hier schloß er sich also den Grundsätzen von Wester an.

---

19 In einer Randbemerkung in seinem Exemplar des 'Weilheimer Regulativ' (2.Aufl.1957) betont Erici, daß er, 'über die da angegebenen Kriterien einer denkmalwerten Orgel hinaus auch einen hohen klanglichen Wert fordert und daß dadurch nur ein Teil von den in Deutschland und Österreich als denkmalwürdig bezeichneten Orgeln von ihm als unbedingt erhaltungswert angesehen werden können.'

NORRKÖPING: HÖRSALEN (f.d. S:t Johannes kyrka) Östergötland
1835 Pehr Zacharias Strand, Stockholm

Uspr. disp. (enl. kontr.) Nuv. disp.

Man.	Principal		Man.	Borduna	16'	(1868)

Man. Borduna 16'
Principal 8'
Vox retusa 8'
Gedackt 8'
Oktava 4'
Kvinta 3'
Oktava 2'
Trumpet 8'

Nuv. disp.

Man. Borduna 16' (1868)
Principal 8' (1868)
Vox retusa 8' (1868)
Gedackt 8' (1868)
Oktava 4' (1868)
Kvinta 3' (1868)
Oktava 2' (1868)
Trumpet 16' (1868)
Trumpet 8'

Överv. Principal 4' B i fasaden
Plats för öververk

Överv. Borduna 8' (1868)
Fleut amabile 8' (1868)
Gamba 8' (1868)
Principal 4' (D 1868)
Flûte octaviante 4' (1868)
Bason 8' B (1868)
Oboe 8' D (1868)

Ped. Violon 16'
Violoncell 8'
Basun 16'
Plats för Subbas 16'
Plats för Oktava 4'

Ped. Violon 16' (1868)
Kvinta 12'
Violoncell 8' (1868)
Oktava 4'
Basun 16' (1868)

KOPPEL: överv./man., man./ped.
OMFÅNG: manual C-f³, pedal C-c⁰.
MANUALKLAVER: svarta undertangenter.
FASADPIPOR: till en del ljudande (Princ. 8' och 4').

1868 tillb. Sven Nordström, Flisby, med öververk och med Trumpet 16' i huvudverket och Kvinta 12' och Oktava 4' i pedalen.
1891 ren. Erik Nordström, Eksjö.
Efter nuv. S:t Johannes kyrkas tillkomst 1903 förvandlades den gamla kyrkan till konsert- och samlingssal, varvid orgeln helt kom ur bruk. Värd att åter få bli spelbar!
Litt.: Erici Hörsalens klassiska orgelverk bör åter sättas i stånd (1948).

129

★ NORRA SOLBERGA (gamla orgeln) Småland (Linköpings stift)
1835 Nils Ahlstrand, Norra Solberga

Uspr. disp. (enl. syneprot) Nuv. disp.

Man. Principal 8'
Gedackt 8'
Oktava 4'
Gedacktflöjt 4'
Kvinta 3'
Oktava 2'
Scharf 3 ch*
Trumpet 8' B/D
Vox humana 8' D

Nuv. disp.

Man. Principal 8'
Gedackt 8'
Fugara 8' (1854)
Oktava 4'
Kvinta 3'
Oktava 2'
Scharf 3 ch
Trumpet 8' B/D
Vox humana 8' D

Ped. Subbas 16' B
Gamba 8' B
f.ö. bih.

Ped. Subbas 16'
Violoncell 8'
f.ö. bih.

OMFÅNG: manual C-f³, pedal C-H, f.ö. bih. till f°.
MANUALKLAVER (på orgelhusets södra sida): svarta undertangenter.
FASADPIPOR: alla ljudande (Princ. 8' B-e³ och Oktava 4' C-H).

1854 ren. Sven Nordström, Flisby, som insatte Fugara 8' i st. f. Gedacktflöjt 4'.
1901 flyttad från gamla till nya kyrkan, varvid fasaden påbyggdes med ett krön av blindpipor.
1949 flyttad till norra sidoläktaren i samband med uppförande av ny orgel på västläktaren.
Litt.: Erici Ahlstrandsorgeln i Norra Solberga kyrka (1947).

125

Abbildung 4.
Zwei Seiten aus dem Orgelinventarium. In der linken Spalte die ursprüngliche Disposition, in der rechten die jetzige.

Bereits von Anfang an scheinen diese Grundsätze eine Selbstverständlichkeit für Erici gewesen zu sein, wenn auch damit zu rechnen ist, daß er wichtige Impulse von Albert Schweitzer und von Bertil Wester erhalten hat. Erst ziemlich spät, Ende der Fünfzigerjahre, scheint er das 'Weilheimer Regulativ' in die Hände bekommen zu haben. In seiner Bibliothek gab es nur die Ausgabe von 1957, mit eigenen, spontanen Kommentaren am Rande versehen. Er hatte damals schon seit langem die Grundprinzipien angewandt, die im 'Weilheimer Regulativ' beschrieben sind. Durch persönliche Verbindungen und Korrespondenz mit Orgelsachverständigen, wie Ulrich Dähnert u.a., scheint er der Entwicklung auf dem Kontinent gefolgt zu sein. Er hatte eine durchaus negative Einstellung zu moderneren, jetzt aufgegebenen deutschen Restaurierungsmethoden, wie Verringerung des Winddrucks und Modernisierung der Windversorgung, Methoden, die dadurch nur selten in Schweden angewandt wurden.

DIE EINMANUALIGE ORGEL, HISTORISCHES KUNSTWERK UND FUNKTIONELLES GOTTESDIENSTINSTRUMENT

Während Wester und Weman von der Vorstellung ausgingen, daß die alten, einmanualigen Instrumente unzureichend seien und auf irgendeine Weise vervollständigt werden müßen, vertrat Erici volkommen andere Auffassungen. Er meinte, daß die alten Orgeln auch bei heutigen Gottesdiensten ausgezeichnet funktionierten, daß sie als Konzertinstrumente verwendet werden könnten und daß sie vor allem klangliche Qualitäten besäßen, die ihnen den Vorrang vor modernen, noch so gut ausgestatteten Orgeln gäben. Er wurde hierin von mehreren jüngeren Organisten, wie Gotthard Arnér, Alf Linder, Finn Viderö, Henry Lindroth und Olle Ljungdahl aktiv unterstützt, die in Gottesdiensten, bei Konzerten und in Rundfunksendungen halfen, die Tauglichkeit der alten Orgeln zu beweisen. Es kam auch vor, daß Einar Erici selbst darum bat, während eines Gottesdienstes spielen zu dürfen, um Gelegenheit zu bekommen, den Wert einer zum Abriß verurteilten Orgel zu beweisen.

Dadurch, daß er auf diese Weise Gehör und Verständnis für die alten einmanualigen Orgeln als künstlerisches Ganzes *und* funktionelle Gottesdienst- und Konzertinstrumente fand, schuf Erici die notwendigen Voraussetzungen für die Erhaltung und Instandsetzung nach modernen und pietätvollen Grundsätzen.

Glücklicherweise lagen bereits um 1950 auch die praktischen Voraussetzungen für eine breitere Anwendung der modernen Restaurierungsmethoden vor. Die dänische Firma Th.Frobenius hatte während der Vierzigerjahre u.a. eine vorsichtige Restaurierung der Schiörlin-Orgel in der Kirche von Östra Skrukeby (1794) durchgeführt. Dies war im übrigen einer der relativ seltenen

Fälle, wo der Orgelrat nur eine Konservierung empfahl. Die gleiche Firma führte 1949 unter Mitwirkung von Einar Erici und Waldemar Åhlén eine umfassende Restaurierung der Schiörlin-orgel in der Kirche von Gammalkil durch. Um 1950 ließ sich eine einheimische Firma, Gebrüder Moberg, als Spezial-Unternehmen nieder. Während ihrer Lehrzeit hatten die beiden Brüder an mehreren Restaurierungen unter der Leitung von Bertil Wester teilgenommen und hatten sich mit dessen Prinzipien für Restaurierung und Dokumentation vertraut gemacht. In fruchtbarer Zusammenarbeit mit Einar Erici führte die Firma eine Reihe von Restaurierungen durch, u.a. die umfassende Rekonstruktion der Wistenius-Orgel in der Gemeindekirche von Åtvid in Åtvidaberg (1751, rekonstruiert 1957).

EINAR ERICI, ANERKANNTE EXPERTE UND MUSIKWISSENSCHAFTLER

Einar Erici stieß lange Zeit auf Mißtrauen und auf gewisse Irritation seitens der Orgelsachverständigen. Der Wert seiner Bemühungen wurde jedoch früh von offizieller Seite anerkannt. Er erhielt Auszeichnungen verschiedener Art: 1957 wurde er als korrespondierendes Mitglied in die Kgl. Akademie für Literatur, Geschichte und Kultururdenkmäler und 1950 als Associé in die Königl.Musik-akademie gewählt. Im Jahre 1954 erhielt er die Medaille des Nordischen Museums und 1959 die höchste Auszeichnung der Musikakademie 'Für Förderung der Tonkunst'. 1962 wurde er von der Universität Uppsala zum Ehrendoktor der Musikwissenschaft ernannt. Im gleichen Jahr beschloß der Schwedische Reichstag, ihn mit einer staatlichen Ehrenpension – einer nahezu einzigartigen Auszeichnung – für seine Leistung auf dem Gebiete der schwedischen Orgelkultur zu belohnen. Ebenfalls 1962 wurde er als Ehren-mitglied in den Reichsverband der Kirchenmusiker gewählt, der im übrigen auch dafür sorgte, daß das Orgelinventar 1965 im Druck herausgegeben wurde.

EINE BEGABTE PERSÖNLICHKEIT

Einar Erici war eine ungewöhnliche, sehr begabte und ausgesprochen musikalische Persönlichkeit. Er war ein geschickter Pianist mit eigenem romantischen Vortrag. Sein Orgelspiel erinnerte gewissermaßen an Albert Schweitzer, aber seine Registrierung war immer – im Geiste der Orgelbewe-gung – rein klassisch. Mit seinem technisch zwar nicht immer perfekten, aber musikalisch fesselnden Vortrag und seiner Fähigkeit, eine alte Orgel richtig auszunutzen, hat er viele Male auf konkrete und überzeugende Weise die Schönheit einer alten Orgel demonstrieren können.

Ericis Ideal war die klassische Orgel, und das Wesentlichste war für ihn die

Qualität des Prinzipalklanges, wie er in den Orgeln von Pehr Schiörlin (1736-1815) und Sven Nordström (1801-1887) in Erscheinung tritt. Selbstverständlich schloß er sich den Prinzipien der Orgelbewegung an, erkannte jedoch früh die Tendenz einer klanglichen Stagnation. Auch der dänischen Orgel der Fünfzigerjahre gegenüber verhielt er sich etwas abwartend: der Klang der besten, alten Orgeln sei noch unerreicht, meinte er.

Für die spätromantische Orgel hatte er wenig Verständnis. Ab und zu konnte er sich jedoch positiv über die technische Qualität und den mächtigen Tuttiklang einer spätromantischen Orgel äußern, und in einer Randbemerkung im 'Weilheimer Regulativ' hat er die Orgel in der großen Kirche in Åtvidaberg (Åkerman & Lund, 1884) als in ihrer Art erhaltenswert bezeichnet; den streichenden Prinzipalklang der spätromantischen Orgeln fand er jedoch direkt unschön und Stimmen wie die Voix céleste geschmacklos und sogar lächerlich.

Aufgrund seiner originellen Persönlichkeit, seiner philanthropischen Tätigkeit und seiner zurückgezogenen Lebensweise wurde Einar Erici, wie sein Freund Albert Schweitzer, bereits zu Lebzeiten zu einer Legende.

Ein Besuch von Erici bei einer Orgel konnte mitunter zu einem großen und unvergeßlichen Erlebnis für die Gemeinde werden. In wievielen Gemeinden hat man nicht mit Stolz davon gesprochen, daß Herr Dr.Erici in ihre Kirche zu kommen und auf ihrer Orgel zu spielen pflegte, die er für eine der besten des Landes hielt! So gelang ihm das, was die Organisten auf der Jahresversammlung von 1932 in Linköping so ängstlich befürchtet hatten: in den Gemeinden ein Gefühl für die alten Orgelkleinodien zu wecken. Seine Persönlichkeit war geprägt von nie versiegendem Enthusiasmus, der mit Generosität und Bescheidenheit gepaart war. Aber er besaß auch eine scharfe Beobachtungsgabe und einen reichen Humor mit Sinn für menschliche Schwächen, gegen die er gern seine scharfe und treffsichere Ironie richtete.

DIE BEDEUTUNG DES LAIEN

Die Grundlage für unsere Kenntnisse der schwedischen Orgelgeschichte wurde im Jahre 1773 von dem Kaufmann und Gerichtsrat Abraham Hülphers mit seiner wertvollen Arbeit über die Orgeln in Schweden gelegt. Als Albert Schweitzer den Zwanzigerjahren die Aufmerksamkeit auf die historischen Orgeln Schwedens lenkte, handelte er als Privatperson. Sein Freund und Kollege als Arzt Einar Erici zog es bewußt vor, als Laie und ungebunden durch Behörden und Organisationen zu wirken. Dadurch war es ihm möglich, seine Tätigkeit in einer unkonventionellen Weise auszuüben, auf verschiedenen Fronten zu kämpfen und mit der Systematik eines geschickten Arztes genau diejenigen Vorkehrungen zu treffen, die die aktuelle Situation erforderte. Die Zielbewußtheit seiner Forschung, sein Blick für das Wesentliche, seine Genauigkeit und seine Fähigkeit, das Verständnis und Interesse der Leute in den Gemeinden zu erregen, haben ihm geholfen, die große Aufgabe durchzuführen, die er sich selbst gestellt hatte: die wertvollsten Orgeln zu retten und die Grundlage für eine bessere Orgeldenkmalpflege in Schweden zu schaffen.

Das Wirken Einar Ericis auf dem Gebiete der alten Orgeln ist ein Beispiel, das zeigt, wie wichtig und entscheidend der Einsatz eines Laien gerade in den Fällen sein kann, wo Fachleute oder Beamte durch formale Bindungen nicht weit genug wirken können.

Rond de boedelbeschrijving van de organisten Jacob Wilhelm Lustig (1706-1796) en Juriaan Spruyt (1701-1779)

Christiaan Cornelis Vlam

Inventarissen en testamenten van musici en muziekliefhebbers geven ons de mogelijkheid een blik te werpen in de leefwereld van eigenaar of erflater. Vooral een beschrijving van het bezit aan boeken, manuscripten en muziek-instrumenten kan veel zeggen over plaats en praktijk van de muziek in de verschillende cultuurperiodes.

Naast dat deel van het boekenbestand, dat als theoretische en praktische muziekhandboeken is te rubriceren, zullen veelal andere kategorieën van werken een nader inzicht geven in de affiniteit van de eigenaar tot andere disciplines. Theologie en natuurwetenschappen, bijvoorbeeld, nemen in de achttiende eeuw een belangrijke plaats in.

Het is duidelijk dat de wetmatigheden van klank- en toonsystemen een belangrijk studieobject vormen voor fysicus en mathematicus. De vraag waarom natuurwetenschappelijke werken hun weg vonden naar de boeken-kast van de musicus, is echter minder eenvoudig te beantwoorden, daar immers de correlatie tussen muzikale en wiskundige begaafdheid eerder negatief dan positief te noemen is.[1] Waar de muzikaal begaafde geen natuurlijke predispositie voor de mathesis bezit, moeten andere achtergron-den het bezit van natuurwetenschappelijke boeken verklaren. Men moge hierbij in gedachten houden dat in theoretische verhandelingen sedert de oudheid tot in de achttiende eeuw steeds weer nadruk op de binding van de muziek met de wiskunde werd gelegd. Bovendien vergemakkelijkten in het tijdperk van de Verlichting levensbeschouwing en de aanwezigheid van populair-wetenschappelijke geschriften de toegang tot kennisname van de zich snel ontwikkelende natuurwetenschappen.

INVENTARISSEN UIT DE ZEVENTIENDE EN ACHTTIENDE EEUW

In veel nalatenschappen van musici en muziekliefhebbers hebben op muzi-kaal gebied vermeldingen van instrumenten de overhand. Van kostbaarder

---

1 G. Révész, *Inleiding tot de muziekpsychologie*, Amsterdam, 1944, p. 209.

instrumenten wordt daarbij veelal de naam van de maker genoemd. De samenstelling van het instrumentarium, in combinatie met de aanwezigheid van nader omschreven muziekwerken, geeft inzicht in de muziekpraktijk van die dagen.[2] Zo blijkt in de boedelbeschrijving van de Leidse hoogleraar Johannes Frederik Böckelman (overleden 23-10-1681) de volgende muzikale inventaris aanwezig te zijn.

In de musyca camer
Een Positijff
een klaversimbael sijnde een staertstuck, van Joseph Johannes Couchet te Antwerpen a.° 1681
een Clavijcordion
een groote basviool
twee trompette marine
een viool de gambe, met een houte cas
een schuijff trompet
een tenoor fiool, in een cas,
twee fioline elcx in een cas
een Fioline in een cas
een tenoor Fiool,
een Fioline
twee kleine violienjes daer van een in cas is
een cas met eenige strijck stocken,
een cas daerinne eenige musyck boecken bestaende in verscheyde stucken
een clijne fiool de gambe,
een lessenaertje tot musiceeren.

Het naer volgende van buyten van het plaetsje gecomen
Een fiool de gamba, met een leere cas,
een clijne Fiool,
4 musyck boecken met france banden van Grimani
5 boecken van Hamersmit, van musicaele aendachten
8 dito sonder titul

Het volgende tot monsr Gunner musijckmeester bevonden en op sijn aengeven den 12 november geïnventarieert
Een viercante claversymbaal van Petrus Couchet
een vagot van Hacka,[3]

---

2 C.C. Vlam, 'De vioolmakers Bouwmeester te Leiden', in: *Mens en Melodie*, Utrecht, 1955, p. 151.
3 Richard Hacka, instrumentmaker te Amsterdam, 'In de Vergulde Bas-Fluyt'.

een engels clavercimbael
twee alt violen
een viool de gambe
een bas viool
6 boecken van Rosemulder sonate[4]
9 boecken van Cletele
7 boecken van Nicolaij[5]
vier boecken van Castele[6]
4 boecken van Nicolaij, Kempis simvanie[5]
3 boecken van Carel Savornano
6 boecken van Rosemulder kernsprüche[4]
6 boecken van Diederick Becker[7]

De volgende personen kregen een uitbetaling.
'Jacob Picaer hospes comt volgens Rekeningh over de maeltijt, die den musicanten ten tijde van de lijck statie gemusiceert hebbende in de Academie geschoncken es   *f* 68 : 4 : 0
Mr Gunner musyck meester volgens reeckeningh, over 't schrijven van eenige musyck stucken item leeren van musyck een honderdt sevenentwintigh gulden twee stuyver.'
Voorts werden geschonken: 'Keller organist bij den keurpals'[8] honderd zilveren dukaten, de Hoogduitse Kerk tot Leiden een positief; de oudste dochter van de raadsheer Schilder een spinet; Ds Mulleris, 'hoogh duytsche predicant, alle sijne verdere musicale instrumenten en de musyck boecken'; 'aen de heer Professor Craene de beste claverchingel van Cochet, monsr Pieter de Vois organist van de Pieterskerck sijn clavicordium, monsr. Ritsert ten Bergh student alle de gescreven stucken van de fiool die gambe en specialycken die van Jenckens en daer en boven nogh Systema nae bij twee volumina'.
Tot slot kreeg Ds Milius, predicant, de 'keur van alle de fiolen', alsmede 'die roode musieck boecken, sijnde folianten'.
Het instrumentenbezit van studenten aan de Leidse universiteit blijkt in de zeventiende eeuw somtijds groot te zijn, evenals dat van de 'muziekmeesters' en de gegoede burgerij. Muziekmeester Pieter van Overstraeten liet in 1682 het volgende na.

---

4 Johannes Rosenmüller (1619-1684).
5 Nicolaus a Kempis, organist te Brussel, 1644-1649.
6 Dario Castello, zie ook J.C.M. van Riemsdijk, *Het Stads-Muziekcollegie te Utrecht*, 1881, p. 82.
7 Diedrich Becker (1623-1679).
8 Johann Gotthelf Keller.

Meubile goederen op de kelderkamer

Een positijff geschat op	250-0-0
drie clavercimbaels op	80-0-0
twee violen de gamba op	50-0-0
een bas viool een tenor viool	25-0-0
een kleyne viool een krijter op	25-0-0
musyk boecken lessenaar etc	5-0-0
musyk boecken geschat op	50-0-0

De nalatenschappen uit de zeventiende eeuw weerspiegelen de voorliefde voor instrumentale vormen, met name die voor strijkinstrumenten met continuo.

De inventarissen van de boedels van Jacob Lustig en van Juriaan Spruyt betreffen die van twee organisten, die vrijwel de gehele achttiende eeuw beleefden. De inventaris van Lustigs goederen is tijdens diens leven opgemaakt in 1753 na het overlijden van zijn eerste vrouw. De tweede inventaris is opgemaakt na het overlijden van Juriaan Spruyt in 1779. Beide inventarissen zijn volledig afgedrukt in *Bouwstenen* III.

DE POSITIE VAN DE ORGANIST IN DE ACHTTIENDE EEUW

Voor een organist vormde een dienstbetrekking bij de overheid een belangrijk element in diens bestaan, een element dat sinds de Reformatie in belang toegenomen was. De stadsorganisten in de zeventiende eeuw zagen hun bestaanszekerheid in sterke mate groeien door de ontwikkeling van het klokkenspel, de dienstbaarheid aan de collegia musica en de uitbreiding van de orgelbespelingen.[9]

In de achttiende eeuw neemt geleidelijk de zwaarte van de taak van organist en klokkenist af: het openbaar orgel- en klokkespel werd beperkt tot steeds minder dagen. Schijnbaar in tegenstelling daarmede is de stijging van het salaris, zoals zich dit met name in de tweede helft van de eeuw voordoet. Joachim Hess stelt voor het einde van de eeuw vast 'dat aan het beroep van organist veelal een zoo sober en nietig loon verbonden is.'[10] De indexcijfers van de Amsterdamse beurs verklaren veel: van 100 in 1750 stegen deze tot 150 in 1780 en tot boven de 250 in 1800.[11] In Hoorn, de standplaats van Juriaan

---

9 C.C. Vlam, 'Westfriese Collegia Musica in de 17e en 18e eeuw', in: *Mens en Melodie*, Utrecht, 1950, p. 223 e.v.

10 *Over de vereischten in eenen organist*, Gouda, 1807, p. 6.

11 N.W. Posthumus, *Nederlandsche Prijsgeschiedenis*, Leiden, 1943, deel I, p. 55.

Spruyt, trachtten zijn opvolgers dan ook andere stedelijke ambten met het organistschap te verbinden.

Ook Juriaan Spruyt klaagt in 1726 over zijn salaris, omdat dit hem 'buyten vermogen stelde om eenige kosten te maaken tot meerder oeffening in sijn kunst.' De vader van Juriaan, Dirck Spruyt, had het salaris van Fl.400 's jaars genoten, dat slechts door de Magistraat tot Fl.450 verhoogd was met de bedoeling om hem ervan te weerhouden een uitnodiging van Czaar Peter de Grote om in diens dienst te treden aan te nemen. Op grond van deze overwegingen kreeg zoon Juriaan in 1726 slechts Fl.400 toegewezen door de Magistraat. Dirck Spruyt had overigens volgens de getuigenis van de Leidse oirganist Jacobus van Neck 5½ jaar bij hem geleerd 'de Konst van spelen op de Clavicordi, Claversingel en orgel' en later nog 3½ jaar bij diens broer Cornelis van Neck, toen organist te Hoorn.[12] Het spel van Dirck op de Leidse klokken en op het orgel had Jacobus van Neck beluisterd 'met grote verwondering dat hij in de voorseyde sijn konst ende vingerwerk soo heerlick ende verre was geavanceert, jae sodanigh, om de eerste meesters van 't land gelijck te werden'.

Volgens eigen getuigenis had Lustig over de financiële zijde van zijn beroep niets te klagen. Een vergelijking van beide boedels maakt duidelijk dat Lustig meer materiële welstand genoot dan zijn collega en tijdgenoot Spruyt.

HET INSTRUMENTEN-, BOEK- EN MANUSCRIPTENBEZIT VAN JACOB LUSTIG EN JURIAAN SPRUYT

Bezat Spruyt slechts één 'staartstuk of clavecimbaal', zijn collega was eigenaar van een clavecimbel beschilderd met 'moeder met een kind', twee 'geraamtes' van oude clavecimbels en twee violen.[13]

Over het boekenbezit van Lustig is reeds veel bekend door de bronvermeldingen in diens gedrukte werken en de uitvoerige biografische schets van de hand van J. du Saar.[14] Lustigs bibliotheek was welgevuld met werken die ook voor de huidige musicoloog hun informatieve waarde ten volle hebben behouden: de schrijver Lustig heeft ze naarstig gebruikt voor zijn eigen uitgaven, waarbij hij zich ontpopt als een niet van eigendunk en pedanterie gespeend auteur, waarbij hij vinnige kritiek niet schuwt. Van zijn handschriften is weinig bewaard gebleven.

---

12 C.C. Vlam, *Hoornse organisten en klokkenisten van het midden van de vijftiende tot het einde van de achttiende eeuw*, 21e bundel van het Historisch Genootschap Oud West-Friesland, Hoorn, 1954, p. 83.

13 Protocol notaris N. van Leeuwen, Leiden, Not Archief, nr. 956.

14 *Het leven en de werken van Jacob Wilhelm Lustig*, Amsterdam, 1948.

Juriaan Spruyt is de ijverige, uit de archieven puttende auteur van vele Westfriese historische verzamelwerken, welke in keurig handschrift bewaard gebleven zijn.[15] Op muzikaal gebied schreef hij over klokken en een *Elementa Musica*, waarvan bijgaand de inhoud in zijn handschrift is afgedrukt. In *Rang en Ordre van de Titulen der Manuscripten versamelt door Juriaan Spruyt* wordt een manuscript *Orgels en Bestekken* genoemd, dat niet meer teruggevonden kon worden.

Bij het boekenbezit van beide organisten valt een brede belangstelling van de bezitters op, waarbij die voor theologie, wiskunde en muziek de grootste gemene delers waren: over kennis van vreemde talen beschikte Spruyt blijkbaar niet.

Van de Utrechtse organist en klokkenist J.P.A. Fischer bezat Spruyt diens *Korte en noodigste grond-regelen van de bassus continuus* (1733), *Kort en grondig onderwijs van de transpositie* (1738) en de *Verhandeling van de klokken en het klokkenspel* (1738); in Lustigs bibliotheek kwamen de beide eerstgenoemde werken ook voor. De overige werken in Spruyts verzameling betreffen nog een werk van Joan Albert Ban 'over de musicq', de vertaling van Kellners *Treulicher Unterricht im General-Bass* door de – door Lustig zo weinig gewaardeerde – Havingha[16] en Lustigs *Inleiding tot de Muzykkunde*.

Aan wiskundige werken bevatte Spruyts boekerij enkele werken van streekgenoten van naam, zoals Hellingwerff en Van Nierop. Bij Lustig zijn de natuurwetenschappen en de wijsbegeerte zeer ruim vertegenwoordigd, wat verband moge houden met diens muziekbegrip. '*De voornaamste gronden der muzyk* leggen in de *wijsbegeerte.* Men kan de geschapenheid der toonen niet bevatten, zonder *natuurkunde*; de vermoogens, tot het onderscheiden van- en tot het oordelen over toonen aan onzen geest verleend, niet leeren kennen, zonder *geestkunde*; van den aardt der toonen, ja, van allerhande muzykaale dingen, geen duidelijk begrip vormen, zonder *reken-* en *meetkunde*; de beginzelen aller menschelyke kennis niet nagaan, zonder *overnatuurkunde*; het regte gebruik der gemoedsbewegingen niet inzien, zonder *zedekunde*; en van de behoorlyke aanwending der krachten des verstands in 't onderzoek van muzykaale waarheden niet genoeg verzekerd weezen, zonder *redeneerkunde.* Alle deeze weetenschappen, die de ordre der natuur aanwyzen, zyn gedeeltens der wysgeerte, en de gronden, die er uit afgeleid wordenn zyn hier de *voornaamste*, om dat de natuur der zaak anders onbevattelyk blijft.'

Aldus de aanvang van paragraaf 24 van zijn *Muzykkunde.* Als man van de Verlichting had Lustig werken van Leibnitz, doch vooral ook van Christian

---

15 Hoorn, Gemeente-archief, Inv. Gonnet, nr. 35.
16 D. Kelner, *Korte en getrouwe onderregtinge van de generaal bass of bassus continuus*, Amsterdam, G.F. Witvogel, 1741.

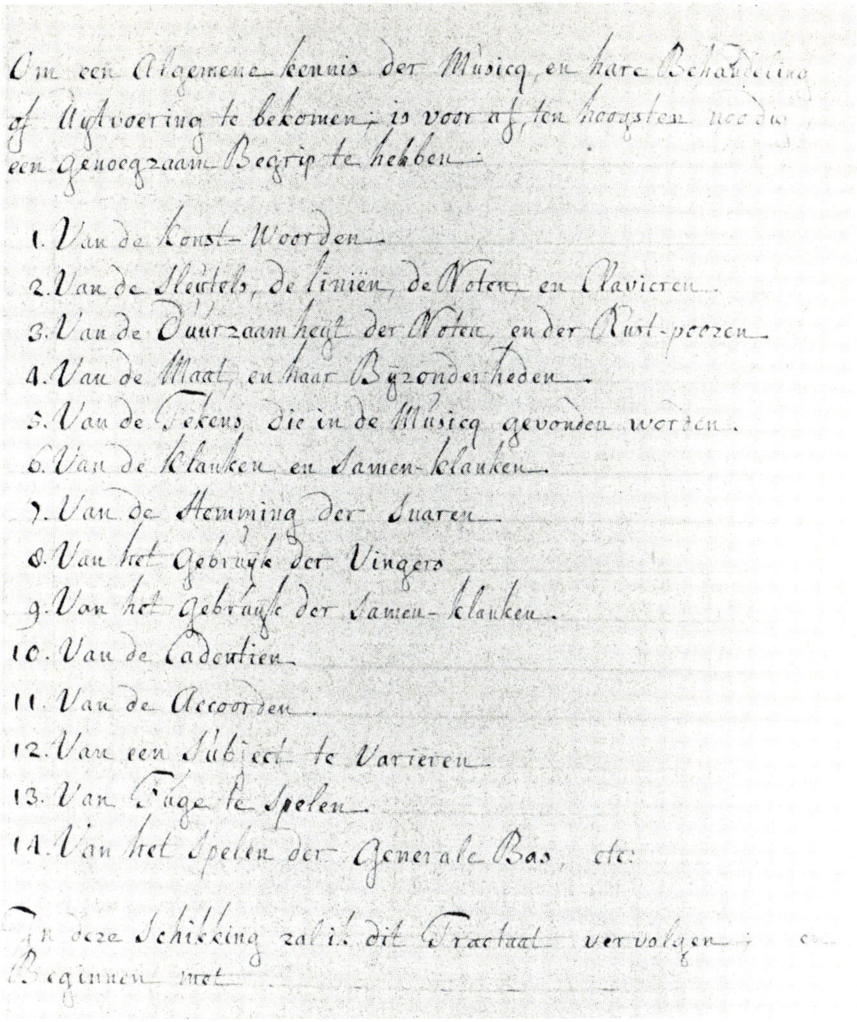

Om een Algemene kennis der Musicq, en hare Behandeling of Uytvoering te bekomen, is voor af, ten hoogsten noodig een genoegzaam Begrip te hebben:

1. Van de Konst-Woorden
2. Van de Sleutels, de Liniën, de Noten, en Clavieren
3. Van de Duurzaamheyt der Noten, en der Rust-peozen
4. Van de Maat, en haar Byzonderheden
5. Van de Tekens die in de Musicq gevonden worden
6. Van de Klanken en Samen-klanken
7. Van de Stemming der Snaren
8. Van het Gebruyk der Vingers
9. Van het Gebruyk der Samen-klanken
10. Van de Cadentien
11. Van de Accoorden
12. Van een Subject te Varieren
13. Van Fuge te Spelen
14. Van het Spelen der Generale Bas, etc:

In deze Schikking zal ik dit Tractaat vervolgen; en Beginnen met

Afbeelding 1.
Inhoudsopgave van *Elementa Musica* in het handschrift van Juriaan Spruyt.

Wolff in zijn boekenkast: '4 delen Mathesis, Metaphysica, Politica, Logica, Ethica, Physica, 3 delen Physica Experimentalis, 3 delen Kleine Schriften, Nachricht van seinen Schriften, Anatomie, De finibus en Erläuterung der Ethica', zoals de boekhandelaar Crebas onder 'Octavo' in deze volgorde noteerde. Dat Kirchers *Musurgia Universalis* en *Phonurgia Nova* onder 'Folio' als eerste boeken genoteerd staan, lijkt geen toeval, waar de verbinding van

Kirchers theologisch en natuurwetenschappelijk denken verenigd tot één omvattend systeem Lustig in sterke mate moet hebben aangesproken. In dit verband kan ook nog gewezen worden op de werken van Barthold Brockes, wiens *Iridisches Vergnügen* met twee andere werken in de boedel vertegenwoordigd was.

Een ander facet dat uit het boekenbezit van Lustig naar voren komt, is diens ongetwijfeld hevige deelname aan het Nederlandse polemisch-theologische gebeuren van zijn tijd. Uit de zeventiende eeuw zijn de werken van de Amsterdamse mandenmaker Willem Deurhof en de Coccejaan Frederik van Leenhof ruim vertegenwoordigd. De in 1660 geboren Deurhof hield aanvankelijk als autodidact lezingen voor vereerders over stichtelijke en wijsgerige onderwerpen; door kerkelijke tegenwerking werden de 'Deurhovianen' geleidelijk een afgescheiden groep, waarvan afdelingen nog lang in Zuid-Holland, Utrecht en Friesland bleven bestaan. Van Van Leenhof, vertegenwoordiger van een optimistischer Christendom, is diens *Den Hemel op aarde, of een korte en klare beschrijving van de ware en standvastige blijdschap, zoo naar de reden als naar de H. Schrift voor allerlei slag van menschen en in allerlei voorvallen* (Zwolle 1703) aanwezig, een boek dat uiteindelijk tot een veroordeling door de Synode van Overijsel zou leiden.[17]

De Groninger Antonius Driessen, van 1717 tot 1748 hoogleraar theologie aldaar, was in veel opzichten een evenbeeld van Lustig. Als een strijdvaardig en ongenadig polemist verdedigde hij het geloof tegen het binnendringen van velerlei 'dwalingen'. Veel van Driessens werken en polemieken waren in Lustigs bezit. Volgens een ambtgenoot van Driessen was deze 'een salamander die steeds in vuur leeft.'

Wanneer men de theoretische geschriften van Lustig en Spruyt in ogenschouw neemt, moeten deze beide organisten over een uitgebreide repertoirekennis beschikt hebben. Opvallend is echter hoe weinig muziekuitgaven in de inventarissen van beiden opgesomd worden.

Naast eigen suites bleek Lustig slechts suites van Händel, Jozzi en Baustetter, solo's van Correlli en Valentini en tot slot aria's van Händel bezeten te hebben. In Spruyts nalatenschap worden slechts twee uitgaven genoemd, en wel 'musicq' en 'musicq voor de fiool' van de Utrechtse componist Jacob van Eyck. Van Van Eyck zijn bij mijn weten slechts de tweedelige verzameling *Der Fluyten Lusthof* en diens *Euterpe of Speel-Godinne* bekend. Deze titels kwamen overigens ook voor in het boekenbezit van Constantijn Huygens.

---

17 J. Reitsma en J. Lindeboom, *Geschiedenis van de Hervorming en de Hervormde Kerk der Nederlanden*, 's-Gravenhage, 1949, p. 368.

Wanneer men aandachtig inventarissen uit het verleden leest, blijkt telkens weer dat het niet alleen maar opsommingen van boeken en dingen zonder meer zijn, maar dat zij ook veel wetenswaardigs bevatten over de eigenaars en hun tijd. Zo doen de beschrijvingen van het bezit van de organisten Lustig en Spruyt een tijdvak uit de muziekgeschiedenis duidelijker voor onze ogen herleven.

APPENDIX

BEKNOPTE GENEALOGIE VAN DE ORGANISTENFAMILIE SPRUYT

Luycas (Luytje) Jansz Spruyt x Aeltje Ariens
      Dirck Luycasz Spruyt x 5-1-1697 Martha de Niel
    ~ Medemblik 23-3-1670
   organist te Hoorn 1691-1718

Aaltje	Aafje	Juriaan	Aafje	Jan	Dirck	Cornelis	Trijntje
~20-6-1697	~6-3-1699	~17-4-1701	~13-2-1703	~14-12-1704	~9-9-1708	~13-1-1713	~10-6-1715
		22-10-1779					
		te Westwoud					
		organist te					
		Hoorn					
		1718-1768,					
		× 22-11-1733					
		(Hoorn)					
		Maria Klinkhamer					
		~ 6-3-1713 (Hoorn)					
		† 7-10-1761 (Alkmaar)					

Het orgel in de Buitenkerk te Kampen

Onno B. Wiersma

De Onze-Lieve-Vrouwe- of Buitenkerk te Kampen, waarvan het oudste gedeelte stamt uit de 14e eeuw, werd in de jaren 1963-1977 gerestaureerd.

Het orgel van deze kerk moest ten gevolge van de kerkrestauratie worden gedemonteerd. Van 1975 tot 1977 werd het door de firma Vermeulen te Alkmaar gerestaureerd onder leiding van J.J. van der Harst.

Archivalische bronnen over dit instrument zijn te schaars om een duidelijk beeld van zijn geschiedenis te krijgen. Dat men ver in de geschiedenis kan teruggaan, bewijst een brief van het stadsbestuur van Kampen aan de magistraat van Groningen uit 1481.[1] Hierin lezen we dat de orgelmaker Johan then Damme uit Appingedam op zich had genomen het orgel in de Buitenkerk om te bouwen en dat kort na zijn vertrek het orgel door huilers onbruikbaar geworden was. Een ongedateerde tekst (volgens Vente van ca. 1500) over het orgel van de Michaëlskerk te Zwolle verwijst naar het Buitenkerkorgel: 'item eyn cimbalken dairop in alsulcker manyren alst dat posityff in den stoel is to Campen in onse lieve Vrouwen kerkcke (...)[2]'

Een derde bron is een resolutie van de magistraat van Kampen uit 1656[3]. Johan Morlet zal het orgel een nieuwe windvoorziening geven en '(...) mede sal uyt het Buytenorgel van hem worden uytgenomen het cleyne Cymbeltien en daer in de plaets gesteld sesquialter, den discant ten halven Clavieren van het middel tot boven a 2.'

Tot het jaar 1753 is in de archieven over dit orgel verder nauwelijks iets te vinden. Uit de resoluties van Schepenen en Raden en de rekeningen van de jaren 1753-1755 blijkt, dat de Groningse orgelmaker Albertus Anthoni Hinsz het orgel heeft verbouwd. De betreffende passages zijn in een bijlage na deze bijdrage opgenomen.

Omdat tussen 1755 en 1774 geen belangrijke uitgaven voor het orgel zijn gedaan, mag worden aangenomen, dat de dispositie welke Hess[4] in 1774

---

1 Gepubliceerd in M.A. Vente, *Proeve van een repertorium van de archivalia betrekking hebbende op het Nederlandse Orgel en zijn makers tot omstreeks 1630*, Brussel, 1956, p. 102-103.
2 Laatstelijk gepubliceerd in M.A. Vente, *Vijf eeuwen Zwolse orgels*, Amsterdam, 1971, p. 50.
3 Zie noot 1.
4 J. Hess, *Dispositieën van kerk-orgelen welke in de zeven Vereenigde Provincien als mede in Duytsland en elders aangetroffen worden*, Gouda, 1774. Nieuwe uitgave: Utrecht, 1945.

vermeldt, overeenkomt met de door Hinsz opgeleverde toestand. Hess beschrijft het orgel als volgt.

'Het orgel in de BUYTENKERK, met twee handeklavieren en een pedaal van eene stem, heeft 18 stemmen.

OnderManuaal		BovenManuaal		Pedaal	
7 stemmen		10 stemmen		eene stem	
Praestant	8 v	Octaav	4 v	Trompet	8v
Quintad.	16 -	Holpijp	8 -		
Fluitdous	8 -	Quintadeena	8 -		
Octaav	4 -	Fluit	4 -		
Speelfluit	4 -	SuperOctaav	2 -		
Mixtuur	3-6 st	Gemshoorn	2 -		
Scharp	3, 4 -	Ged. Quint	3 -		
		Sexquialt.	2, 3 st		
		Cornet	3 -		
		Trompet	8 - '		

Als uitgangspunt voor de restauratie van 1975-1977 is het herstel van de toestand 1754 gekozen. Hieronder volgt een beschrijving van de huidige toestand.[5]

ORGELKAS

Over de ouderdom van de orgelkas bestaat geen zekerheid. De onderkas werd bij de laatste restauratie grondig gewijzigd. Achter het nieuw aangebrachte schijnfront liggen nu de windladen van het positief. De onderkas van voor de restauratie wekte de indruk in de vorige eeuw door een plaatselijke timmerman gemaakt te zijn.

De bovenkas lijkt van oudere datum dan de onderkas. Niettemin acht ik het onwaarschijnlijk, dat deze in 1754 gemaakt is. Dat de laden van het hoofdwerk door Hinsz ter hoogte van de krans zijn gelegd, is wel zeker, omdat het pijpwerk op deze laden in tertsen staat opgesteld en kennelijk een frontindeling volgde. De huidige bovenkas is evenwel van te geringe hoogte om boven het hoofdwerk ook nog plaats te bieden aan een bovenwerk. Om die reden is het 'BovenManuaal' van Hinsz als positief in de onderkas geplaatst.

_____

5 Voor de geschiedenis van het orgel tussen 1754 en 1975 zie J.J. van der Harst, 'Het orgel in de O.L. Vrouwe- of Buitenkerk te Kampen', in: *Het Orgel*, mei 1979, p. 167-172.

WINDVOORZIENING

Het balgenhok achter het orgel is uit 1754. In het hok liggen boven elkaar drie spaanbalgen van Hinsz. De kanalen zijn deels uit 1754, deels uit 1975.

KLAVIEREN

De toetsen en het klavierraam zijn van Hinsz. Bij de restauratie werden sporen van de oude schuifkoppel teruggevonden. Deze klavierkoppel is hersteld. De klavieromvang is C-c′′′. Het pedaalklavier is van 1975, omvang C-d′.

MECHANIEK

Het wellenbord van het positief is door Hinsz in 1754 gemaakt. Voor het hoofdwerk benutte Hinsz een stuk van het oude wellenbord. De registerme-chaniek is ten dele nog van Hinsz. De mechaniek van het pedaal is geheel nieuw door Vermeulen gemaakt.

WINDLADEN

De twee laden van het hoofdwerk en de twee laden van het positief zijn alle van Hinsz. Met potlood heeft Hinsz de Cis-laden op de fundamentbalk gesigneerd: 'Anthoni Hinsz, orgelmaker Groningen me fecit 1754.'
De laden van het hoofdwerk zijn als volgt ingedeeld (van voren gezien). *C-lade*: fs, d, B, Gs, c, e, gs, c′′′, gs′′, e′′, c′′, gs′, e′, c′, b, d′, fs′, b′, d′′, fs′′, b′′, Fs, E, D, C. *Cis-lade*: Cs, Ds, F, G, a′′, f′′, cs′′, a′, f′, cs′, h, ds′, g′, h′, ds′′, g′′, h′′, a, f, cs, A, H, ds, g.
De laden van het positief hebben een diatonische opstelling, (van voren gezien): c′′′...A, D, C-Cs, Ds, F...h′′. De lade van het pedaal is uit 1975.

PIJPWERK

Front, van links naar rechts
Bovenveld   : 7 stomme pijpen uit 1975.
Onderveld   : 9 thans niet sprekende pijpen uit de 16e eeuw.
Toren   : b, fs, d, B, c, e, gs uit de 16e eeuw.
Bovenveld   : 7 stomme pijpen uit 1975.
Onderveld   : b′, gs′, fs′, e′, d′, c′ uit de 16e eeuw.
Middentoren: Gs, Fs, E, C, D, F, G uit de 16e eeuw.

Bovenveld   : 7 stomme pijpen uit 1975.
Onderveld   : h, cs', ds', f', g', a' uit de 16e eeuw.
Toren   : g, ds, H, A, cs, f, A uit de 16e eeuw, behalve a uit 1975.
Bovenveld   : 7 stomme pijpen uit 1975.
Onderveld   : 9 thans niet sprekende pijpen uit de 16e eeuw.

HOOFDWERK

Prestant 8'
C, D, E-b' in front, 16e eeuws, behalve a uit 1975.
Cs, Ds, h'-g'', 16e eeuws.
gs''-c''', 17e eeuws.

Quintadeen 16'
C-c' uit 1754, van Hinsz.
cs'-c''', door Hinsz uit voorraad geleverd.
Op de pijp van cs' staat een inscriptie: 'Quintaden 4 voet C'.
De pijpen van cs'-c''' zijn van iets tinhoudender materiaal gemaakt dan de pijpen van Hinsz zelf. De kernen van de Hinsz-pijpen hebben drempels, de andere pijpen hebben vlakke kernen.

Fluit douce 8'
C-c''' uit 1754, van Hinsz, met uitzondering van c, cs, d, ds, die van ouder metaal zijn gemaakt.

Octaaf 4'
16e eeuws, behalve C, Cs, Ds, ds uit 1754, van Hinsz.
gs, 17e eeuws.

Speelfluit 4'
C-c''' uit 1754, van Hinsz, behalve c, d die van ouder metaal zijn gemaakt.

Mixtuur
uit 1975, van Vermeulen.

Scherp
uit 1975, van Vermeulen.

POSITIEF

Cornet discant 3 sterk
17 eeuws pijpwerk, samenstelling uit 1754: 4', 3⅕', 2⅔'.

Holpijp 8'
16e eeuws, behalve Cs, Ds uit 1754, van Hinsz.
e''-c''', 17e eeuws.

Quintadeen 8'
C-H uit 1975, van Vermeulen.
C-fs', gs', b', h', 16e eeuws.
rest, 17e eeuws.

Octaaf 4
C-h, 16e eeuws, behalve Cs, Ds uit 1754, van Hinsz.
c'-c''', 17e eeuws.

Fluit 4
C-h', 16e eeuws, behalve Cs, Ds uit 1754, van Hinsz.
c''-c''', 17e eeuws.
Hoeden en roeren 19e eeuws.
Bij het bestuderen van de door mij verzamelde gegevens kwam dr. J. van
Biezen tot de conclusie dat dit register de oorspronkelijke Gemshoorn 2'
geweest moet zijn. Een recent onderzoek van het pijpwerk wees uit dat dit
inderdaad het geval is.

Gedaktquint 3'
uit 1975, van Vermeulen.

Gemshoorn 2'
uit 1975, van Vermeulen.

Octaaf 2'
C-b, 16e eeuws, behalve Cs uit 1754, van Hinsz.
h-c''', 17e eeuws, behalve c', cs' uit 1754, van Hinsz.

Sexquialter
2⅔' koor in de discant, 17e eeuws.
1⅗' koor in de discant, 17e eeuws.
rest uit 1975, van Vermeulen.

Trompet 8'
C-e uit 1754, van Hinsz.
f-c''', 16e eeuws.

PEDAAL

Subbas 16'
19e eeuws.

Octaaf 8'
C-H, van Vermeulen.
rest, 19e eeuws.

Trompet 8'
uit 1975, van Vermeulen.

Het orgel heeft 2 afsluiters, een tremulant, een schuifkoppel hoofdwerkpositief
en een koppel pedaal-hoofdwerk.

HET 16E EEUWSE ORGEL

Zoals hierboven reeds vermeld heeft Hinsz voor zijn wellenbord van het
hoofdwerk gebruik gemaakt van een stuk van het oude wellenbord. Op dit
gedeelte is een klavierdeling van 38 tonen nog zichtbaar. De 38 lijnen komen
overeen met de toentertijd gebruikelijke klavieromvang F, G, A, B, H...fs'', g'',
a''. Behalve de klavierdeling zijn ook nog 31 lijnen waarneembaar die de
indeling van de 16e eeuwse windlade weergeven. Deze deellijnen kunnen als
hartlijnen van de cancellen beschouwd worden.

In centimeters weergegeven zijn de afstanden tussen de lijnen als volgt (van
links naar rechts).

lijn		*lijn*		*lijn*		*lijn*	
1		*11*		*20*		*30*	
	4,7		7,6		4,8		6,9
2		*12*		*21*		*31*	
	4,7		7,3		4,6		
3		*13*		*22*			
	4,9		7,3		5,05		
4		*14*		*23*			
	5,2		7,6		4,4		
5		*15*		*24*			
	9,2		7,6		9,9		
6		*16*		*25*			
	4,6		7,3		5,2		
7		*17*		*26*			
	5,2		7,3		4,7		
8		*18*		*27*			
	4,4		7,6		4,9		
9		*19*		*28*			
	4,8		12,6		4,8		
10				*29*			
	17,5				18,6		
groep B		*groep C*		*groep D*		*groep E*	

De lijnen blijken groepsgewijs te zijn aangebracht. De ruimten tussen de
lijnen *10* en *11*, *19* en *20*, en *29* en *30* geven de plaats aan waar de stijlen van de
bovenkas hebben gestaan. De lijnen *11* t/m *19* (*groep C*) liggen boven de
klavierdeling en dus in het middengebied van de windlade. De gemiddelde
afstand tussen de lijnen in deze groep bedraagt 7, 5 cm.

Links van *groep C* liggen de lijnen *1* t/m *10* (*groep B*), rechts ervan de lijnen *20*
t/m *29* (*groep D*). Beide *groepen B en D* zijn nog onderverdeeld in 2 x 5 lijnen door
de relatief grote ruimte tussen de lijnen *5* en *6* en tussen de lijnen *24* en *25*.
Vermoedelijk heeft de windlade op deze twee plaatsen om constructieve
redenen dikke scheiden gehad, waardoor de deellijnen *5* en *6* en de lijnen *24* en
25 verder uit elkaar kwamen te liggen dan de overige lijnen binnen de *groepen B
en D*. Overigens bedraagt de gemiddelde afstand tussen de lijnen in beide
groepen 4,8 cm.

Rechts van *groep D*, na een tussenruimte van 18,6 cm, begint een nieuwe *groep (E)*, waarvan nog maar twee lijnen (*30* en *31*) zichtbaar zijn. De afstand tussen deze twee lijnen is 6,9 cm.

Bij een vooronderstelde symmetrische opbouw van het orgel mag men aannemen, dat links van *groep B* eveneens een groep lijnen geweest is, waarvan de onderlinge afstand ca. 6,9 cm groot geweest moet zijn (*groep A*).

De gemiddelde onderlinge afstanden binnen de diverse groepen zijn dus 7,5 cm voor *groep C*, 6,9 cm voor de *groepen 'A' en E* en 4,8 cm voor de *groepen B en D*. Uit de verschillende waarden kan men afleiden, hoe het pijpwerk naar alle waarschijnlijkheid op de windlade stond opgesteld.[6] De cancellen voor de negen laagste toetsen zullen wel in het midden van de windlade gelegen hebben, de cancellen voor de daarop volgende toetsen aan de uiteinden van de lade en het discantgebied ter weerszijde van de middengroep.

Daar in de klassieke orgelbouw de indelingen van windlade en front meestal op elkaar waren afgestemd, is het van belang te onderzoeken of de hypothetische lade-indeling in overeenstemming is met de frontindeling van het 16e eeuwse orgel.

In het huidige front staan vijftig 16e eeuwse pijpen. Twee oude, deels nog gefoeliede pijpen staan binnen in het orgel en spreken als Cs en Ds van de Prestant 8'. Oude toonnaaminscripties werden op vijfenveertig pijpen aangetroffen. Deze inscripties zijn in de rechter bovenhoek van de voetplaat gekrast. Bovendien waren op zevenenveertig pijpen nummers (uit diverse perioden) leesbaar.

Van de pijpen uit het huidige groot octaaf van de Prestant 8' kon de volgende reeks geformeerd worden:

```
c  B  G  F  A  H cs
8  7  6  5  4  3  2
```

Om een groep van 9 te krijgen, moet de reeks worden aangevuld met $\begin{bmatrix} d \\ 9 \end{bmatrix}$ en $\begin{bmatrix} ds \\ 1 \end{bmatrix}$.

Deze twee pijpen spreken thans als B en A en staan in de twee zijtorens van het huidige front. Door hun gewijzigde plaats hebben zij met het oog op een regelmatig labiumverloop in de zijtorens nieuwe voeten gekregen. Hun oorspronkelijke toonnaaminscripties verdwenen bij deze gelegenheid. Vervolgens kunnen twee groepen van vijf pijpen worden samengesteld:

---

6 Op de cancellen van de onderste toetsen staan van ieder register de grootste pijpen. De cancellen voor de onderste toetsen van het klavier zijn dan ook het breedst. Dit geldt derhalve ook voor de afstand tussen de hartlijnen van deze cancellen. De kleinste afstand tussen de hartlijnen van twee cancellen treft men vanzelfsprekend daar aan, waar de pijpen – en dus de cancellen – het smalst zijn, namelijk in het discantgebied.

b	fs	e	gs	c'		cs'	a	f	g	h
10	[9]	8	7	6	en	[5]	4	3	2	1

Bij de kleinere pijpen viel het op, dat er dubbelkoren geweest moeten zijn. Twee bij elkaar horende pijpen, van gelijke of nagenoeg gelijke mensuur en gelijke toonbenaming werden gevonden voor de toetsen e', f', fs', gs', a', h', c'', cs'', f'', fs'' en a''.

Bij een aantal pijpen waren nummers 'op z'n kop' te lezen, hetgeen erop wijst dat de dubbelpijpen boven elkaar en met de voetspitsen naar elkaar toe waren gemonteerd, zodat de onderste pijp op z'n kop staat.

In een aantal gevallen staan meerdere getallen op de pijpen. Dit is niet verwonderlijk, als men bedenkt, dat deze 16e eeuwse pijpen in verschillende kassen als frontpijpen hebben gediend.

Bij de rangschikking van de discantpijpen heb ik mij laten leiden door de omgekeerde nummers, aangezien deze in ieder geval betrekking op de hierboven geschetste – zeer oude – manier van plaatsen. Omgekeerde nummers waren er bij e' (18), f' (5), fs' (16), gs' (19), a' (15), cs'' (14) en e'' (21). Zowel aan de c- als aan de cs-zijde blijken twee dubbelkoren volgens een tertsopstelling gerangschikt te staan: e' (18) en gs' (19) aan de c-kant en a' (15) en cs'' (14) aan de cis-kant.

Van de twee eerder genoemde groepen van vijf pijpen was de kleinste pijp cs'. In de twee discantvelden zullen daarom d' en ds' de grootste pijpen zijn.

Om de overige Prestantpijpen (e'-a'') in een symmetrische opstelling te kunnen rangschikken, moeten er ter weerszijde van deze centrale pijpen d' en ds' telkens vijf pijpen hebben gestaan. De beide velden worden dan als volgt: x, e'', c'', gs'', e', d', fs'', b', d'', x en x, g'', ds'', h', g', ds', f', a', cs'', f'', a''. Op de met 'x' gemerkte plaatsen hebben dan stomme pijpen gestaan.

In deze opstelling kunnen alle omgekeerde nummers verklaard worden: telt men vanaf a'' naar links, dan hebben f', fs', e', gs' en e'' hun juiste nummer. Telt men het linker veld vanaf de buitenkant richting middentoren en daarna doortellend vanaf a'' eveneens richting middentoren, dan is a' de 15e en cs'' de 14e pijp.[7]

---

7 Een variant hierop is een frontindeling waarbij het 'ds'-veld' gespiegeld is:
a'' f'' cs'' a' f' ds' g' h' ds'' g'' x
Ook in deze opstelling hebben a' en cs'' het juiste nummer, als men bij het 'd'-veld' van links naar rechts met 1 begint te tellen. Het nummer 5 voor f' is verklaarbaar, wanneer men bij a'' met 1 begint te tellen.
Om de volgende reden lijkt mij dit slechts een theoretische mogelijkheid: een algemeen geldende regel in de klassieke orgelbouw is, dat in een veld of toren met tertsopstelling ten opzichte van de centraal geplaatste pijp de in de reeks eerstvolgende pijp aan de buitenzijde staat. Dat deze regel bij dit orgel is toegepast bij de beide zijvelden (b-c' en h-cs') en bij het 'd'-veld', doch niet bij het 'ds'-veld', is onwaarschijnlijk.

Van voren gezien is de frontindeling dan als volgt: h, g, f, a, cs', a", f", cs", a', f', ds', g', h', ds", g", x, ds, cs, H, A, F, G, B, c, d, x, fs", d", b', fs', d', e', gs', c", e", x, c', gs, e, fs, b.

De hypothetische indelingen van windlade en front blijken met elkaar in overeenstemming: de 9 grootste in het midden, daarna 2 groepen aan de uiteinden en de discant ter weerszijde van de middengroep.

Uit de onderstaande tekening blijkt, dat de beide indelingen het meest met elkaar corresponderen, indien men uitgaat van een vlak front met een ronde middentoren. (zie afbeelding 1) Onder de frontindeling staan de deeilijnen van het wellenbord aangegeven. De thans nog aanwezige lijnen zijn genummerd *1* t/m *31*, de door mij aangevulde lijnen zijn gestippeld.

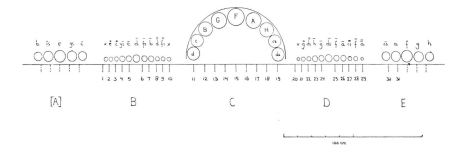

Twee oude pijpen, die nu als C en D in het front spreken, hebben in de bovenstaande frontindeling geen functie. Beide pijpen wijken qua factuur niet van de overige frontpijpen af. Ze hebben geen toonnaaminscriptie. Het overblijven van deze 2 oude pijpen zou in samenhang met het volgende verklaard kunnen worden.

Op de plaats van het 'd'-veld' zijn op het wellenbord tien deellijnen aanwezig (*groep B*, lijnen *1* t/m *10*). In het 'd'-veld' zijn echter slechts negen sprekende frontpijpen die met negen tooncancellen van de lade verbonden zijn. De tiende deellijn geeft dan ook de plaats aan van een extra – negenendertigste – cancel. Ik veronderstel dat de twee oude pijpen van oorsprong binnen in het orgel hebben gestaan en als Trommel op dit extra cancel aangesloten zijn geweest.[8]

---

8 Twee pijpen waarvan de één als C, de ander als Cs gestemd is, geven wanneer ze samen klinken, een trommeleffect (zie b.v. Zeerijp, Hervormde Kerk).

HET 16E EEUWSE PIJPWERK IN HET 16E EEUWSE ORGEL

Prestant 8'

Alle 38 tonen in het front. Vanaf d' dubbelkoren in het front.[9] Van de dubbelkoren zijn nog compleet aanwezig: e', f', fs', gs', a', b', h', c'', cs'', f'', fs'' en a''. F en G van oudere datum dan de overige pijpen, met afwijkende inscripties. Spits ingeritste labia. Zwaar, loodhoudend metaal.

Binnenstaande prestantpijpen

Er zijn twee facturen binnen deze prestantpijpen te onderscheiden. Eén factuur is met spits ingeritste bovenlabia en half-rond ingeritste onderlabia (factuur A). De andere heeft half-ovaal bijgedrukte bovenlabia en bijgedrukte onderlabia (factuur B). Opvallend is, dat de pijpen van factuur A wel toonnaaminscripties hebben, maar die van factuur B niet.

Pijpen factuur A. Deze bevinden zich momenteel in de Prestant 8' HW (binnenpijpen) (6) en in de bas van zowel de Octaaf 4' HW (11) als de Octaaf 4' Pos. (17). De pijpen met spitslabia in de beide Octaven 4' hebben vermoedelijk tot één reeks behoord. In deze reeks heeft de 16e eeuwse orgelmaker de pijpen reeds vanaf A-groot + 1 HT verschoven. Samengevoegd ontstaat er een reeks van F, G, A, B, H...f', waarbij dient te worden opgemerkt dat er voor h, c', d', ds' en e' twee pijpen zijn. De herkomst van deze dubbelpijpen is niet duidelijk. Op de binnenpijpen van de Prestant 8' staan naast de 16e eeuwse inscripties ook die van Hinsz. Deze geven aan, dat de pijpen in een 4-voets register gesproken hebben, althans in 1754.[10] Sommige van deze pijpen hebben vier 16e eeuwse toonnaaminscripties (bijvoorbeeld e'' heeft de inscripties 'gs', 'a', 'b', 'h'). Ik acht het waarschijnlijk dat de pijpen van de Prestant 8' een voortzetting zijn van de eerder genoemde reeks, die dan kan worden uitgebreid met de tonen fs', a', b' en h'. Omdat Hinsz op een aantal pijpen 'bove' heeft geschreven, mag worden aangenomen dat het hier gaat om de (door hem overgenomen) *Octaaf 4' van het oude bovenwerk*.

Pijpen factuur B. Pijpen met een bijgedrukt labium komen voor in de huidige Octaaf 4' HW (9), in de Octaaf 4' Pos. (5), bij de binnenpijpen van de Prestant 8' HW (3) en tenslotte bij de Octaaf 2' Pos. (21). Omdat op deze pijpen geen oude inscripties voorkomen, kan omtrent hun oorspronkelijke plaats niets met zekerheid gezegd worden. Het is denkbaar, dat *de Octaaf 4' van het oude hoofdwerk* uit deze pijpen samengesteld geweest is. In dat geval zou Hinsz dit register op zijn hoofdwerk overgenomen hebben. Op deze wijze zou de inscriptie 'on[der]', die op een aantal pijpen voorkomt, verklaard zijn.

---

9 Het is niet onmogelijk, dat de verdubbeling van de Prestant op c' begonnen is. In dat geval hebben de dubbelkoren voor c' en cs' in de orgelkas gestaan.

10 Op dit punt is in 1975 de toestand 1754 niet hersteld, omdat in het tegenwoordige front de kleinste pijpen van de oude Prestant 8' nooit gesproken hebben.

Holpijp 8'

Dit is een roerfluit van dik, gehamerd lood. De bovenlabia zijn half-ovaal bijgedrukt, de onderlabia half-rond ingeritst. Uit inscripties op de deksels en roeren blijkt dat deze zijn opgeschoven. Waarschijnlijk zijn de pijpen van oorsprong dichtgesoldeerd geweest en zijn de deksels later tot losse hoeden van hoger klinkende pijpen gemaakt. De huidige pijpen voor b en e' zijn oud, maar passen qua inscripties en mensuur niet in de reeks. Overigens is het oude register compleet aanwezig, met uitzondering van g''. Merkwaardig zijn de dubbele inscripties vanaf de tegenwoordige A-groot. Naast een inscriptiereeks die correspondeert met de toetsnamen begint op A een reeks die betrekking heeft op de klank van de pijp. De A-pijp was vroeger aangesloten op toets d en gaf (zoals nu) een a-klank. Beide inscriptiereeksen zijn van hetzelfde type.

Quintadeen 8'

Voor de restauratie van 1975-1977 waren de pijpen van dit register opgeschoven tot een Fluit 4'. Dat deze Fluit 4' oorspronkelijk een 8-voets register was geweest, kon op de volgende wijze worden aangetoond.

a In het groot octaaf van de Fluit 4' kwamen de 16e eeuwse inscripties 'fis' en 'gis' voor. Dit wees erop, dat deze pijpen van oorsprong tot een hoger gelegen octaaf hadden behoord, aangezien in het groot octaaf fis en gis bij dit orgel ontbraken.

b In het klein octaaf van de Fluit 4' waren pijpen aanwezig met Hinsz-inscripties van het ééngestreept octaaf.

c Constructiecirkels toonden aan, dat het pijpwerk niet tot nauwelijks was afgesneden.

De bovenlabia zijn half-ovaal bijgedrukt, de onderlabia half-rond ingeritst. Het materiaal is dik, gehamerd lood. Door het opschuiven van dit register tot Fluit 4', is het groot octaaf van de Quintadeen destijds verloren gegaan. Aanwezig zijn nog: f-h', cs'', ds'' en e''.

Gemshoorn 2'

Ook dit pijpwerk is dikwandig en van gehamerd lood. De labiumvorm is gelijk aan die van de Quintadeen. Op veel pijpen staan 16e eeuwse toonbenamingen met een cijfer ernaast. Van de reeks F1-a''38 ontbreken de volgende pijpen: H5, e10, b16, cs19, ds21, e22, fs24, cs31, d32, e34, f35, fs36, g37 en a38. De nummers binnen het tweede tiental zijn aldus weergegeven: 21 in plaats van 12, 31 in plaats van 13, 41 in plaats van 14, enzovoort.

Trompet 8'

Vanaf f heeft de huidige Trompet snavelkelen en metalen stevels welke Hinsz uit het vorige orgel zal hebben overgenomen. De meeste bekers vanaf f zijn oud en door Hinsz verlengd. Omdat op de bekers, de stevels en de kelen geen inscripties zijn aangetroffen, is een mensuuropgave van dit register in het onderstaande overzicht achterwege gelaten.

TOONHOOGTE

Constructiecirkels wijzen uit dat het pijpwerk geen noemenswaardige toon-
hoogteverandering heeft ondergaan. De toonhoogte is momenteel ongeveer
een kwart toon boven a=440 Hz. Hinsz plaatste de oude F-pijpen op het C-
cancel van zijn eigen laden. Het oude orgel gaf op toets f dus een c-klank.

MENSURENOVERZICHT (Maten in mm[11])

Prestant 8'

	F	c	f	c'	f'		c''	
Uitwendige diameter	119,0	95,2	85,0	61,4	50,6/	50,6	37,2/	37,6
Labiumbreedte	98,0	85,0	71,0	52,0	41,0/	42,0	30,9/	31,0
Voetlengte	240	600	280	445	263	/288	361	/375

f''		a''	
30,9/	30,9	26,1/	26,7
24,8/	24,8	20,0/	19,6
448	/429	472	/452

Octaaf 4'

	F	c	f	c'	f'	h'
Uitwendige diameter	78,3	57,3	45,8	35,7	28,6	20,7
Labiumbreedte	60,0	48,0	39,0	29,0	24,0	19,1

Holpijp 8'

	F	c	f	c'	f'	c''	f''	a''
Uitwendige diameter	168,4	123,5	102,8	79,6	63,7	49,0	42,0	37,6
Labiumbreedte	138,0	101,0	79,0	61,0	48,0	37,0	32,0	28,0

Quintadeen 8'

	f	c'	f'	cs''
Uitwendige diameter	70,7	53,5	43,6	31,8
Labiumbreedte	53,0	39,0	31,0	23,0

Gemshoorn 2'

	F	c	f	c'	f'	c''
Uitwendige diameter	76,1	57,3	47,1	34,4	30,2	24,8
Labiumbreedte	55,0	40,0	33,0	26,0	22,0	18,0

---

11 Het pijpwerk werd opgemeten door de firma Vermeulen. De maten in het mensuuroverzicht
zijn aan deze opmeting ontleend. Omdat Hinsz van vrijwel alle pijpen de opsnede heeft verlaagd,
zijn in dit overzicht de opsnedehoogten niet opgenomen. Ook zijn bij de Fluiten de maten van de
roeren niet opgegeven, daar deze deels vernieuwd, deels vermaakt en opgeschoven zijn.

INSCRIPTIES

De oude inscripties zijn midden voor op de voet geplaatst. Bij de frontpijpen zijn de inscripties vanwege de tinfoelie dichter bij de soldeernaad ingekrast.

DE DISPOSITIE

Met uitzondering van de huidige Cs en Ds van de Prestant 8′ lijken de 16e eeuwse pijpen van één orgelmaker afkomstig te zijn. De twee Prestantpijpen zijn zeer oud en kunnen behoord hebben tot het orgel waarnaar verwezen wordt in de tekst van ca. 1500 over het orgel van de Michaëlskerk te Zwolle. In die tijd had het orgel kennelijk een rugwerk. Aan het feit dat thans slechts twee pijpen uit die periode bewaard gebleven zijn, verbind ik de conclusie dat dit instrument in de loop van de 16e eeuw geheel vervangen is door wat ik tot dusver heb aangeduid als 'het 16e eeuwse orgel'.

Gelet op de conservatieve instelling van Hinsz ten opzichte van het door hem aangetroffen hoofdwerk en bovenwerk, is het onwaarschijnlijk, dat het 16e eeuwse orgel een rugwerk heeft gehad. Indien het er wel was geweest, had Hinsz stellig pijpwerk van dit rugwerk overgenomen en – bijna vanzelfsprekend in zijn tijd – als tweede werk een rugwerk gerealiseerd. Ik houd het er dan ook op, dat de twee in het begin van dit artikel geciteerde bronnen uit ca. 1500 en uit 1656 over verschillende cymbels spreken: 'het cleyne Cymbeltien' dat door Morlet wordt vervangen door een Sexquialter is mijns inziens de Cymbel uit het bovenwerk van het 16e eeuwse orgel en niet de Cymbel van 'dat posityff in den stoel'.

Indien men van de bij Hess vermelde hoofdwerksdispositie die registers weglaat die zeker door Hinsz zijn gemaakt (Quintadeen 16′, Fluit douce 8′ en Speelfluit 4′), houdt men de volgende registers over: Prestant 8′, Octaaf 4′, Mixtuur en Scherp. Dat dit de dispositie van het 16e eeuwse hoofdwerk is geweest, acht ik zeer wel mogelijk.

De dispositie van het BovenManuaal lijkt nog in veel opzichten op de karakteristieke bovenwerksdispositie uit de 16e eeuw. De Cornet en de Octaaf 2′ zijn geassembleerde registers en hebben derhalve niet tot de 16e eeuwse dispositie behoord. Een Sexquialter kwam reeds in 1656 in de plaats van een Cymbel. De Gedekte Quint 3' is waarschijnlijk een nieuw register van Hinsz geweest. Een gelijknamig register plaatste hij in 1742 op het rugwerk in de Bovenkerk te Kampen. In 1729 werd door Frans Caspar Schnitger op het rugwerk in de Martinikerk te Groningen een Gedekte Quint 3' geplaatst naast een reeds bestaande Nasard 3'. De Gedekte Quint 3' van de Buitenkerk zou een vervanging van de oude Nasard 3' geweest kunnen zijn. Waarschijnlijk heeft een Sifflet 1' het Fluitenkoor gecompleteerd. De Trompet 8' op het pedaal is zo karakteristiek voor de 16e eeuwse orgelbouw, dat het zeer aannemelijk lijkt, dat Hinsz dit register ook uit het oude orgel heeft overgenomen. Op grond van het bovenstaande zou het 16e eeuwse orgel de volgende dispositie gehad kunnen hebben:

Hoofdwerk		Bovenwerk		Pedaal
Prestant 8'	x	Octaaf 4'	x	Trompet 8'
Octaaf 4'	x	Holpijp 8'	x	
Mixtuur		Quintadeen 8'	x	
Scherp		Fluit 4'		
		Nasard 3'		
		Gemshoorn 2'	x	
		Sifflet 1'		
		Cymbel		
		Trompet 8'	x	

De met 'x' gemerkte registers zijn thans nog geheel of grotendeels aanwezig.

DE ORGELMAKER

De toonnaaminscripties op de 16e eeuwse pijpen zijn voldoende karakteristiek om bij te dragen tot de identificatie van de orgelmaker.

Gelijksoortige inscripties kwam ik tot dusver tegen op pijpwerk van de orgels in de Hervormde kerk te Hattem, de Broerenkerk te Kampen en de Bergkerk te Deventer.

In Hattem staan deze inscripties op alle oude registers, zodat dit orgel naar alle waarschijnlijkheid door dezelfde maker vervaardigd is als het 16e eeuwse Buitenkerkorgel. De kas van het Hattemse orgel heeft een vlak front met een ronde middentoren. Van 1577 tot 1595 onderhoudt Jan Slegel dit instrument.[12]

---

12 Zie M.A. Vente, *Bouwstoffen tot de geschiedenis van het Nederlandse Orgel in de 16e eeuw*, Amsterdam, 1942, p. 137.

In de Broerenkerk te Kampen staan oude registers in een 19e eeuws orgel. De oudste registers, waaronder de Holpijp 8' van het hoofdwerk en de beide Octaven 4', hebben de inscripties van het orgel in de Buitenkerk. De pijpen die nu een c-klank (of door recente verschuivingen een cs-klank) geven, hebben een f-inscriptie.

In de Broerenkerk te Kampen waren althans in 1625 meerdere orgels aanwezig.[13] Uit de opdracht aan mr. Caspar Noster in 1570 om 'het werck sijns z. vaders in der minrebroederenkercke een weynich te helpen ende te accorden'[14], hoeft dan ook niet dwingend te volgen, dat de thans aanwezige oude pijpen in de Broerenkerk van de familie Noster zijn.

In de Bergkerk te Deventer is geen ouder pijpwerk aanwezig dan uit 1639. In dat jaar bouwden de gebroeders Baders een nieuw orgel, waarbij ze hun pijpen ten dele van oud materiaal gemaakt hebben. Oude inscripties van het type Kampen Buitenkerk komen – door toeval – nog voor op een aantal pijpvoeten van de Holpijp 8' die Holtgräve uit het orgel van Baders overnam.[15] In 1582 wordt het orgel in de Bergkerk te Deventer voor 237.17½,– vermaakt door Michiel en Cornelis Slegel.[16]

In 1556 wordt een orgel in de Broerenkerk te Zwolle, dat door 'Georgien orgelmaecker und sijn beide sonen' gemaakt zal worden, als volgt beschreven: 'Een werck van 6 voet (...) met sijne strictur voer met een ronde myddel uytsteckende, und met twe platte velden (...)'.[17] In de dispositieopgave wordt een Trommel vermeld.

Het valt te betreuren dat de bovenstaande gegevens te weinig houvast bieden om een definitieve uitspraak over de maker van het orgel in de Buitenkerk te doen. Niettemin lijkt mij de gedachte dat de familie Slegel het orgel gebouwd zou kunnen hebben, een plaatsje in het achterhoofd waard.

BIJLAGE

RESOLUTIES VAN SCHEPENEN EN RADEN

14 mei 1753: Is na voorgaande deliberatie goedgevonden de Heer Ass Bannier sig thans te Amsterdam bevindende, mits deze te versoeken en te auctoriseren om de grote klokken uit de Buiten Toren die gants gebarsten is, ten hoogsten prijzen Stadswege uit de hand te verkopen en de kooppenningen doen voor

---

13 Zie M. Seijbel, *Orgels in Overijssel*, Sneek, 1965, p. 45.
14 Zie M.A. Vente, *Bouwstoffen*, p. 150.
15 Holtgräve gebruikte de Baders-pijpen als g, gs, a, b, h, c', cs', d' en ds' van zijn eigen Holpijp 8'.
16 Zie M.A. Vente, *Bouwstoffen*, p. 120.
17 Laatstelijk gepubliceerd in M.A. Vente, *Vijf eeuwen Zwolse orgels*, Amsterdam, 1971, p. 74.

tegens quitancie onder sijn hand te ontfangen, alsmede om het klokje uit de Broederkerk hetwelke al mede geborsten is tegens een klokjen van gelijke Calibre en grote te verruilen...

Ontfangen van Ciprianus Kraas jansz te Amsterdam voor een oude klokke uit de buiten Toren, wegende 3922 lb tot 9 St 't pond 1569 –.

N.B. Deze penningen voor so verre strekten sijn geëmplyeerd tot de reparatie van het orgel in de buitenkerke en sijn de penningen daeraan deficierende geligt uit Stadscomptoir. Siet de extraordinaris uitgave fol. 33 daer dit specifice word verantwoord.

20 januari 1755: Lastgeving om voor rekening der Stad *f* 500,– te betalen aan A. Hinz, als rest hem aankomende voor vernieuwing en reparatien van het orgel in de Buitenkerk.

Is na voorgaande deliberatie goedgevonden de ontvangen van de Stadsdomeinen mits deze te ordonneren ende te gelasten om voor rekeningen van de lopende Stadscamer de anno 1754 uit te tellen aan handen van de Hr. Ass. Banier een Summa van vijfhonderd en vijftig guldens om te strekken tot betalinge van de restante penningen aan A. Hinz voor de vernieuwinge en reparatie van het orgel in de buitenkerke.

(Ordonnantie op de Stadsontfanger van 550 gls tot betalinge van het restant van de vernieuwing van het orgel in de buitenkerk).

REKENINGEN

1754 aan de orgelmaker a Hinsz voor reparatie en vernieuwinge van het orgel in de Buitenkerk, volgens bestek in drie bijsondere reisen betaald, te samen L.Q. 1950 – –
Aen C. van Marle aen arbeidsloon aan het voors.: orgel L.Q. 47.10
Aen C. Vriesen voor nagels, daertoe L.Q. 7.5
voor verteringe van de aennemer te sijnen huise L.Q. 12.16
En dan nog aen de Bürgermr Stennekes voor holt tot het voors: orgel L.Q. 65.19
j. Kok, verwer L.Q. 100.11
Aan C. Stromberg voor een afteikening van het orgel in de bitenkerk L.Q. 10.10
1755: Aen Cipocarus Crans jansz te Amsterdam is door de Hr. Butgmer Bannier qq^a op de uitgeloofde kooppenningen van de oude klokke uit de buitenToren gevalideerd.
Aan deselve voor het verruilen en veranderen van de klokke in de Broederkerke L.Q. 149.12
Aen welgemte Hr. Bannier desselfs verschot ter deser occasie tot amsterdam gedaen 1.5

Kampen, Gemeentearchief.

How did the Organ become a Church Instrument? Questions towards an Understanding of Benedictine and Carolingian Cultures

Peter Williams

WHAT ARE THE PERIOD AND AREA UNDER DISCUSSION?

Despite the hellenistic origins of the organ, its well-attested use across the Roman Empire and a few references in the work of earlier Christian writers such as St.Augustine († 430), there seems to be no question of organs being associated in any way with any division of the Christian church before the 8th century. Sources being as poor as they are, it is not difficult to invent plausible uses for some kind of organ in some kind of extra- or semi-liturgical Christian ceremony in one or other of the early church provinces; say the dedication of a monastic church in Syria or Cappadocia or Georgia, or the welcome of a secular congregation for a visiting patriarch in Egypt or Numidia or Sicily, or the wedding of a ruler in Cyprus or Anatolia or 'Africa'. But there is no such evidence, and the question 'why does the subject of church organs not arise earlier?' cannot be answered simply by erecting a theory of early Christian puritanism or disdain for an instrument with secular association, whether in the Roman or Byzantine, Armenian or Coptic, Syrian or African Churches. Widespread domination of western cultures throughout the world since then has disguised the fact that to have an organ was the exception, so much so that in the year 1000 there can scarcely have been let us say 0,001% of all Christian churches with them. The question then becomes rather 'how was it that the organ did come to be accepted in certain western churches by the end of the 10th century?'

WHAT WERE THE PARTS PLAYED BY THE CAROLINGIAN MONARCHS?

That 'there were no organs in the Christian West before 757' (Mc Kinnon 1974, p.9) may well have been generally accepted by at least the more scholarly of twentieth-century authors (e.g. Buhle 1903), but in the nature of things this cannot be proved and could moreover lead to the often-found assumption that the organ sent as a gift from the Emperor of Byzantine to Pepin was used in church. Besides, the literary traditions of the Carolingian chroniclers must not be allowed to blind us to their partiality and thus unreliability. The gift of 757

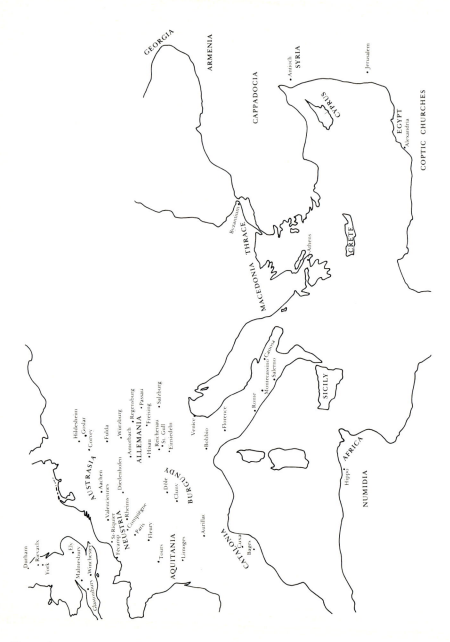

Picture 1.

was no more relevant to church organs than, say, references in the poetry of St.Aldhelm (†709); but it was at least concrete. The various chronicles, receiving embellishment as their authors copied their sources (listed in Perrot, p.273, and p.394-395), described the famous gift as *1* taking place in 757 and being *2* the first organ in the Frankish kingdom, *3* sent by the Emperor *4* all the way from Byzantium to *Francia*, *5* along with other gifts *6* to Pepin who was in his royal palace of Compiègne, where *7* the people were then gathered; *8* it was the year in which Constantine made his peace with the Franks; perhaps this was the intention behind the gift.

For the Emperor to give an organ to Pepin was to present him with two different tokens. Firstly, the organ was a symbol or emblem of royalty such that Pepin, if he had reports in sufficient detail, could have imitated the ceremonial music accompanying the emperor in his own palace (see below). Still in the following century two poems exalting Charlemagne's son Louis the Pious pointed out that Byzantium could no longer boast superiority to Aachen, because Louis (and his father before him?) too had an organ there (Perrot, p.396-397). Secondly, the emperor was giving Pepin an ingenious contrivance typifying the high state of technological achievement in a culture still presumably superior to that of the Franks. How many men were there in the Carolingian provinces with sufficient understanding of hydraulics and cupreous metallurgy to make an organ? Such gifts may well have been intended to show such cultural discrepancies (Schuler, p.35-36). When Notker Balbulus speaks in a biblical, allusive way about the thunder-like, lyre-like and bell-like sounds heard in an organ he says was sent in 812 from the 'King of Constantinople' to Charlemagne, he was betraying his own literary traditions and may even have confused events (Perrot, p.273, Schuberth, p.120ff); but more convincing is his note that Charlemagne's workmen examined the 'musical instruments' in secret, for there is here some flavour of that curiosity and desire to emulate, and hence perhaps develop, that must lie at the root of all western technological advance. Even if Notker invented the story as a whole, he could not have invented such a motive.

Chronicles state that Louis did indeed have an organ, noting that *1* in 826, *2* a Venetian *presbiter* (priest? monk?) named Georgius was brought to the court with one Count Baldric and said that he could make an organ *3* in the Greek or Byzantine style *(more graecorum)*, whereupon *4* he was brought to Louis who sent him to Aachen and authorized the treasurer to supply what was necessary for the organ's construction, since *5* it was something not yet known or used there *(ante se inusitata erant:* Schuberth, p.122-123). It seems *6* that he did build the organ with great skill *7* at or in the palace of Aachen *(mirifica arte composuit ... in Aquensi palatio), 8* an instrument called in Greek *hydraulica* (Perrot, p.396). This composite picture is drawn from several sources and some, particularly points *5, 6* and *8* may be the result of scribal glossing. Scribes were generally enthusiastic about things eastern, e.g. the precious stuffs from Syria brought to

Charlemagne's Aachen in 807, complete with a clock striking the hours.[1]

However authentic Notker's story about Charlemagne, he implies that he had an interest in where the organ was placed *(ubi postitum fuerit:* Perrot, p.395). This suggests something bigger than a ceremonial portable, in turn implying either that he knew Pepin/Charlemagne/Louis's organ to have been quite large or that when he was writing towards the end of the 9th century, he would have expected a celebrated organ to have been so. Louis's organ was 'in the palace hall of Aachen' *(Aquis aula:* Perrot, p.397); but does this mean 'the hall', or is *aula* merely a general term for 'palace' or 'estate', like Roman *villa?* Can such a term be taken as excluding the chapel? The doubts about the size, position and use of any Aachen organ thus remain open, and in any case we could hardly attribute the later adoption of organs to this handful of court instruments were it not for the wider considerations. These are namely the desire of the Carolingian monarchs to standardize and/or reform the chant, to encourage Benedictine monasticism and to establish an educational system in secular cathedral and monastic abbey schools.

WHAT DID ORGANS HAVE TO DO WITH CAROLINGIAN ROMANIZATION OF THE CHANT?

The various attempts to describe the rise of Gregorian chant (e.g. Anglès 1955) raise as many new questions as they answer the old. Whether Gregory the Great had much to do with it or even if he were musical (Burda 1967); whether Charlemagne were musical, as Notker claimed (Schuler 1970); whether it is true that before Pepin the popes seem not to have worked for the roman rite outside Rome and its neighbouring dioceses (Vogel, p.191); whether old roman chant were merely provincial whereas the new gregorian repertory was meant to be a 'musical representation of the pope's universal spiritual power' (Stäblein 1970); whether such a 'gift from heaven' in the period *c*775-850 (Waesberghe 1969) had political aspects in view of the iconoclastic turmoil in contemporary Byzantium; whether there were anything as significant or unusual in Pepin receiving clerics from Rome or in Charlemagne having two musicians sent by the pope as is now generally claimed (Anglès, p.99-100); whether there was indeed a 'Frankish demand' for gregorian music (Peacock 1968); all such questions are still open. Certainly there is an interesting parallel in the way that relics of Roman saints were frequently transferred to churches north of the Alps during the 8th century, and in the context of architecture one

---

1 Hence perhaps the later legend that Harun al-Rashid sent Charlemagne an organ (Perrot, p.274-275; Bittermann).

historian has expressed the situation as follows (Krautheimer 1942; p.13): 'The Frankish court, impelled by ecclesiastical as well as by political reasons, became the foremost champion of ecclesiastical romanization north of the Alps. Through common interests a partnership developed between the Frankish and the papal courts, beginning with the visit of Pope Stephen II to Paris in 753, when Pepin and his sons were anointed as Kings and undertook to protect the Roman church and its possessions...' However one might question such words as 'impelled', 'foremost', 'partnership' and even 'anointed', a background is clear: the desire to suppress the old or local, the desire to standardize and the desire to evangelize, three desires surely with the approval or collaboration of the pope.

But even if the 9th century saw a degree of uniformity in liturgical books, especially the melodies for the mass (Anglès, p.141) or even if one places the 'standardization' a century later (Caldwell 1978), there is still no question of organs playing, accompanying, introducing or alternating with the 'new' chant. Yet if it is true that in the west an 'outlet for musical expression' was found in the trope, laudes, hymns, sequence (which Amalar of Metz shows as established in the first half of the 9th century) and beginnings of liturgical drama (10th century), then one might see organs as part of a wide-ranging musical activity. Written sources of a much later period (see Bowles 1957) still point to the organ being used only in such music, though no doubt by then over a bigger area of Europe. These sources say that the organ is used *1* alone of all instruments, *2* in some but not many churches, *3* serving for the praise of God and heard only at certain times, *4* in prosody, sequence, hymns, antiphons and 'other offices'; later sources of the liturgical dramas call specifically for the organ during the singing of the sequence (Smoldon 1946). In some of these contexts, organs were not different from bells, specified also in 10th-century Germany to be rung during (or before?) the singing of the *Te deum* on highest feastdays (Schuberth, p.107).

WHAT QUESTIONS PINPOINT THE AREAS FOR EXAMINATION?

Given that by 1400 most large churches, secular or monastic, had at least one organ and that it was used by then for at least *alternatim* music in the mass, the questions then become: *1* when in the 9th century would an organ be heard in the ambience of a church or monastery? *2* in what parts of Europe? *3* did it play 'music'? *4* when was it first heard in any kind of liturgy in the church? *5* where was it placed? *6* when was it first heard in the mass? *7* when, where and why did it begin to play *alternatim*? Not a single one of these questions can be answered with certainty, nor is it in the present scope to try to answer *6* and *7*. But suggestions can be made about *1-5* since they concern the nature of Benedictine and Carolingian cultures.

WHAT DID THE CAROLINGIANS USE ORGANS FOR?

The eulogy of Louis written by Walahfrid Strabo, a Benedictine of Fulda, refers to the organ as an instrument *1* superior to others, *2* once the pride of Greece, but now known in the Frankish capital thanks to a king able to assemble there the best achievements of the world, *3* such as to cause a fatal ecstasy in one listener, *4* played apparently out of doors in some kind of parade (Perrot, p.397). Alas it is not clear from Walahfrid (who was influenced by other writers) whether the organ sounded at all before or during the litany laudes which already by the early 9th century are thought by Bukofzer to have been a spectacle rite which trained singers, not the people, performed (in Kantorowicz, p.197ff). The question therefore remains, what did the kings use their organs for? There are certain pointers towards an answer (Schuberth 1968, Bowles 1966*a*).

Firstly, it was a Roman custom to mark the arrival *(adventus)* of the emperor with instruments *(organa),* for example when Caracalla was received in Alexandria in 215 with 'organs of every kind of music' (Schuberth 1968, p.18). Secondly, the presence of organs and other instruments at certain events in circus, hippodrome or *theatrum,* at weddings or triumphs, is well enough documented. Thirdly, while in general it may be true that instruments entered the liturgy via participation of Christians in imperial ceremonial *(ibid.*, p.55), a specific route lay through the Christian Byzantine court practices which were closer to Pepin and Charlemagne than were any classical Roman/pagan customs. In the Byzantine court ceremonies of the late 8th and 9th centuries *(ibid,* p.68-71) the *organon* was used on particular days during processional receptions in the palace area, *1* when (during? before or after?) the people sing *agios* ('Holy!') by the *phiala* (central fountain?), then *2* 'to make a close' after the *praipositos* (celebrant) has gestured three times; again *3* after the people have sung greetings and acclamations, *4* after a processional song, *5* in the hall after the emperor has risen and while he is enthroned, whereupon it stops playing before the singer begins the prayer. Thus, the organ moves from place to place and processions are a basic part of the ceremony. The organ does not in any sense accompany singing; it has no part in a liturgy (prayer) as such but is heard in connection with the priest's signs (i.e. for signalling), with acclamations (i.e. for festive sound) and with the emperor's movements (i.e. for background noise). At most, it must have been there 'to fill in the intervals between the stanzas of the songs' (Wellesz 1955, p.32-33), though this says less than first appears.

Because the Byzantine *basileus* or emperor was caesaro-papist, such festivities had a combined secular-sacred character, as they did when foreign dignatories were recieved in the great hall *(ibid,* p.72). Then the organ played *1* as the visitor prostrated himself and moved back from the throne, *2* along with the noise from the automata positioned near the throne (growling lions, singing birds, moving animals) while the gifts were presented, and *3* again with the automata when the visitor prepared to leave through the curtain. Moreover, and perhaps crucially, organ-sound was associated with the cries of *hagios* or *trishagios* (Thrice Holy!) directed at the *basileus* at such banquets as the feast on Easter Monday after the church service (*ibid*, p.82).

Boethius had already told of the mechanical skill of the eastern peoples, and the links between organs, automata, clocks[2], bells and even the moving statues on late medieval organs are clear, even though important details about the Byzantine automata are uncertain (Brett 1954). The account of automata by Hero of Alexandria (still familiar to Byzantine copyists) gave Christian rulers a chance to imitate the very lions seated on either side of Solomon's throne as described in I Kings and II Chronicles. Whether Charlemagne saw such links is unknown, but he must certainly have been aware of the imperial custom of acclamations, just as the future Charles the Bald became aware of the ceremonial *adventus* when he visited the Benedictine Reichenau in 829 (Schuberth 1968, p.131). Emperors of Rome, Byzantium and Aachen (chief residence from 794: Schuler 1970) were 'acclaimed' at ceremonies, just as 5th-century Christians had acclaimed *Christus vincit, Christus regnat, Christus imperat* (Kantorowicz, p.14-15); and instruments, including organs, took part. On feast days in the capitals, king or emperor was present; but by the 9th century laudes were sung whether or not he were present. Therefore, if Pepin's organ took part in his acclamations at Compiègne, it was only a short time before it would find itself in the palace chapel for such purposes. Thus when Charlemagne received Byzantine diplomats, they acclaimed him formally 'in the church at Aachen' (*in ecclesia ... Aquisgrani:* Schuberth, p.129) according to Notker.

On the analogy of the Byzantine ceremonies and the arrangement of throne and organs (one on each side) in the Byzantine throne-room, one can imagine Charlemagne to have had some kind of musical or noise background at his receptions in the palace-halls of Aachen, Goslar, Diedenhofen and elsewhere. If he received embassadors in the chapel – particularly the octagon at Aachen, with its echoes of the *martyrium* (entombement church) in Jerusalem and of the round/octagonal spaces of Haggia Sophia, Antioch, Georgia and elsewhere – one can imagine the scene to have been that in picture 1 (Heitz, p.156). There, in a word, is the origin of the organ in the churches of the Christian west: movable instruments, placed near the king and taking part in his *acclamationes*.

The situation might have remained static, as it did in Byzantium. The questions are, therefore, did the organ become a ceremonial aid in formal

---

2 A question still to be answered is, how much earlier than the 14th century is it true that 'the environment which produced both cathedral clocks and automata led to the application of certain mechanical principles ... to the problem of a specific musical instrument' (Bowles 1966)?

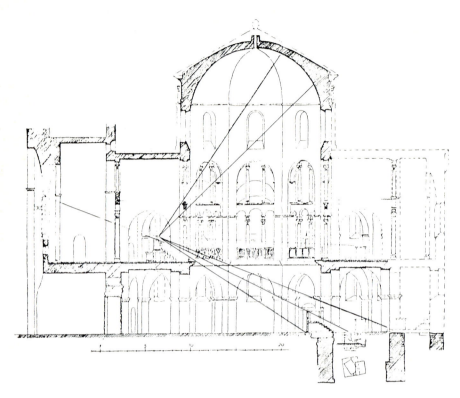

Picture 1

occasions connected with other high dignatories, such as bishops or abbots, and if so where was it in the church? Was the organ gradually associated with any (or each) jubilant movement – the *laudes,* the *Te deum,* the *trishagion*? Since the king himself was no secular functionary, there was no great gap between secular and sacred ceremony, and on such an occasion as the Synod of Ponthion (876), the final *laudes* to pope, emperor and empress (Schuler, p.29) could well have included the organ, wherever the ceremony was held, in 'hall' or 'chapel'. But even if the 'close link between (...) Frankish acclamations and their Byzantine models' is clear enough, with all that that means for the presence of organs, is it indeed 'a short step from the musical practices at the Frankish court to those of the entire realm' (Bowles 1966a)? There must be at least one other factor behind the gradual adoption of organs in church outside imperial ceremony.

WHAT INTEREST DID THE BENEDICTINES HAVE IN ORGANS?

Perhaps it is true that 'the monks were at this time practically the only people to possess sufficient learning to be able to scale and tune pipes' (Perrot, p.284), but neither literacy or learning are of themselves necessary for making an instrument. Byzantine monk-scribes knew enough about the hydraulics to be able to construct them, but there are no organs in the orthodox church either before or after the Greek Schism of 1054. Scribes do not construct.

Of the later and well-known monastic traditions for manuscripts concerned with organpipes, etcetera, one need remember here only a few salient details: that a majority of sources, even into the 15th century, seem to have been copied by Benedictine scribes (see Sachs 1970, p.19-41); that while 'attempts at building organs were made on the basis of [these] treatises ... this was neither the rule nor the intention of the texts' (Sachs 1973); and that even the compilation commonly known as Theophilus's treatise, dated *c*1122-1123, is not by any means full in its descriptions either of organs or of other apparatuses, and 'forgets' such practical details as the valve in forge-bellows (White 1964) or the shape of bells being cast (Thompson 1967). Perhaps even Theophilus – or his compiler – was not making a handbook for the craftsman but gathering a record of current and older techniques[3] for archival reasons.

Viewing the matter broadly, perhaps one should attribute to such Benedictines the change from traditional manuscript culture to a more practical-empirical culture; from the tradition common to eastern and western monasticism of passing on what has been written down to the desire for technological instruction books. This change is crucial to an understanding of western culture.

The part played by the Benedictines in the history of the organ, though often acknowledged in a general way (e.g. Caldwell 1966), is more basic than appears. In the first place, there is a tie between the romanization of the church in general and the dissemination of Benedict of Nursia's *Rule* in particular. For example, the celtic monks of Britain adopted the *Rule* as they accepted Roman practices, from the 7th century onwards (Schmitz, p.44-49). Two centuries after Gregory sent the Benedictine St.Augustine to convert the Angles, Pepin and Charlemagne cultivated an interest in the reformed (i.e. Benedictine) monasteries, giving them what order and peace they had before the Norse invasions of the late 9th century. During the 8th century German abbeys such as Fulda and Amorbach had territories to evangelize; the great cathedrals were monastic (Freising, Salzburg, Regensburg, Passau, Würzburg); important old monasteries became Benedictine (St.Gall *c*750, St.Albans); some were closely

---

3 10th-century, in the case of glass-making.

associated with such new creations as the liturgical dramas (Fleury, Limoges, Reichenau); others sent out missionaries over the whole area Belgium-Albania-Poland-Scandinavia. The reciprocal patronage between western emperor and the major abbots is complex (see Cowdrey, p.8-27) but it is not unreasonable to sense some similarity of purpose between the territorial-political interests of Charlemagne, the 'universal' interests of the Roman pope and the evangelical-cultural interests of the Benedictines. How, then, did the Benedictines become involved in organs?

Priests or monks were connected with organs at the Carolingian court. The Georgius already mentioned petitioned from Aachen and obtained some relics recently brought from Rome[4] and had them transferred to the basilica of St-Sauvé near Valenciennes, a monastery of which he was *rector* and of which he held the benefice from the king (Perrot, p.396). Both Pepin and Charlemagne kept the proprietorship of certain abbeys (Schmitz, p.83ff) and the demar-cation between priest and monk was no doubt often unclear, especially on the higher levels at which royal patronage operated. Two monks, one also named Georgius and said to be 'German', were also in the train accompanying the legate of the Persian king (none other than Harun al-Rashid) visiting Charlemagne at Aachen in 807, when the gifts included a striking clock. Here already are the familiar associations of *a* monks with clocks and/or organs, and *b* near-eastern countries with mechanically ingenious apparatus. A Bene-dictine connection is implied in the letter sent by Pope John VIII in 873 to the bishop of Freising, asking for a very good organ (*optimum organum*) to be sent (Perrot, p.399), but alas *organum* may mean only an 'organ of learning' (e.g. a book) used for the 'teaching of the discipline of music' *(ad instructionem musice discipline).* Yet even if *organum* does sometimes mean a book or a psalter, and even if any organ (in the musical sense) known to be in a 9th-century abbey had nothing to do with the abbey church and its liturgy as such, it must have been the case that the hardpressed Norse invasions of the late 9th century had pushed such cultural/technological affairs even further into the (southern) monastic centres by, say, the year 881 when the Palace of Aachen was destroyed. Thus however ambiguous the written sources, the crucial link must be the developing monastic cultures.

Only surmises fill the gap between *c*825 and *c*975 when the new monastic liveliness certainly did lead to organ-making. The Cluniac reform of the Benedictine order at the end of the 10th century does not begin to suggest exactly why organs has become common in Benedictine and Cluniac houses, except insofar as the new splendour would necessarily have such an off-shoot as organs if they had already been known about. The same William, Abbot of

---

4 Cf a remark under third question above (p.   ).

Hirsau (1065-1091) who is associated with some ms texts giving actual pipe-measurements and called by one scribe 'a new musical prince, an Orpheus and Pythagoras' (Sachs 1970, p.186), was the abbot who adopted Cluniac customs at Hirsau, triggering reforms elsewhere in the German monastaries (Cowdrey, p.XVI and p.208). An international movement concerned with ceremonial splendour and standardized chant would use whatever tools it could find; elements borrowed from court ceremony such as rich vestments, processions, choirs, candles, drapes, incense, apse-with-throne and *perhaps* some kind of organ. Very likely all these elements were seen in the same light, judging by the Cistercian reforms of the 12th century which reacted against every one of them. Thus in general, the monastic revival went in hand with greater craft-activity.

When Count Atto set up a monastery at Canusina (Canosa?) in 915, he had an organ made in the monastery in honour of the confessor (*fieri fecit organa*[5] *in dicto monasterio ad honorem confessoris;* Perrot, p.399). One cannot surmise that it was placed in the church or even that it had an integral function; the same goes for references (see Bowles 1966a) to 9th-century 'organs' in Reichenau Abbey. But from a series of references to organs, it is clear that they were understood as examples of wondrous machinery, emitting a multitude of sounds (something startling at the period) and leading poets to ask 'who can really understand the mystery of such things or unravel the sense of omniscient God's secrets?' (St.Aldhelm; Perrot, p.400). Therefore, the king or lord founding a monastery would be presenting in his gift of an organ a token of his munifence and sense of piety; it was a kind of 'sacrifice'. Such is the implication in the *Life of St. Oswald* when in 992 the saint is said to have given an altar-panel 'for the honour of God and of St. Benedict and to the glory of the church' of a certain monastery, in addition paying £30 for the making of bronze pipes for the organ (Perrot, p.399). St.Dunstan († 988) gave various valuable things to Malmesbury Abbey, including organs presented in honour of the same St.Oswald (Perrot, p.400). Moreover, Dunstan forbad their removal: a detail suggesting them to be fixed or at least not portable. Perhaps 'for the honour of St.Benedict' meant that an organ was placed in the vicinity of the saint's altar.

It is also clear from the correspondence of Gerbert, Abbot of Bobbio, future bishop of Rheims and pope of Rome (Sylvester II, 999-1003), that a study of music and what pertained to organs (Perrot, p.400 and p.289-291) was undertaken at Fleury, even if 'organs' meant instruments of Pythagorean learning. Such study was made not only at Fleury (where the 'Berne Codex', an organ-treatise of the next century, probably originated) but at Aurillac and Rheims, the last of which had what has been called the most flourishing school

---

5 The word *organum* remained for that instrument that had no other name, unlike e.g. *tuba* and *kithara* (Reckow 1971).

in Europe at the end of the 10th century (Williams 1954). William of Malmesbury, writing in the 12th century, reported on the 'proofs of Gerbert's learning' still extant 'in the church of Rheims' and including an '*organa hydraulica*' and 'a clock constructed on mechanical principles'; but he is not a reliable witness for the 10th century, nor need *apud illam ecclesiam* necessarily mean 'in the cathedral', nor is it clear that the organ had any more intrinsic part to play in the service than did the clock. The same is true for the most celebrated of all medieval organs, that made in or about 990 at Winchester, some decades after the Benedictines were fully established there; which is hardly a coincidence, considering that it was only two or three decades after King Edgar had called a council there and produced the *regularis concordia anglicae nationis,* which even referred to liturgical drama. A little information on the broader issues can be gleaned from Wulfstan's famous poem about the Winchester organ (Mc Kinnon, p.5-6):

'talia et auxistis hic organa, qualia nusquam
and you enlarged the organ in such a way as is nowhere
cernuntur, gemino constabilita solo
seen, constructed on a doubled floor
(...)
inque modum tonitrus vox ferrea verberat aures
but in the manner of thunder the iron voice assaults the ears
preter ut hunc solum nil capiant sonitum
that except for this sound alone they heard nothing,
(...)
musarumque melos auditur ubique per urbem'
and the melody of the muses [pipes] is heard throughout the city

It seems from this that there was already an organ in Winchester, though alas it is possible that *augeo* means 'honour' or 'consecrate' rather than 'enlarge'. The phrase *gemino solo,* with its Ciceronian echoes, may indicate that part of it were placed on a platform in its position at the east end (*ibid*, p.16), perhaps the bellows in two tiers; but the oxymoron-like nature of the two words may have seduced Wulfstan into using a phrase unnecessarily complicated to indicate a gallery. Like Aelred (see below), Wulfstan thinks the sound thundrous and in any case louder than e.g. singing; and what is more, it can be heard throughout the city – perhaps it was meant to be?

WHERE WERE ORGANS PLACED WHEN ASSOCIATED WITH CHURCHES?

Imperial and symbolic though the Palatinate Chapel at Aachen was, the idea of a building on several floors, roughly central-walled with arcades, galleries and/or crypt, and serving as some kind of fore-building to the nave or quire was already within the repertory of structures known to the Benedictines. St.Riquier in Gaul (790-799) and Corvey in Saxony (822-844) were two notable abbeys fit to receive emperor or king: in both, the nave was primarily for monastic use, with various altars placed for the ritual processions that formed such a major part of the liturgy. The antechurch or 'westwork' was customarily dedicated to the Saviour; there the king could be acclaimed and there liturgical processions began or ended. Architecture, liturgy and imperial ceremony united in a series of such structures.

Obviously, a movable organ used for acclamations or laudes could be placed in such a westwork. Winchester, which housed the famous organ of *c*990, had an elaborate westwork built in 971-980, and though the organ was scarcely movable in the old way (hence Wulfstan's phrase *gemino solo?*) it could well have been placed there, according to tradition. It begs too many questions about how organs were used to assume that it stood near 'the monks as they sang the Office [at] the east end' of the cathedral (Mc Kinnon, p.16). Up to a point, these westworks must have been an indoor equivalent, suitable for northern Europe, of the mediterranean courtyards, the *atria* of basilica or monastery[6]; at Winchester, the westwork was even called *atria* in Wulfstan's poem. We have an important clue about organs and *atria* in a Spanish document of 972 (Perrot, p.403):

'*vociferabant enim sacerdotes et levitae laudem Dei in jubilo,*
so it was that priests and deacons raised their voice in joyful praise to God,
organumque procul diffundebat sonus ab atrio
and the organ at a distance poured forth its sound from the courtyard
benedicentes Dominum'
praising and blessing the Lord

The scene was the consecration of a new Benedictine abbey-church at Bages. The organ was not accompanying the priests but playing from the *atrium,* a location figuring clearly in 9th-century processions at St.Riquier (Heitz, p.78ff). The great Benedictine activity in northern Christian Spain, analogous to that in Britain at the same time, may well have been characterized by the new Roman liturgy and Gregorian chant (Anglès 1955, p.90), as too a century later the Cluniac reforms quickly spread there, including Bages itself (Schmitz, p.210ff).

Moving an organ from site to site, using it 'at a distance' or out of doors, conforms not only to Roman-Byzantine custom but to the practice of moving about a monastery, its church and domain, in the course of processions. At

---

6 That there were both westwork and atrium at Corvey and St-Riquier does not invalidate this point.

Cluny (first church, 927) the Sunday liturgy called for a procession from the high altar around the cloister, like the old Roman 'walking offices', with various 'stations' being made including one before the main door[7]; fixing an organ, or even associating it with one location in the main church, was hardly relevant to such liturgies. Thus although screens of one kind and another divided up the nave of the Benedictine St.Gall (plan of *c*816-830), there is no question of an organ used or placed in it for centuries afterwards (Söhner, p.19ff). In such early Benedictine churches as Glastonbury or Winchester (Mc Kinnon 1974) there was no massive or open nave at all in the familiar sense, and any contemporary church that did have one was likely to be unusual (e.g. the Roman basilica church for the Benedictines of Fulda, early 9th century) or late and big enough to be considered as ushering in a new period (Cluny I, Hildesheim, 10th century). Where there were a nave in the familiar sense, one of its altars might well have been the site for the *Te deum* or the liturgical drama, as at Essen in the 11th century (Heitz, p.189ff). By the 12th century, Theophilus's treatise speaks of the organ fixed in its own gallery; but the provenance of the ms passage is uncertain. We can only guess what kind of *domus organorum* ('house of the organ'; Perrot, p.403) was destroyed at Freising in 1158 when a fire swept the church. Despite this, it is clear that Carolingian-romanesque structures left many a suitable site for an organ away from the pavement level of the church, unlike the old basilica churches which had no triforia, galleries, etc. Galleries for singers, precentor, instruments or organs are not inimical to byzantine churches, as any visitor to St.Mark's, Venice, will know; but it was the Carolingian-romanesque church, and of course its gothic progeny, that supplied such sites as a matter of course.[8]

In view of churchplans and liturgical customs, then, the key questions to ask are: did organs become fixed in church only when the liturgy centred more on one place within the church? was a fixed organ relevant only when or as the post-9th century liturgies gradually became more and more a simple spectacle for the people (Heitz, p.174ff)? did the idea of fixing the organ become relevant only in connection with that part of the church around which the roving rites would centre on such feastdays as Easter? either way, is it so that organs became larger because they were settling down to one site; rather than *vice-versa*, as is usually thought?

---

7 From the main door, the head of the procession went into the church as Christ went before his disciples into Galilee (Conant 1949); but at Cluny I, this church was only an antechurch, giving its name 'Galilee' to many a later romanesque porch-church in England and elsewhere. However large, it served only as a preface to the main church, over the main door to which a resurrection motif was carved, in the 11th century and later.

8 The drawing of 1532-1535 showing Old St.Peter's, Rome with its organ encased in a free-standing structure placed in front of the gallery-less south wall is a good illustration of the problem in old basilicas. See R. Lunelli, *L'Arte organaria del Rinascimento in Roma* (Firenze, 1958), plate 6.

BIBLIOGRAPHY

Anglès. H., 'Latin Chant before St Gregory', in: *New Oxford History of Music*, Vol.2., London, 2-1955, p.58-91.

Avenary-Loewenstein, H., 'The mixture principle in the Medieval organ', in: *Musica disciplina*, 4, 1950, p.51-57.

Bittermann, H.R., 'Harūn Ar-Raschid's Gift of an Organ to Charlemagne', in: *Speculum*, 4, 1929, p.215-217.

Bowles, E.A., 'Were Musical instruments used in the Liturgical service during the Middle Ages?', in: *Galpin Society Journal,* 10, 1957, p.40-56.

Bowles, E.A., 'On the origin of the keyboard mechanism in the late Middle Ages', in: *Technology & Culture,* 7, 1966, p.152-162.

Bowles, E.A., 'The Symbolism of the Organ in the Middle Ages: a Study in the History of Ideas', in: *Aspects of Medieval and Renaissance Music. A Birthday Offering to Gustave Reese,* New York, 1966.

Brett, G., 'The Automata in the Byzantine 'Throne of Solomon'', in: *Speculum*, 29, 1954, p.477-487.

Buhle, E., *Die musikalischen Instrumente in den Miniaturen des frühen Mittelalters*, vol.1, Leipzig, 1903.

Burda, A., 'Nochmals: Gregor der Grosse als Musiker', in: *Musikforschung*, 20, 1967, p.154-166.

Caldwell, J., 'The Organ in the Medieval Latin Liturgy', in: *Proceedings of the Royal Musical Association*, 93, 1966-1967, p.11-23.

Caldwell, J., *Medieval Music,* London, 1978.

Conant, K.J., *Benedictine Contributions to church Architecture*, Latrobe, 1949.

Conant, K.J., *Carolingian and Romanesque Architecture 800 to 1200*, London, 1959.

Cowdrey, H.E.J., *The Cluniacs and the Gregorian Reform,* Oxford, 1970.

Daniel-Rops, H., *The church in the Dark Ages,* trans.A.Butler, London, 1959.

Hardouin, P., 'De l'orgue de Pépin à l'orgue médiéval', in: *Revue de Musicologie,* 52, 1966, p.21-54.

Harrison, F.L., *Music in Medieval Britain,* London, 2, 1963.

Heitz, C., *Recherches sur les rapports entre architecture et liturgie à l'époque carolingienne,* Paris, 1963.

Kantorowicz, E.H., *Laudes regiae,* Berkeley & Los Angeles, 2, 1958.

King, A.A., *Liturgies of the religious Orders*, London, 1955.

Krautheimer, R., 'The Carolingian revival of Early Christian architecture', in: *Art Bulletin*, 24, 1942, p.1-38.

McKinnon, J.W., 'The 10th Century organ at Winchester', in: *The Organ Yearbook*, 5, 1974, p.4-19.

Peacock, P., 'The problem of Old Roman chant', in: *Essays presented to Egon Wellesz,* ed.J.A.Westrup, Oxford, 1968, p.43-47.

Perrot, J., *L'orgue de ses origines hellénistiques à la fin du XIIIe siècle,* Paris, 1965.

Pietzsch, G., 'Der Unterricht in den Dom- und Klosterschulen von der Jahrtausendwende', in: *Anuario Musical,* 10, 1955, p.3-22.

Reckow, F., 'Organum' in: *Handwörterbuch der musikalischen Terminologie,* Wiesbaden, 1971.

Sachs, K.J., *Mensura fistularum: die Mensurierung der Orgelpfeifen im Mittelalter,* Stuttgart, 1970.

Sachs, K.J., 'Remarks on the relationship between pipe-measurements and organ-building in the Middle Ages', in: *The Organ Yearbook,* 4, 1973, p.87-100.

Savramis, D., *Zur Soziologie des byzantinischen Mönchtums,* Leiden & Köln, 1962.

Schmitz, P., *Histoire de l'ordre de Saint Benoît,* vol.1, Maredsous, 1942.

Schuberth, D., *Kaiserliche Liturgie,* Göttingen, 1968.

Schuler, M., 'Die Musik an den Höfen der Karolinger', in: *Archiv für Musikwissenschaft,* 17, 1970, p.23-40.

Smits van Waesberghe, J., 'Einleitung zu einer Kausalitätserklärung der Evolution der Kirchenmusik im Mittelalter (von etwa 800 bis 1400)', in: *Archiv für Musikwissenschaft*, 26, 1969, p.249-75.

Smoldon, W., 'The Easter Sepulchre Music-Drama', in: *Music & Letters*, 27, 1946, p.1-17.

Söhner, L., *Die Orgelbegleitung zum gregorianischen Gesang*, Regensburg, 1936.

Stäblein, B., Introduction to *Die Gesänge des altrömischen Graduale Vat.Lat.5319,* ed.M.Landwehr-Melnicki, Kassel, 1970.

Thompson, D.V., 'Theophilus Presbyter: words and meaning in technical Translation', in: *Speculum,* 42, 1967, p.313-339.

Vogel, C., 'Les échanges liturgiques entre Rome et les Pays Francs jusqu'à l'Époque de Charlemagne', in: *Settimane di Studio del Centro Italiano di Studi sull'Alto Medioevo,* 7, 1959, p.185-295.

Wellesz, E., 'Music of the Eastern Churches', in: *New Oxford History of Music,* vol.2, London, 2-1955, p.14-57.

White, L., 'Theophilus Redivivus', in: *Technology & Culture,* 5, 1964, p.224-233.

Williams, W., *St.Bernard of Clairvaux,* Manchester, 1935.

Williams, J.R., 'The Cathedral School of Rheims in the Eleventh Cantury', in: *Speculum,* 29, 1954, p.661-677.

NAMENREGISTER

samengesteld door Jeanine Konings